소프트웨어와 컴퓨팅 사고

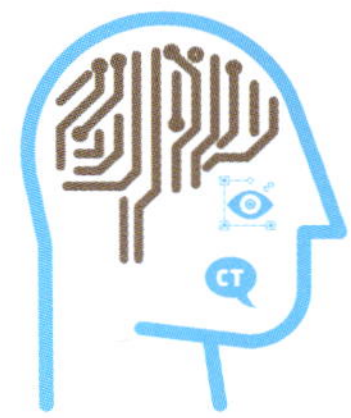

Software and Computational Thinking

김대수 지음

생능출판

저자 소개

김대수(金大洙)
서울대학교 사대 수학과 및 동 대학원 수료
미국 University of Mississippi 대학원, Computer Engineering, M. S.(석사)
미국 University of South Carolina, Computer Science, Ph. D.(박사)
미국 Intelligent Systems Laboratory, Researcher
한국전자통신연구원(ETRI) 컴퓨터연구단 선임 연구원 역임
한국퍼지 및 지능시스템학회 이사 및 부회장 역임
SCI 국제논문을 비롯한 연구논문 수십 편 발표
International Conference Co-chairman, Program Chairman 등 다수 역임
현재 한신대학교 명예교수
주요 연구 분야: 지능시스템, 인공지능, 신경망, 퍼지, 로보틱스 등
저서: 『신경망 이론과 응용(Ⅰ)』, 『신경망 이론과 응용(Ⅱ)』, 『퍼지-뉴럴 특강』,
『오토마타와 계산이론』, 『전산수학』, 『첨단 컴퓨터의 세계』, 『정보화 시대의 컴퓨터 산책』,
『컴퓨터개론』, 『선형대수학 Express』, 『창의수학 콘서트』, 『이산수학 Express』 등 다수
E-mail: daekim@hs.ac.kr

소프트웨어와 컴퓨팅 사고

초판발행 2016년 12월 16일
제1판8쇄 2022년 2월 18일

지은이 김대수
펴낸이 김승기
펴낸곳 (주)생능출판사 / **주소** 경기도 파주시 광인사길 143
출판사 등록일 2005년 1월 21일 / **신고번호** 제406-2005-000002호
대표전화 (031)955-0761 / **팩스** (031)955-0768
홈페이지 www.booksr.co.kr

책임편집 신성민 / **편집** 김민보, 유제훈 / **디자인** 유준범
마케팅 최복락, 김민수, 심수경, 차종필, 백수정, 송성환, 최태웅, 명하나, 김민정
인쇄 성광인쇄(주) / **제본** 은정문화사

ISBN 978-89-7050-890-0 93000
정가 20,000원

- 이 도서의 국립중앙도서관 출판예정도서목록(CIP)은 서지정보유통지원시스템 홈페이지(http://seoji.nl.go.kr)와 국가자료공동목록시스템(http://www.nl.go.kr/kolisnet)에서 이용하실 수 있습니다.
(CIP제어번호: CIP2016029917)

머리말

정보화 사회의 물결에 이어 요즘 들어 4차 산업혁명 시대에 접어들면서 그 파급효과로 소프트웨어의 중요성이 더욱 커지고 있다. 미국을 비롯한 세계 여러 나라에서 소프트웨어의 중요성을 강조하며, 소프트웨어를 차세대의 시장 질서를 주도적으로 리드해 나갈 수 있는 핵심 기술로 주목하고 있다.

최근에는 어린이들을 비롯한 중고등학생 및 대학생 비전공자에게도 소프트웨어에 대한 지식뿐만 아니라 간단하나마 직접 컴퓨터 프로그래밍을 할 수 있는 코딩(coding) 능력이 요구되고 있으며, 일상적인 사고와는 다른 '컴퓨팅 사고'에 대한 관심이 부쩍 커지고 있다.

이에 따라 소프트웨어 및 코딩과 관련된 알기 쉬운 설명과 다양한 응용을 포함한 책에 대한 요구가 커졌으며, 컴퓨팅 사고와 같이 복잡하고 어려운 개념을 누구나 쉽게 이해할 수 있도록 해설한 책의 필요성이 대두되었다.

이 책은 다음과 같은 주요 특징들을 가진다.

첫째, 소프트웨어, 코딩, 컴퓨팅 사고와 같은 최신의 지식들을 포괄적으로 이해하는데 도움이 되도록 다양한 주제들과 이에 따른 응용들을 서술하였다

둘째, 새로운 주제에 대해 보다 쉽게 이해할 수 있도록 가급적 쉽고 간단명료하게 설명하였고, 일상생활에서 만날 수 있는 친근한 예를 많이 활용하여 설명하였다.

셋째, 시각적인 효과를 통하여 효율적으로 이해할 수 있도록 다양한 컬러 그림과 적절한 삽화 등의 멀티미디어 정보를 통해 학습의 효과를 높이도록 하였다.

넷째, 표 형태로 요약할 수 있는 것들은 하나의 표에 주요 특징들을 일목요연하게 볼 수 있도록 정리하였으며, 각 장의 끝에다 인터넷 주소를 비롯한 참고문헌들을 명시하였다.

다섯째, 필요에 따라 일부 내용들을 선택하여 학습할 수 있으며, 부록에서 코딩을 위한 스크래치와 파이썬 언어를 선택하여 실습할 수 있도록 하였다.

이 책의 주요 내용은 다음과 같다.

1장에서는 소프트웨어와 변화하는 사회를 중심으로 다양한 주제들을 다룬다. 소프트웨어의 정의와 응용, 세계 각국과 우리나라의 소프트웨어 교육 동향, 그리고 소프트웨어 중심사회와 융합을 포함한 소프트웨어의 개발과 응용에 관해 살펴본다.

2장에서는 소프트웨어 동향과 다양한 응용들을 다룬다. 소프트웨어의 중요성과 역할, 인간과 컴퓨터를 연결하는 운영체제와 모바일 운영체제, 그리고 생활, 실용, 멀티미디어 측면에서의 생활 속 소프트웨어의 다양한 응용에 관해 살펴본다.

3장에서는 소프트웨어 개발과 코딩 교육을 중심으로 다양한 주제들을 다룬다. 소프트웨어와 코딩의 중요성과 목적을 살펴보고, 코딩의 구현과 컴퓨팅 사고를 고찰한다. 또한 코딩 교육 플랫폼들을 소개하며, 스크래치, 엔트리, 아두이노, 파이썬 등의 코딩 언어도 살펴본다.

4장에서는 디지털 혁명과 네트워크 혁명을 중심으로 다양한 주제들을 다룬다. 디지털 혁명과 제3의 물결을 살펴보고, 디지털 컴퓨터의 등장과 각 세대별 발전, 그리고 최근 들어 초고속의 정보 유통을 이룩한 인터넷과 네트워크 혁명 등을 살펴본다.

5장에서는 컴퓨팅 사고의 이해를 중심으로 다양한 주제들을 다룬다. 이를 위해 컴퓨팅 사고의 배경을 살펴보고, 컴퓨팅 사고의 단계와 핵심 개념, 그리고 의사코드와 순서도를 포함한 컴퓨팅 사고의 표현 방법 등을 살펴본다.

6장에서는 컴퓨팅 사고와 응용을 중심으로 다양한 주제들을 다룬다. 컴퓨팅 사고의 7단계와 주요 응용을 살펴보고, 컴퓨팅 사고 단계에서의 주요 응용, 그리고 컴퓨팅 사고의 여러 가지 요소들이 모두 포함된 복합적 요소들의 응용 등을 살펴본다.

7장에서는 문제해결을 위한 다양한 발상을 중심으로 다양한 주제와 응용들을 다룬다. 문제해결의 방법, 컴퓨팅 사고와 문제해결, 그리고 상상력과 창의성을 활용한 창의적 문제해결도 다룬다.

8장에서는 알고리즘을 통한 문제해결을 중심으로 다양한 주제들을 다룬다. 이를 위해 알고리즘의 정의와 알고리즘을 통한 문제해결, 알고리즘의 탐구에서 소수 및 유클리드 알고리즘, 그리고 탐색과 정렬 등 생활 속의 알고리즘 등을 살펴본다.

부록 1에서는 '스크래치로의 안내'를 다룬다. 스크래치 설치와 회원 가입, 스크래치 명령 블록, 그리고 본문 내용의 스크래치 프로그래밍을 살펴본다.

부록 2에서는 '파이썬으로의 안내'를 다룬다. 파이썬 설치와 실행, 변수와 데이터 형식, 그리고 연산자 등을 살펴본다.

이 책을 통해 보다 많은 사람들이 소프트웨어, 코딩, 스크래치, 파이썬, 그리고 컴퓨팅 사고와 관련된 다양한 논제들을 보다 쉽게 접하고 이해할 수 있는 계기가 되기를 바라면서, 이 책이 완성되기까지 성원해주고 도와준 사랑하는 가족들과 동료 류승택 교수님을 비롯한 주위의 많은 분들께 감사드린다. 특히 코딩 실습에 있어 큰 도움을 준 충남대학교 허서정 교수님께 고마움을 전하며, 이 책의 출판을 위해 적극적으로 후원해 준 생능출판사 김승기 사장님을 비롯한 임직원들께도 크나큰 감사의 마음을 전한다.

2017년 새해를 바라보며

金 大 洙

강의 마일스톤

강의의 이정표인 다음과 같은 마일스톤(milestone)을 따라 각 장을 차례대로 강의하면 된다. 먼저 소프트웨어와 코딩 단계인 4장까지 강의한 후 스크래치나 파이썬을 선택하여 코딩을 실습한다(옵션). 그 후 컴퓨팅 사고와 문제해결 단계를 강의한다.

대상 학생, 강의 시수, 실습 여부와 기간, 그리고 실습과 기초 강조 등의 타입에 따라 4가지 강의계획표 중 하나를 선정하여 실정에 따라 유연하게 적용하면 된다.

옵션인 코딩 실습에 대한 다음의 블록 다이어그램은 일반적인 경우를 가정하였으며, 강의자의 판단에 따라 코딩의 실습은 강의 초반기에 할 수도 있고 중반기나 후반기를 선택하여 실습할 수도 있다.

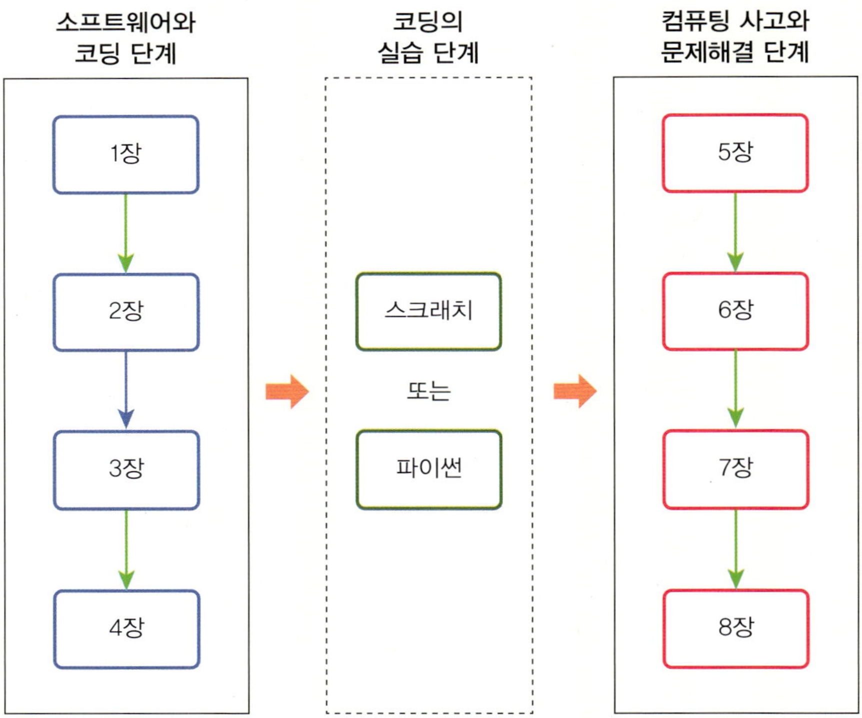

강의 계획표

1. 강의 계획표 I(실습을 포함할 경우)

강의 계획표는 중간고사와 기말고사를 포함하여 15주로 작성하였는데, 다음 표와 같은 순서로 진행하면 무난할 것이다. 참고로 각 장에서 중요도와 시간적 측면에서의 판단에 따라 일부 섹션의 설명은 생략할 수도 있으며, 다소 융통성 있게 강의 내용의 폭을 조절할 수 있다.

특히 부록에 있는 코딩 실습의 경우 기간을 조정하거나 앞뒤로 조정할 수 있다.

주차	해당 장	주요 내용
1	1장	강의 개요 소개 및 소프트웨어와 변화하는 사회
2	1장	소프트웨어와 변화하는 사회
3	2장	소프트웨어 동향과 다양한 응용
4	3장	코딩과 코딩의 구현
5	4장	코딩의 표현 방법과 디지털 혁명
6	5장	컴퓨팅 사고의 이해
7	6장	컴퓨팅 사고의 7단계와 응용 (강의 시수와 대상에 따라 생략 가능함)
8	중간고사	
9	부록	스크래치 또는 파이썬 실습
10	부록	스크래치 또는 파이썬 실습
11	부록	스크래치 또는 파이썬 실습
12	부록	스크래치 또는 파이썬 실습
13	7장	문제해결을 위한 다양한 발상
14	8장	알고리즘을 통한 문제해결
15	기말고사	

2. 강의 계획표 II(강의 위주의 경우)

강의 계획표는 다음 표와 같은 순서로 진행하면 무난할 것이다. 첫 주의 경우에는 강의 소개 시간을 두었으며, 중간고사와 기말고사를 포함하여 15주로 작성하였다.

참고로 각 장에서 중요도와 시간적 측면에서의 판단에 따라 일부 섹션의 설명은 생략할 수도 있으며, 다소 융통성 있게 강의 내용의 폭을 조절할 수 있다.

주차	해당 장	주요 내용
1	1장	강의 개요 소개 및 소프트웨어와 변화하는 사회
2	1장	소프트웨어와 변화하는 사회
3	2장	소프트웨어 동향과 다양한 응용
4	3장	코딩과 코딩의 구현
5	3장	코딩과 코딩의 구현
6	4장	코딩의 표현 방법과 디지털 혁명
7	5장	컴퓨팅 사고의 이해
8	중간고사	
9	5장	컴퓨팅 사고의 이해
10	6장	컴퓨팅 사고의 7단계와 응용
11	6장	컴퓨팅 사고의 7단계와 응용
12	7장	문제해결을 위한 다양한 발상
13	7장	문제해결을 위한 다양한 발상
14	8장	알고리즘을 통한 문제해결
15	기말고사	

3. 강의 계획표 III(기초와 실습을 강조하는 경우)

강의 계획표는 다음 표와 같은 순서로 진행하면 무난할 것이다. 첫 주의 경우에는 강의 소개 시간을 두었으며, 중간고사와 기말고사를 포함하여 15주로 작성하였다.

참고로 각 장에서 중요도와 시간적 측면에서의 판단에 따라 일부 섹션의 설명은 생략할 수도 있으며, 다소 융통성 있게 강의 내용의 폭을 조절할 수 있다. 이 경우에는 기초와 실습을 강조하며 경우에 따라 6장과 8장을 생략할 수도 있다.

주차	해당 장	주요 내용
1	1장	강의 개요 소개 및 소프트웨어와 변화하는 사회
2	1장	소프트웨어와 변화하는 사회
3	2장	소프트웨어 동향과 다양한 응용
4	3장	코딩과 코딩의 구현
5	3장	코딩과 코딩의 구현
6	4장	코딩의 표현 방법과 디지털 혁명
7	5장	컴퓨팅 사고의 이해
8	중간고사	
9	부록	스크래치 또는 파이썬 실습
10	부록	스크래치 또는 파이썬 실습
11	부록	스크래치 또는 파이썬 실습
12	부록	스크래치 또는 파이썬 실습
13	5장	컴퓨팅 사고의 이해
14	7장	문제해결을 위한 다양한 발상(6장과 8장은 생략 가능)
15	기말고사	

4. 강의 계획표 IV(특정 기간의 단기 강좌나 부분 강의인 경우)

이 책은 '소프트웨어와 코딩', '컴퓨팅 사고와 코딩', '코딩과 실습', 컴퓨팅 사고와 문제해결', '컴퓨팅 사고와 알고리즘' 등 다양한 과목으로 강의될 수 있다.

또한 여러 클래스를 합반하여 강의할 때도 효과적일 것이며, 특히 단기 강좌인 경우 이 책의 특정 부분을 중심으로 4주, 6주 또는 8주 등의 부분 강의도 유용할 것으로 판단된다.

부분 강의의 경우 '소프트웨어와 코딩' 파트, '스크래치나 파이썬 실습' 파트, 그리고 '컴퓨팅 사고와 문제해결' 파트 등을 선택해도 좋을 것이다. 강의 계획표는 선택하는 기간에 따라 앞의 강의 계획표를 참조하면 된다.

차례

CHAPTER 01 소프트웨어와 변화하는 사회

1.1 소프트웨어란 무엇인가? 16
- 1.1.1 소프트웨어의 정의 16
- 1.1.2 소프트웨어의 여러 가지 분류 20
- 1.1.3 소프트웨어의 활용 26

1.2 소프트웨어 교육 동향 28
- 1.2.1 소프트웨어 교육의 필요성 29
- 1.2.2 세계 각국의 소프트웨어 교육 동향 32
- 1.2.3 우리나라의 소프트웨어 교육 동향 36

1.3 소프트웨어 중심사회와 사회 변화 40
- 1.3.1 소프트웨어 중심사회 40
- 1.3.2 나날이 발전하는 소프트웨어 43
- 1.3.3 소프트웨어의 힘과 직업의 변화 44

CHAPTER 02 소프트웨어 동향과 다양한 응용

2.1 소프트웨어의 동향 50
- 2.1.1 소프트웨어의 중요성과 역할 50
- 2.1.2 소프트웨어와 혁신 전략 56
- 2.1.3 소프트웨어 산업과 통계 59

2.2 소프트웨어 구현과 소프트웨어 융합 64
- 2.2.1 프로그래밍 언어의 개발과 인간과의 소통 64
- 2.2.2 번역 방식과 고급 언어 프로그램의 실행 67
- 2.2.3 소프트웨어 융합 68

2.3 소프트웨어의 다양한 응용 예 71
- 2.3.1 생활 속의 소프트웨어 72
- 2.3.2 실용적인 소프트웨어 77
- 2.3.3 멀티미디어 소프트웨어 82

CHAPTER 03 코딩과 코딩 교육

3.1 코딩의 중요성과 코딩 교육의 목적 88
3.1.1 코딩의 개념과 사회생활 능력 88
3.1.2 코딩 교육과 중요성 92
3.1.3 코딩 교육의 주요 목적 94

3.2 다양한 방법을 통한 소프트웨어와 코딩의 구현 96
3.2.1 코딩 중심의 조기 컴퓨터 교육 96
3.2.2 코딩의 구현과 컴퓨팅 사고 99
3.2.3 주요 코딩 교육 플랫폼 101

3.3 교육용 도구를 통한 코딩의 구현 106
3.3.1 교육용 프로그래밍 언어 107
3.3.2 스크래치, 엔트리, Blockly 108
3.3.3 Small Basic, 아두이노, 파이썬 113

CHAPTER 04 코딩의 표현 방법과 디지털 혁명

4.1 코딩의 표현 방법 120
4.1.1 코딩과 의사코드 120
4.1.2 순서도와 순서도 작성 규칙 122
4.1.3 순서도의 표현 126

4.2 디지털 혁명, 4차 산업혁명, 컴퓨터 129
4.2.1 디지털 혁명과 디지털 정보 129
4.2.2 제3의 물결과 4차 산업혁명 131
4.2.3 컴퓨터의 특징과 이동식 컴퓨터 135

4.3 네트워크 소프트웨어와 지능형 소프트웨어 138
4.3.1 인터넷의 활용과 이용 현황 138
4.3.2 네트워크 소프트웨어 기술 139
4.3.3 미래 지능형 소프트웨어 기술 141

CHAPTER 05 컴퓨팅 사고의 이해와 기본적 응용

5.1 컴퓨팅 사고의 배경 및 이해 146
5.1.1 컴퓨팅 사고의 생성 146
5.1.2 인간의 사고 체계와 컴퓨팅 사고 148
5.1.3 지넷 윙과 CSTA 등의 컴퓨팅 사고 150

5.2 컴퓨팅 사고와 교육, 응용, 코딩 155

5.2.1 각국의 컴퓨팅 사고 교육의 추이 155
5.2.2 컴퓨팅 사고를 적용한 생활 속의 예 156
5.2.3 컴퓨팅 사고의 중요성과 코딩과의 관계 161

5.3 컴퓨팅 사고의 7단계 모델과 응용 163
5.3.1 컴퓨팅 사고의 7단계 모델 163
5.3.2 윙과 구글 모델의 추가 설명과 문제해결 166
5.3.3 컴퓨팅 사고의 7단계 핵심요소 응용의 예 169

CHAPTER 06 컴퓨팅 사고의 7단계와 응용

6.1 컴퓨팅 사고 전(前) 단계들 178
6.1.1 문제 분석 단계 179
6.1.2 데이터 수집과 표현 단계 183

6.2 컴퓨팅 사고의 7단계 중 '컴퓨팅 사고 단계들' 184
6.2.1 분해 단계 185
6.2.2 패턴인식 단계 188
6.2.3 추상화 단계 192
6.2.4 알고리즘 단계와 평가 단계 195

6.3 컴퓨팅 사고의 복합적 요소들이 적용되는 예 199
6.3.1 계산 문제에의 접근 200
6.3.2 극장 대피로와 메르스 바이러스 203
6.3.3 애완견과 일기예보 205

CHAPTER 07 문제해결과 컴퓨팅 사고

7.1 문제해결의 방법 212
7.1.1 문제해결의 방안 212
7.1.2 폴리아의 문제해결법 214
7.1.3 문제해결의 실제 예 217

7.2 컴퓨팅 사고와 문제해결 219
7.2.1 컴퓨팅 사고를 통한 문제해결 219
7.2.2 문제해결을 위한 모델링 221
7.2.3 다이어그램을 이용한 문제해결 224
7.2.4 생활 속의 문제해결 226

7.3 창의적 문제해결 228
7.3.1 문제해결 방안의 상상력과 창의성 228

7.3.2 역발상과 발상의 전환을 통한 문제해결 231
7.3.3 열린 사고와 창의적 문제해결 233

CHAPTER 08 알고리즘을 통한 문제해결

8.1 알고리즘이란 무엇인가? 240
8.1.1 컴퓨터와 알고리즘을 통한 문제 해결 240
8.1.2 알고리즘의 정의와 특성 242
8.1.3 알고리즘과 문제해결 243

8.2 알고리즘의 탐구 245
8.2.1 수 교환과 소수 구하기 알고리즘 245
8.2.2 덧셈 알고리즘과 유클리드 알고리즘 249
8.2.3 재귀적 알고리즘 253

8.3 생활 속의 알고리즘 탐구 256
8.3.1 토마토 스파게티 만들기와 원하는 수 찾기 257
8.3.2 19단 암산과 섭씨를 화씨로의 변환 알고리즘 259
8.3.3 탐색과 정렬 261

부록

부록 01 스크래치로의 안내
1. 스크래치 설치와 회원 가입 269
2. 스크래치 명령 블록 280
3. 본문 내용의 스크래치 프로그래밍 297

부록 02 파이썬으로의 안내
1. 파이썬 설치와 실행 311
2. 변수와 데이터 형식 322
3. 연산자 327
4. 리스트와 조건문 330
5. 반복문과 함수 336
6. 재귀 함수와 도형 그리기 339

■ 찾아보기 344

Chapter

01

소프트웨어와 변화하는 사회

1.1 소프트웨어란 무엇인가?

1.2 소프트웨어 교육 동향

1.3 소프트웨어 중심사회와 사회 변화

Chapter

01 소프트웨어와 변화하는 사회

1장에서는 소프트웨어와 변화하는 사회를 중심으로 다양한 주제들을 다룬다. 소프트웨어의 정의와 활용, 세계 각국과 우리나라의 소프트웨어 교육 동향, 그리고 소프트웨어 중심사회와 더불어 날로 발전하는 소프트웨어에 대해 살펴본다.

1.1 소프트웨어란 무엇인가?

소프트웨어란 하드웨어에 대응하는 개념으로 컴퓨터 프로그램 및 그것과 관련된 문서들을 총칭하는 용어로 정의될 수 있다. 여기서는 최근 들어 크게 주목받고 있는 소프트웨어의 정의, 분류, 그리고 응용 등을 살펴본다.

1.1.1 소프트웨어의 정의

(1) 소프트웨어 열풍

전 세계적으로 소프트웨어 열풍이 불고 있다. 미국과 영국을 비롯한 여러 나라에서 소프트웨어의 중요성을 강조하며, 소프트웨어를 차세대의 시장 질서를 주도적으로 리드해 나갈 수 있는 핵심 기술로 주목하고 있다.

불과 10여 년 전까지만 해도 세계 휴대폰 시장의 선두주자였던 핀란드의 노키아가 극심한 실적 부진으로 다른 기업에 흡수되어 버리고, 창의적이고 혁신적인 소프트웨어를 장착한 아이폰을 개발한 스티브 잡스의 애플사가 급부상할 것을 예상한 사람은 별로 없었을 것이다. 손가락으로 간단하게 조작할 수 있는 소프트웨어의 개발을 통해 손안에 잡히는 조그마한 화면에서 무선으로 전화와 인터넷을 할 수 있는 엄청난 변혁을 이룩한 것이다.

또한 사회적으로 큰 물의를 일으킨 폭스바겐 사태의 주된 이슈도 자동차의 배기가스 관련 소프트웨어 조작이 문제가 된 것이다. 최근 자동차 산업에서도 소프트웨어를 많이 적용하여 성능을 향상시킴으로써 소프트웨어의 중요성 또한 점차 커지고 있다. [그림 1.1]은 운전자가 손을 대지 않고도 여러 가지 소프트웨어 프로그램을 이용하여 목적지까지 도착할 수 있는 무인자동차를 나타낸다.

그림 1.1 소프트웨어에 의한 자동 운전

(2) 소프트웨어를 통한 변화

소프트웨어는 우리의 일상생활에 큰 영향을 미치고 있으며, 앞으로 소프트웨어가 세상의 변화를 이끌 것이라는 이야기까지 들린다. 예를 들어 무인자동차를 개발하고 있는 BMW의 경우 연구개발비의 약 90%가 관련 소프트웨어 개발에 투입되고, [그림 1.2]와 같은 전기자동차를 개발하는 세계적인 기업인 테슬러(Tesler)의 경우와 구글의 무인자동차의 경우에도 소프트웨어 기술이 핵심을 차지하고 있다.

그림 1.2 전기자동차와 무인자동차

최근 통계에 따르면 미국의 소프트웨어 관련 기업이 낸 특허는 약 13% 정도이나 전통적인 제조 기업들이 낸 특허는 무려 87%에 달한다고 한다. 이 사실은 제조업체에서 소프트웨어를 융합하는 연구가 커지고 있다는 점이다. 따라서 이제부터는 제조업과 소프트웨어를 따로 분리해서 생각할 수 없게 되었으며, 제조업의 경쟁력을 결정하는 핵심요소는 소프트웨어에 달려있다고 해도 과언이 아닐 것이다. 세계 최고의 소프트웨어 개발기업들을 보유한 미국은 소프트웨어를 활용하여 부가가치가 큰 제조업의 부활을 꿈꾸고 있다.

(3) 소프트웨어의 의미

소프트웨어(Software: S/W)란 '컴퓨터 프로그램과 그와 관련된 문서들'을 총칭하는 용어로서, 컴퓨터 기계 자체의 집합체인 하드웨어(Hardware: H/W)에 대응하는 개념이다. 즉 하드웨어가 컴퓨터 시스템의 물리적인 기반을 제공하는데 비해, 소프트웨어는 우리가 원하는 대로 컴퓨터를 작동하게 만드는 논리적인 바탕을 제공한다. 가령 인간에 비유하자면 하드웨어는 사람의 육체에 해당하며, 소프트웨어는 사람을 움직이는 두뇌 지식이라 할 수 있다.

컴퓨터 시스템은 기본적으로 하드웨어와 소프트웨어로 구분된다. 하드웨어는 전자 회로와 그 밖의 물리적인 장치들로 이루어지며, 소프트웨어는 이를 활용할 수 있는 기본적인 프로그램이나 이에 따르는 기술들을 말한다. [그림 1.3]은 하드웨어와 소프트웨어의 케이스(case)를 보여주고 있다.

그림 1.3 하드웨어와 소프트웨어 케이스

소프트웨어는 흔히 컴퓨터 프로그램과 같은 의미로 사용되기도 하는데, 음악회나 각종 행사에서의 식순 프로그램과 마찬가지로 작업의 진행 순서를 논리적으로 표현한다. 이와 같은 논리적 표현은 컴퓨터가 실행할 수 있는 명령어(instruction)들로 이루어지는데, 컴퓨터로 하여금 어떤 기능을 수행할 수 있도록 지시하는 명령어들을 순서에 따라 차례로 나열해 놓은 것을 프로그램(program)이라 한다. [그림 1.4]는 5!(5의 계승)을 구하는 스크래치(scratch)와 파이썬(python) 프로그램의 예를 나타낸다.

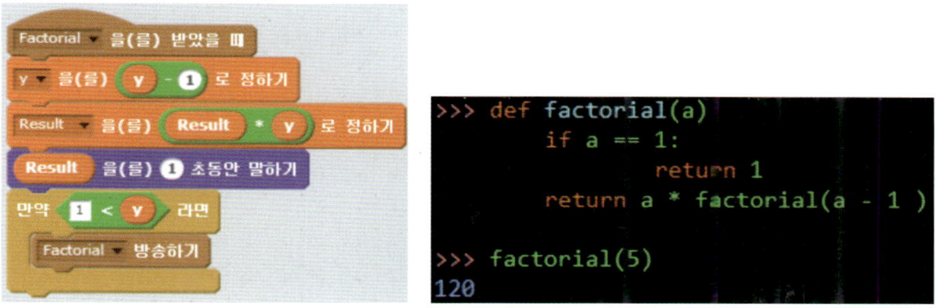

그림 1.4 컴퓨터 프로그램의 예

프로그램에서 사용되는 명령어를 이용하여 프로그램을 작성하는 작업을 프로그래밍(programming)이라 하며, 프로그램을 작성하는 사람을 프로그래머(programmer)라 한다.

(4) 소프트웨어의 체험

정보기술(Information Technology: IT) 시대를 맞이하여 요즘에는 [그림 1.5]와 같이 소프트웨어 체험 교실이나 경진대회 참가의 기회도 많아졌으며, [그림 1.6]과 같이 교육용 소프트웨어를 활용하는 경우도 급속히 늘어나고 있다.

또한 컴퓨터 관련 전공자들뿐만 아니라 이공계 대학생들이 C언어나 파이썬(Python) 등을 이용하여 직접 프로그래밍하는 경우도 많아졌다. 초중고 학생들과 일반 대학생들도 스크래치나 파이썬과 같은 교육용 언어를 사용하여 게임이나 프로그램을 직접 작성하는 등 소프트웨어 전반에 대한 관심이 점차 커지고 있다.

그림 1.5 소프트웨어 체험 교실

그림 1.6 교육용 소프트웨어의 활용

1.1.2 소프트웨어의 여러 가지 분류

(1) 소프트웨어의 분류

소프트웨어는 [그림 1.7]과 같이 컴퓨터 시스템을 가동시키는데 필수적인 운영체제 등의 시스템 소프트웨어(system software)와 문서작성이나 게임 등 특정 분야의 업무를 처리하는데 사용되는 응용 소프트웨어(applications software)로 나누어진다.

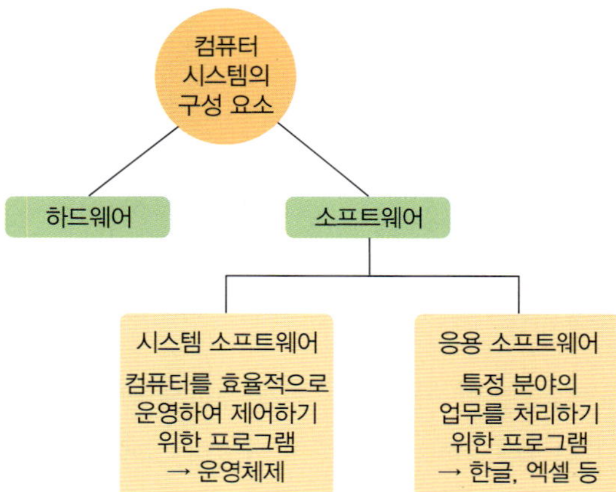

그림 1.7 시스템 소프트웨어와 응용 소프트웨어

(2) 시스템 소프트웨어

시스템 소프트웨어는 컴퓨터 사용자가 복잡한 하드웨어를 잘 모르고서도 편리하게 컴퓨터를 사용할 수 있도록 도와주는 동시에 컴퓨터 시스템들을 효율적으로 작동시키고 다룰 수 있는 기능을 갖춘 프로그램이다. 시스템 소프트웨어 중 대표적인 것은 통상 OS라고 불리는 운영체제(Operating System: OS)인데 하드웨어와 응용 소프트웨어 사이에 위치하여 사용자가 컴퓨터를 원활하게 사용할 수 있는 환경을 제공해주고 컴퓨터의 자원(resource)을 관리하는 역할을 담당한다.

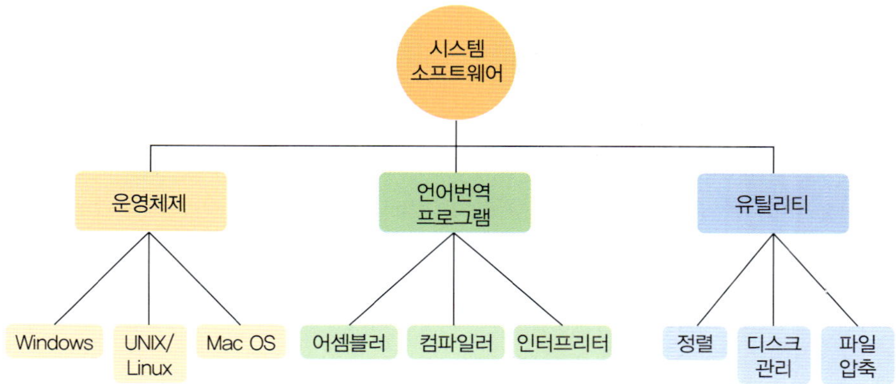

그림 1.8 시스템 소프트웨어 종류와 구분

시스템 소프트웨어는 [그림 1.8]과 같이 운영체제, 언어번역 프로그램, 그리고 유틸리티의 3가지로 분류된다. 운영체제는 Windows, Unix/Linux, Mac OS 등으로 나누어지고, 언어번역 프로그램은 어셈블러, 컴파일러, 인터프리터로 이루어지며, 시스템 유틸리티는 정렬, 디스크 관리, 파일 압축 등을 담당한다.

응용 소프트웨어는 통상 사용자가 특정 분야의 업무를 처리하기 위해 운영체제 위에서 작동되는 소프트웨어들을 뜻한다. 그 종류로는 워드프로세서, 엑셀, 파워포인트, 스프레드시트, 데이터베이스 관리, SAS, 동영상 플레이어, 각종 게임 등 수없이 많다. [그림 1.9]는 응용 소프트웨어에 속하는 한컴오피스와 파워포인트 화면을 나타낸다.

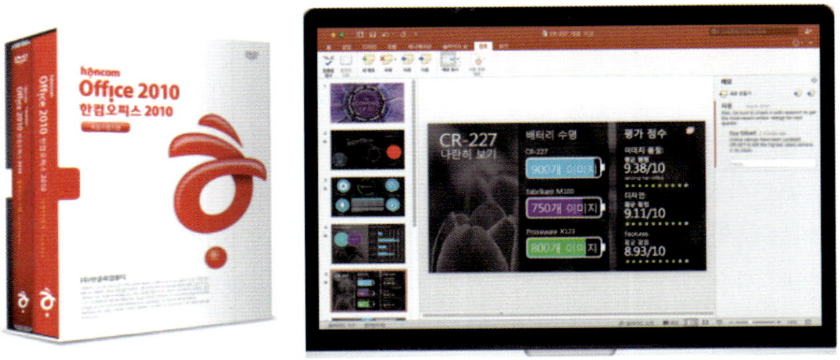

그림 1.9 한컴오피스와 파워포인트

(3) 응용 소프트웨어

응용 소프트웨어를 줄여서 어플리케이션(application)이라 하는데, 요즘에는 좀 더 줄여서 어플 또는 앱(app)이라 부르기도 한다. 특히 최근에는 스마트폰에서 작동되는 앱의 수가 급증하고 있는 추세이다.

하드웨어, 시스템 소프트웨어, 응용 소프트웨어의 관계는 [그림 1.10]과 같은데, 사용자는 주로 응용 소프트웨어와 접하게 된다.

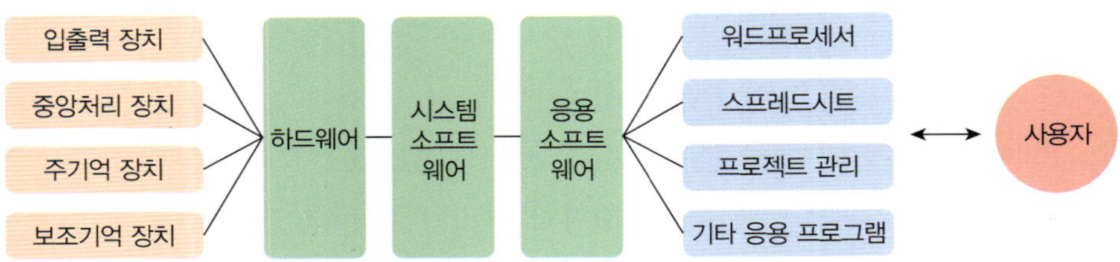

그림 1.10 하드웨어, 시스템 소프트웨어, 응용 소프트웨어의 관계

컴퓨터가 개발된 초창기에는 하드웨어가 중심이었으나, 그 후 소프트웨어의 중요성이 점차 커져 현재는 [그림 1.11]과 같이 소프트웨어가 하드웨어보다 훨씬 더 큰 비중을 차지하고 있는데, 특히 응용 소프트웨어의 비중이 커지고 있다.

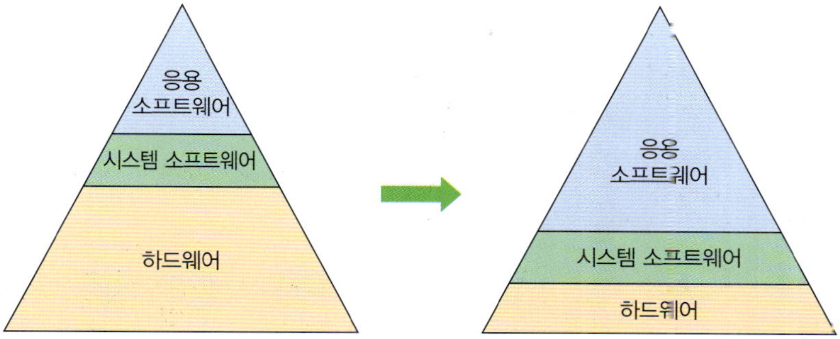

그림 1.11 소프트웨어와 하드웨어의 비중 변화

(4) 운영체제

운영체제(Operating System: OS)는 시스템 소프트웨어의 일종인데 컴퓨터를 지휘하고 관리하는 프로그램으로서 통상 약자로 OS라고 부르는데, 운영체제의 주요 목적은 컴퓨터 시스템을 편리하게 이용하도록 하는 것과 컴퓨터 하드웨어를 효율적으로 관리하는데 있다.

운영체제의 구체적인 목표는 다음과 같다.

① 컴퓨터 내의 하드웨어와 소프트웨어 자원들을 관리하고 제어한다.
② 컴퓨터를 쉽게 사용할 수 있는 편리한 인터페이스(interface)를 제공한다.
③ 수행 중인 프로그램들의 효율적인 운영을 도와준다.
④ 입출력에서 보조적인 기능을 수행한다.
⑤ 오류가 발생할 경우 오류를 원활하게 처리한다.

현재 개인용 컴퓨터에는 Windows XP, Windows 7, Windows 8, Windows 10, Mac OS, Linux 등이 쓰이고 있다. 최근에는 스마트폰을 위한 구글의 안드로이드(Android), 애플의 아이오에스(iOS) 등의 모바일 운영체제도 널리 사용되고 있다. [그림 1.12]는 현재 가장 많이 쓰이고 있는 Windows 8과 Windows 10을 나타낸다.

그림 1.12 Windows 8과 Windows 10

(5) 소프트웨어를 받쳐주는 하드웨어의 구성

컴퓨터는 기본적으로 입력 장치, 출력 장치, 중앙처리 장치(Central Processing Unit: CPU), 주기억 장치(Main Memory), 그리고 보조기억 장치(Auxiliary Memory) 등 5개 부분으로 이루어져 있으며 내부적으로 가장 중요한 역할을 하는 부분이 중앙처리 장치이다.

입력 장치는 통상 [그림 1.13]과 같은 키보드, 마우스, 스캐너, 터치 패드, 바코드, 3D 스캐너 등을 통해 입력되며, 출력 장치는 [그림 1.14]와 같은 프린터, 모니터, 그래픽 카드, 사운드 카드, 3D 프린터 등을 통해 출력된다.

그림 1.13 입력 장치

그림 1.14 출력 장치

하드웨어의 성능을 좌우하는 것으로는 [그림 1.15]와 같이 중앙처리 장치라고 불리는 마이크로프로세서(micro processor)가 있다.

그림 1.15 마이크로프로세서

컴퓨터에서 기억을 담당하며 통상 메모리(memory) 불리는 기억 장치와 요즘 보조기억 장치로 많이 쓰이는 USB는 [그림 1.16]과 [그림 1.17]에 각각 나타나있다.

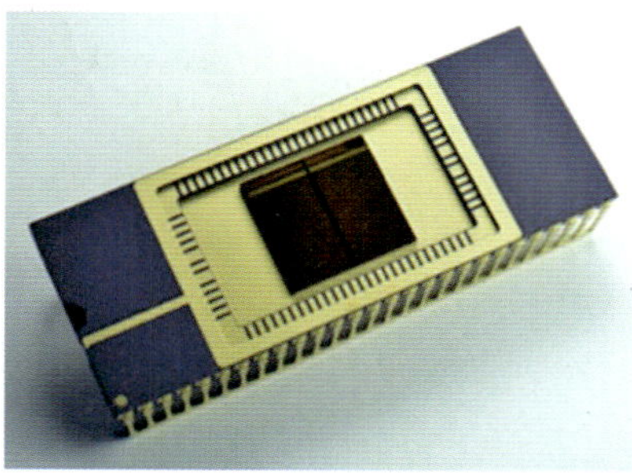

그림 1.16 3차원 낸드 플래시 메모리

그림 1.17 USB Flash Drive

한편 개인용 컴퓨터의 케이스를 분리하여 살펴보면 [그림 1.18]과 같이 구성되어 있다.

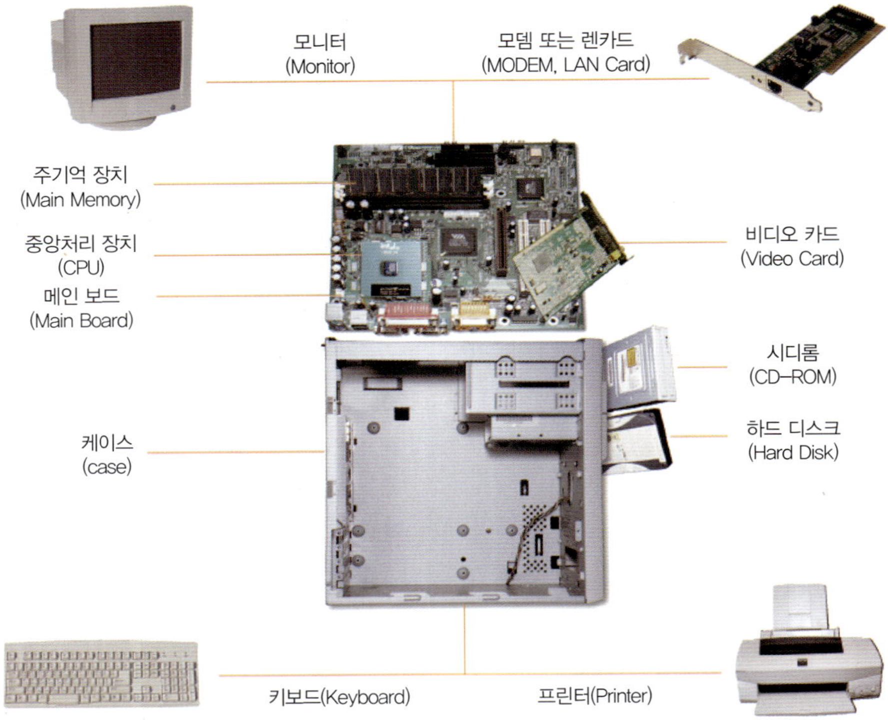

그림 1.18 개인용 컴퓨터의 하드웨어 구성

1.1.3 소프트웨어의 활용

(1) 고속도로 교통안내 앱

소프트웨어 기술이 발달함에 따라 우리는 예전보다 훨씬 편리한 환경 속에 살고 있다. 가령 자동차로 고속도로를 이용할 경우 [그림 1.19]와 같은 '고속도로 교통상황'이란 응용 프로그램(Application) 또는 앱(App)을 이용하면 CCTV을 통해 실시간으로 교통 상황을 볼 수 있다. 어느 구간을 통과하는데 얼마 정도의 시간이 걸리고, 어떤 경로로 목적지에 도달할 수 있을지도 살펴볼 수 있다. 또한 지하철 앱을 이용하면 출발역에서 목적지 역까지의 경로와 시간을 알려주기 때문에 보다 계획성 있게 지하철을 이용할 수 있다.

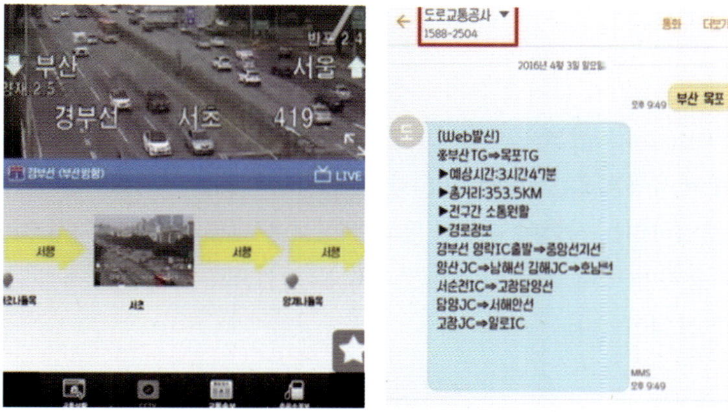

그림 1.19 실시간 고속도로 교통상황과 경로 안내

한편 우리가 어떤 위치에 대한 자세한 지도를 보고 싶을 때는 [그림 1.20]과 같이 지도 앱을 이용하면 자세하게 볼 수 있다. 또한 앱을 통해 [그림 1.21]과 같이 언제 어디서나 날씨 정보를 검색할 수 있다.

그림 1.20 지도 앱

그림 1.21 날씨 앱

(2) 최근의 소프트웨어

최근에는 [그림 1.22]와 같이 인간의 음성정보를 추출하여 음성을 인식할 수 있는 음성인식(voice recognition) 소프트웨어도 개발되어 실용화 단계에 들어가고 있다. 또 다른 소프트웨어 응용으로는 [그림 1.23]과 같은 가상착의 소프트웨어를 들 수 있다. 이것은 옷을 구입하려는 사람이 다양한 옷과 색상들을 컴퓨터상에서 가상으로 결합시켜 봄으로써 사용자가 마치 옷을 입어본 것과 같은 느낌으로 자기 취향에 맞는 옷을 고를 수 있는 소프트웨어이다.

그림 1.22 음성인식 소프트웨어

그림 1.23 가상착의 소프트웨어

한편 최근 들어 급격히 발전한 스마트폰을 통해 무선통화뿐만 아니라 인터넷을 포함한 컴퓨터 기능까지 가능하게 되었다. 따라서 스마트폰에서 활용할 수 있는 응용 프로그램인 앱이 크게 주목받고 있다. 지금까지 게임, 지도, 음악, 금융, 스포츠, 맛집, 날씨 등과 관련된 수많은 앱들이 개발되어 무료 또는 유료로 이용되고 있다.

1.2 소프트웨어 교육 동향

소프트웨어와 관련된 산업의 중요성이 날로 높아지고 있는 상황에서, 소프트웨어 인재를 양성하기 위해 어릴 때부터 소프트웨어 교육을 배울 수 있도록 의무화하는 나라들이 점차 늘어나고 있다. 이에 따라 여기서는 소프트웨어 교육의 필요성과 더불어 요즘 세계 각국 및 우리나라의 소프트웨어 교육 현황에 대해 살펴본다.

1.2.1 소프트웨어 교육의 필요성

(1) 소프트웨어의 확산

최근에는 대부분의 산업과 일상생활에 소프트웨어가 급속히 확산되고 있으며, 이러한 추세는 앞으로도 더욱 가속화될 전망이다. 미국 노동통계국에서 발표한 보고서에 따르면 소프트웨어 교육의 강화를 통해 미국의 소프트웨어 관련 일자리가 [그림 1.24]에서와 같이 2015년에는 약 70만 개 정도였지만 매년 꾸준히 증가하여 2020년에는 약 140만 개에 이를 것으로 예상하고 있다.

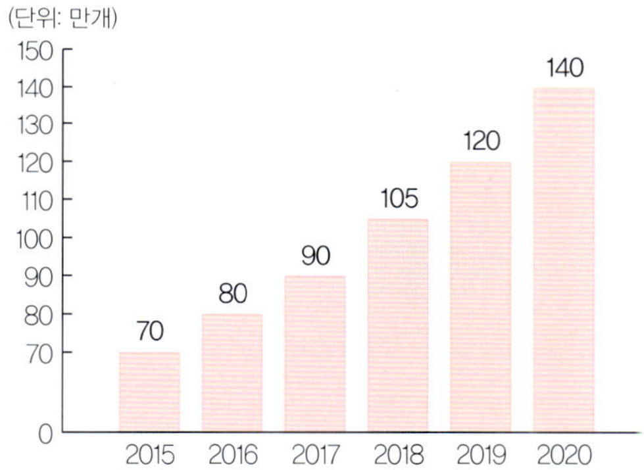

그림 1.24 미국의 소프트웨어 관련 직업 추세(출처: code.org)

이런 추세에 따라 미국과 영국 등 선진국에서는 소프트웨어 개발자들이 높은 연봉과 양호한 근무 환경 등 좋은 대우를 받고 있다. 또한 젊은 학생들을 위한 소프트웨어 교육의 필요성을 이미 인식하여, 초중고 학생들에게 컴퓨터과학을 필수과목으로 지정하여 소프트웨어 인재 양성 교육을 시작하였다. 우리나라에서도 2018~2019년부터 초중고 학생들이 학교에서 소프트웨어 교육을 받을 수 있도록 준비하고 있다.

(2) 소프트웨어 교육

소프트웨어 교육이란 소프트웨어에 대한 지식, 프로그래밍, 코딩(coding), 컴퓨팅 관련 기초 등을 익히는 교육을 말한다. 이를 통해 학습자는 컴퓨터 시스템을 활용하여 생활에서 만나는 문제들을 효율적으로 해결하는 방법을 익히게 된다.

소프트웨어 교육은 복잡한 프로그래밍 언어 자체를 배우는 것이 위주가 아니라 소프트웨어를 이용하여 무엇인가 만들어가는 과정을 스스로 체험하는 것이다. 따라서 학생들은 소프트웨어 교육을 통해 '생각하는 힘(thinking power)'을 기르게 되어 논리적으로 문제를 해결하는 능력을 향상시킬 수 있다.

또한 소프트웨어 교육은 '컴퓨팅 사고(computational thinking)'를 통해 문제를 해결하는 인재를 길러내는 교육'으로 정의될 수 있다. 요즘 강조하는 소프트웨어 교육의 주된 목적은 소프트웨어 전문 개발자를 양성하는데 있는 것이 아니고, 많은 학생들이 집중력과 논리적 사고력 등을 제대로 익힐 수 있도록 '컴퓨팅 사고'를 향상시키는데 있다.

여기서 잠깐

컴퓨팅 사고(Computational Thinking)

컴퓨팅 사고란 컴퓨터과학자가 문제를 해결하는 방법을 다양한 분야의 문제해결에 적용하는 사고방법으로서, 인간의 사고와 컴퓨터의 능력을 통합한 사고이다. 즉 문제의 분석, 분해, 패턴인식, 추상화, 알고리즘, 평가 등의 과정을 통해 주어진 문제를 보다 창의적으로 해결하는 핵심 능력인데, 5장과 6장에 상세히 기술되어 있다.

소프트웨어 교육은 학생들이 만들고 싶은 소프트웨어를 스스로 구상하는 과정에서 사고력, 논리력, 창의력, 상상력, 그리고 문제해결 능력 등을 향상시킬 수 있으므로 앞으로 소프트웨어와 관련이 적은 분야로 진출할 사람에게도 나중에 큰 도움이 될 수 있다. 또한 어떤 경우에는 친구들과의 팀 프로젝트 활동을 통해 의사소통 능력까지 키울 수 있는 장점을 가지고 있다.

(3) 소프트웨어 교육의 방법

소프트웨어 교육은 통상 어떤 문제를 해결할 수 있는 아이디어를 구체화한 후 이를 구현하기 위한 프로그래밍 작업으로 이어진다. 그런데 현재 세계적으로 가장 많이 사용되고 있는 C언어인 경우에도 학생들이나 일반인들이 배우기는 쉽지 않은 실정이다.

따라서 초등학생들이나 프로그래밍 경험이 없는 초보자도 쉽고 재미있게 배울 수 있는 [그림 1.25]와 같은 스크래치(scratch)와 [그림 1.26]과 같은 러플(rur-ple)과 같은 프로그래밍 언어가 개발되었다. 스크래치는 블록 형태의 아이콘을 마우스로 끌어다 놓기만 하면 명령어가 입력되어 애니메이션이나 게임까지도 만들 수 있고, 러플은 명령어를 입력하면 화면에 있는 로봇이 움직여 로봇을 좋아하는 학생들이 흥미를 가지고 프로그래밍 할 수 있다.

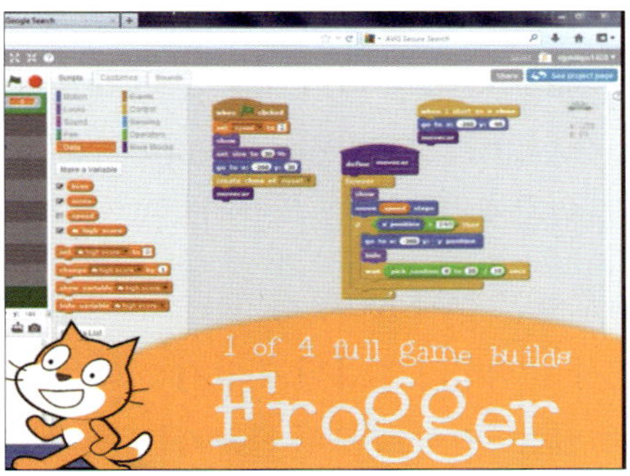

그림 1.25 스크래치

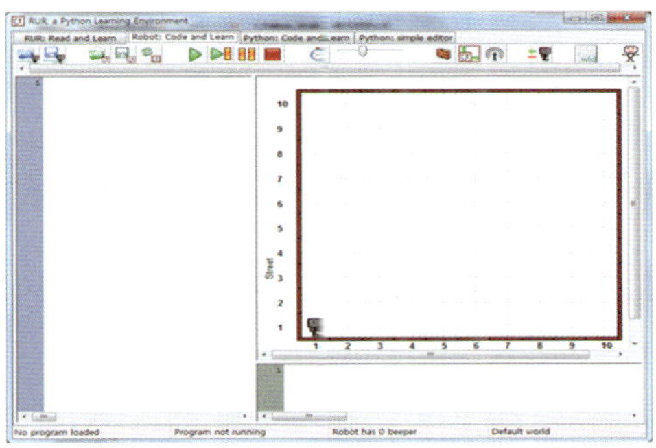

그림 1.26 러플

또한 피지컬(Physical) 컴퓨팅은 컴퓨터 외부에 물리적으로 존재하는 것을 프로그램으로 제어하는 것을 말한다. 피지컬 컴퓨팅은 [그림 1.27]과 같이 센서보드를 사용하여 조이스틱을 만들어 게임할 수도 있고, 드럼과 같은 악기를 만들어 연주할 수도 있다. 또한 [그림 1.28]과 같은 파이썬(Python)은 C언어보다 다소 쉽고 융통성이 있는 프로그래밍 언어로서, 대학생들의 코딩 교육에 유용하게 사용되기도 한다.

그림 1.27 피지컬 컴퓨팅

그림 1.28 파이썬

1.2.2 세계 각국의 소프트웨어 교육 동향

(1) 미국의 소프트웨어 교육에 대한 관심

미국은 소프트웨어 교육에 있어 세계에서 가장 앞서나가는 나라로 평가 받고 있으며, 최근에는 소프트웨어 교육을 대폭 강화하고 있다. 미국은 2013년 말 버락 오바마 대통령이 나서서 프로그래밍 교육을 지지하고, 빌 게이츠, 마크 저커버그 등 IT업계 주요 인사들이 프로그래밍 교육 캠페인에 나섰다. 또한 코드닷오알지(code.org)라는 비영리단체를 중심으로 미국 내 프로그래밍 교육을 확산시키는 붐을 이끌어 가고 있다.

오바마는 "지금 자동차 정비공은 단순히 자동차 오일만 갈지 않고, 정비용 소프트웨어를 다루면서 일하고 있으며, 간호사 역시 데이터를 분석하고 컴퓨터에 담긴 기록을 관리하고, 기계수리공도 컴퓨터 프로그램을 다루고 있다."면서, "모든 근로자는 큰 문제를 여러 개의 작은 문제들로 나누어 생각할 수 있어야 한다."며 컴퓨팅 사고의 분해와 같은 맥락을 강조한 바 있다.

[그림 1.29]는 소프트웨어를 이용한 자동차 정비를 나타내고, [그림 1.30]은 소프트웨어를 활용하는 간호사 업무를 나타낸다.

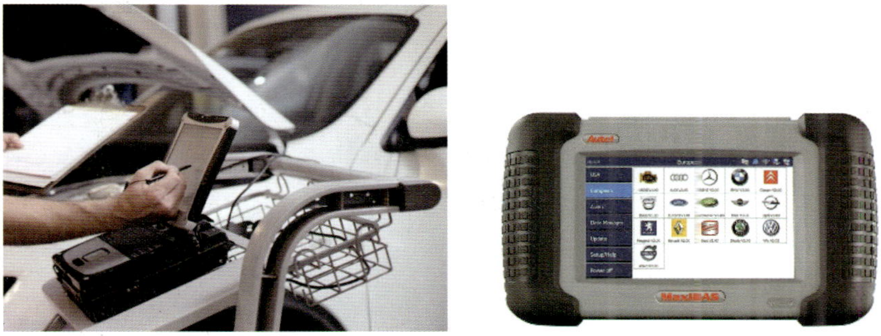

그림 1.29 소프트웨어를 이용한 자동차 정비

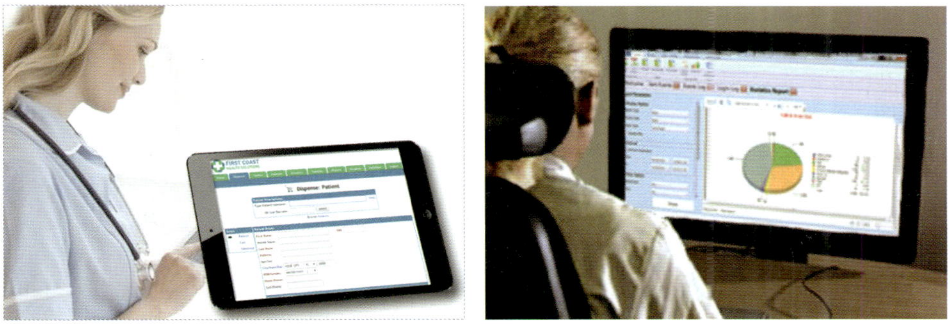

그림 1.30 소프트웨어를 활용하는 간호사 업무

그 후 2016년 초 오바마 대통령은 '모든 사람들을 위한 컴퓨터과학(Computer Science For All)'이란 제목의 컴퓨터 교육을 위한 새로운 국정과제 프로젝트를 제안하였다.

또한 유치원부터 고등학교까지 소프트웨어 교육 확대를 위해 40억 달러의 기금을 조성하겠다고 밝힌 바 있다. 이 프로젝트는 모든 미국 학생들이 컴퓨팅 기술을 배워 보다 나은 미래 직업을 선택할 수 있는 기회를 부여하려는 목적의 프로젝트인데, 특히 여학생과 소수계층에게는 더욱 문호를 확대할 계획이다.

[그림 1.31]은 오바마 대통령이 학생들에게 "스마트폰으로 게임을 하는 대신에 직접 프로그래밍을 해보라."며 소프트웨어의 중요성을 설명하고 있는 장면이다.

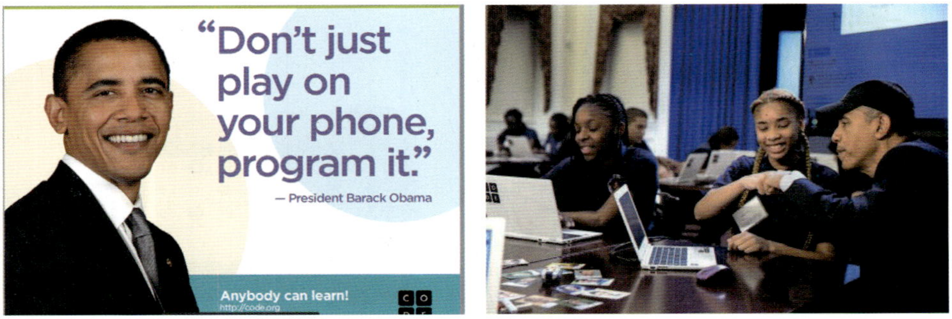

그림 1.31 오바마 대통령의 소프트웨어 장려 활동

이러한 분위기를 바탕으로 무료 온라인 사이트가 속속 생겨나고 소프트웨어 창업 성공 사례들이 쏟아져 나오고 있으며, 구글, 페이스북, 아마존 등 소프트웨어 거대 기업들이 적극적으로 후원하고 있다. 미국의 소프트웨어 교육 정책은 소프트웨어 지식과 코딩에 대한 교육뿐만 아니라, 날로 변화하는 디지털 환경에서 사람의 생각과 컴퓨터 능력을 통합한 사고를 강화하겠다는 것이다.

(2) 세계 주요국의 소프트웨어 교육 동향

미국 외에 영국, 이스라엘, 에스토니아, 핀란드, 일본, 중국 등도 일찌감치 소프트웨어 교육의 중요성을 깨닫고 소프트웨어 교육을 실시하고 있다. 이들 나라들이 소프트웨어 교육을 서두르는 이유는 소프트웨어 능력이 국가 경쟁력을 좌우할 것이라는 확신 때문일 것이다.

① 영국은 미국과 더불어 소프트웨어 교육에 관심이 큰 나라인데, 2014년 9월부터 '컴퓨터' 과목을 만 5세에서 16세 학생들에게 필수과목으로 교육하고, 초중고교에서 매주 1시간 이상 가르치고 있다. 주요 목표로는 사고력과 문제해결 능력의 향상 등인데, [그림 1.32]는 영국의 소프트웨어 교육과정 개선과 컴퓨터 교육 장면을 나타낸다.

그림 1.32 영국의 소프트웨어 교육과정 개선과 컴퓨터 교육

② 일본은 2009년부터 소프트웨어 교육을 강화해왔다. 2009년부터 유치원, 2011년 초등학교, 2012년 중학교 및 고등학교의 순으로 필수 과목으로 지정된 소프트웨어 교육을 전면 실시하고 있다. 중학교의 경우 연간 55시간 이상 소프트웨어 교육을 받는다.

③ 중국은 2000년대 초반부터 초중고에 정보통신 기술교육을 의무화하였는데, 2001년에는 초등학교, 2003년에는 중학교, 2005년에는 고등학교까지 모든 학교에서 정보통신 기술을 필수 과정으로 이수하도록 지정하였다. 초등학교 3학년 이상과 중학교에서는 각각 68시간을 교육하며, 고등학교에서는 70~140시간을 교육한다.

〈표 1.1〉은 세계 주요국의 소프트웨어 교육과정의 주요 특징을 나타낸다.

표 1.1 세계 주요국의 소프트웨어 교육과정의 특징(출처: 미래창조과학부 외 자료 요약정리)

국가	연도	특기 사항
영국	2014	컴퓨팅 과목을 5~16세 필수과목으로 지정 초중고교에서 매주 1시간 이상 컴퓨팅 과목 교육
일본	2011 2012	초등학교 필수과목 지정 '정보' 과목을 중학교(연간 55시간)와 고등학교 필수과목으로 지정
중국	2001 2003 2005	초등학교 정보통신 과목 필수로 지정(3학년 이상 68시간 교육) 중학교 정보통신 과목 필수로 지정(68시간 교육) 고등학교 정보통신 과목 필수로 지정(70 ~140시간 교육)
인도	2010	초중등학교에서 컴퓨터과학을 필수로 지정하여 교육
이스라엘	1994 2011	고등학교 이과생 대상 3년간 소프트웨어 수업 270시간 할당 중학교 컴퓨터과학 과정 개발 및 운영

에스토니아	2014	수학, 과학 등과 연계하여 프로그래밍 및 코딩 교육을 시도 프로그래밍 및 코딩 교육
핀란드	2015	프로그래밍 및 코딩 교육
미국	2014 2015 2016	code.org 가입자 3,700만 명 30개 교육청에서 정보과학을 졸업학점 인정과목으로 지정 AP 코스 'Computational Thinking' 과목 실시 결정

1.2.3 우리나라의 소프트웨어 교육 동향

(1) 소프트웨어 교육 동향

교육부와 미래창조과학부에서 주관하여 2015년 7월에 발표된 '소프트웨어 중심사회를 위한 인재양성 추진계획'에 따르면 2018년부터 중학교 교육에 '정보' 과목이 필수교과로 지정되어 34시간 이상 이수하게 된다. 2017년에 정규 교육과목이 된 초등학생 5~6학년 소프트웨어 기초교육 시간이 2019년부터는 12시간에서 17시간으로 늘어나고, 고등학교 과정에서는 현재 심화선택 과목인 '정보' 과목이 2018년부터 일반선택 과목으로 격상된다.

2015년도에 발표된 초중고 교육과정 개편 내용은 〈표 1.2〉와 같다.

표 1.2 2015년도 초중고 교육과정 개편 내용(출처: 교육부, 미래창조과학부)

구분	연도	현행	개편 방안	주요 개편 방안
초등학교	2019년 부터	실과 내 ICT 단원(12시간)	5~6학년 '실과' 내 소프트웨어 기초교육 실시(17시간 이상)	- 문제해결 과정, 알고리즘, 프로그래밍 체험 - 정보윤리 의식 함양
중학교	2018년 부터	'정보' 과목 (선택교과)	'정보' 과목 34시간 이상 (필수교과)	- 컴퓨터 사고 기반 문제해결 실시 - 간단한 알고리즘, 프로그래밍 개발
고등학교	2018년 부터	'정보' 과목 (심화선택 과목)	'정보' 과목 (일반선택 과목)	- 다양한 분야와 융합하여 알고리즘, 프로그램 설계

특히 소프트웨어 학습에 있어서는 어릴 때부터 소프트웨어를 접하고 배울 수 있는 환경 조성이 매우 중요한데, 창의적 발상의 소프트웨어 교육은 [그림 1.33]의 논리적 사고력, 창의적 사고력, 문제 분석 능력을 향상시킬 수 있다.

그림 1.33 소프트웨어 교육의 능력 향상

교육부의 학교 급별 소프트웨어 교육 모형은 [그림 1.34]와 같다.

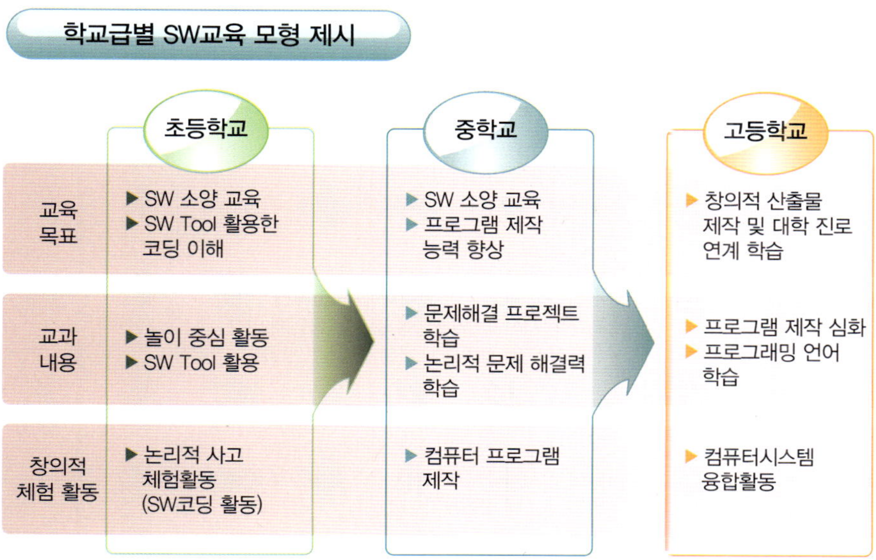

그림 1.34 학교 급별 소프트웨어 교육 모형(출처: 교육부)

그러나 현재 중학생에게 배정된 1년에 34시간의 소프트웨어 교육시간은 다른 선진국들에 비해 충분하지 못하므로, 실효성을 위해 교육시간을 늘려야 할 필요성이 제기된다. 또한 방과 후 수업, 자유학기제, 방학 캠프, 창의적 체험활동 등을 통한 보완이 필요하다.

(2) 대학교 소프트웨어 교육

대학교 소프트웨어 교육의 경우 산업현장에서 요구하는 문제해결 역량을 갖춘 창의적 인재를 양성하기 위해 강화된다. [그림 1.35]와 같이 비전공자를 대상으로 하는 소프트웨어 기초교육이 확대되고, 소프트웨어 중심대학을 선정하여 산업현장에 필요한 인력 양성에 주력하고 있다.

대학 SW교육

01 기초교육 및 융합교육 확대
- 비전공자 대상 SW기초교육 확대
- SW복수전공 활성화
- 인문학 기반 SW융합교육 유도

02 전공교육 강화
- 경쟁력을 갖춘 SW전문인력 양성
- 현장맞춤형 인재양성
- 실무형 석 · 박사급 인력 양성

03 고급 연구인력 양성
- 산업현장 수요 기반 교과과정 전면 개편
- 타 전공지식과 SW소양을 갖춘 융합인재 양성
- 인재선발 및 교원평가 개선

04 SW중심대학 운영
- 산업현장 수요 기반 교과과정 전면 개편
- 타 전공지식과 SW소양을 갖춘 융합인재 양성
- 인재선발 및 교원평가 개선

그림 1.35 대학 소프트웨어 교육

한편 산업사회에서 소프트웨어 중심사회로 변화하는 미래에는 소프트웨어가 전반적인 산업 분야의 기초가 될 것으로 생각된다. 따라서 컴퓨터 관련 전공이 아닌 비전공 대학생들에게도 소프트웨어 교육을 통하여 소프트웨어와 관련된 기본 지식을 익히는 것이 필요할 것이다.

이와 같은 소프트웨어 교육을 통하여 대학생들이 미래에 일어날 여러 가지 문제해결에 있어서 소프트웨어와 관련된 지식을 활용할 수 있으며, 향후 학생들이 소프트웨어 개념을 실제 자기 분야에 활용할 수 있는 능력을 갖출 수 있을 것이다.

(3) 소프트웨어 교육의 효과

이미 많은 학생들이 [그림 1.36]과 같이 소프트웨어 시범학교나 방과 후 교육을 통하여 소프트웨어 교육을 경험한 바 있다. 그렇다면 소프트웨어 교육을 받은 효과는 어느 정도일까? 성균관대 컴퓨터교육과 안성진 교수는 2014년에 소프트웨어 교육을 받은 학생들의 문제해결 능력과 논리적 사고 능력 등을 조사한 논문 100여 편에 대한 통계적 메타 분석 결과를 발표했다.

그림 1.36 소프트웨어 시범학교와 방과 후 교육

그 결과에 따르면 소프트웨어 교육을 받은 초중학생들의 문제해결 능력은 20.4%, 논리적 관계를 파악하고 해결책을 찾는 논리적 사고 능력은 37.5% 향상됐다. 또 다양한 아이디어를 산출하는 사고 능력은 22.3%, 자신이 찾아낸 해결책에 대한 확신과 독립성은 18.1% 높아졌다고 한다. 안 교수는 "소프트웨어 교육 과정에서 어떤 문제에 대해 한 가지 이상의 해결책이 있다는 점을 배울 수 있고 창의적으로 문제를 해결하는 능력도 생긴다."라고 주장했다.

1.3 소프트웨어 중심사회와 사회 변화

소프트웨어의 발전을 통해 소프트웨어가 중심이 되는 사회가 다가오고 있다. 이에 효과적으로 대처하기 위해 소프트웨어 중심사회, 나날이 발전하는 소프트웨어, 그리고 소프트웨어의 힘과 직업의 변화 등에 대해 살펴본다.

1.3.1 소프트웨어 중심사회

(1) 소프트웨어 중심사회

'소프트웨어 중심사회'란 소프트웨어가 혁신과 성장을 통하여 가치창출의 중심이 되고 개인의 삶의 질을 향상시키며, 기업과 국가의 경쟁력이 지속적으로 높아지는 세상을 말한다. 즉 아이디어와 상상력을 소프트웨어를 통해 실현하고, 문제점을 소프트웨어로 해결하는 사회, 그리고 소프트웨어를 매개로 하여 창의성을 바탕으로 한 문화가 일상화되는 사회를 말한다. [그림 1.37]은 소프트웨어 중심사회 실현을 위한 전략보고회를 나타낸다.

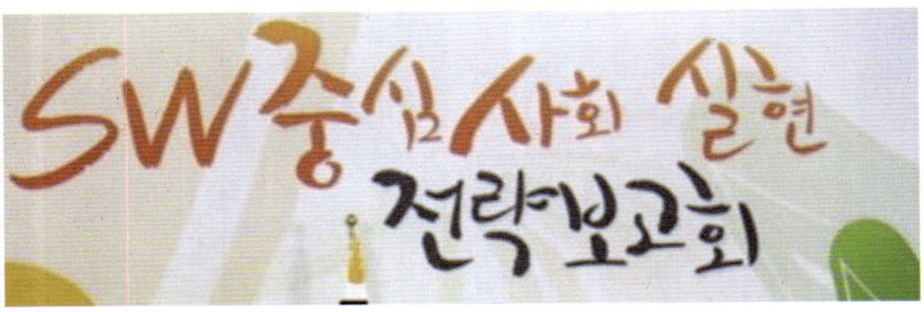

그림 1.37 소프트웨어 중심사회

이것은 우리나라의 미래창조과학부, 교육부, 산업통상자원부, 문화체육관광부 등 범정부적인 소프트웨어 개발 프로젝트로 2014년 7월에 발표되었는데, 소프트웨어 발전 및 교육과 관련된 총체적인 내용을 담고 있다.

이 프로젝트의 주된 목적으로는 세계 경제와 사회 환경이 소프트웨어를 중심으로 급격히 변화하고 있는 환경에 적극적으로 대응하여 경제의 활성화와 초중고생들의 소프트웨어 교육을 강화하려는 것이다. 소프트웨어 중심사회의 실현을 위한 중점과제는 [그림 1.38]과 같다.

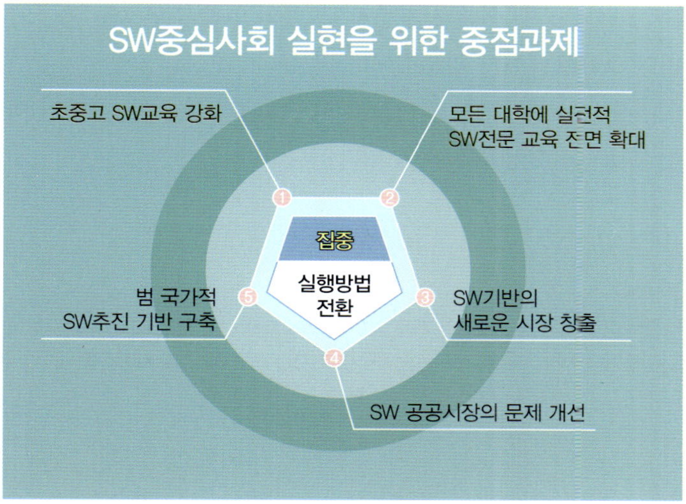

그림 1.38 소프트웨어 중심사회의 실현을 위한 중점과제

소프트웨어 중심사회 추진전략의 주요 내용은 다음과 같다.

- 청소년들이 소프트웨어를 배울 수 있는 기회를 대폭 확대한다
- 모든 대학에 실전적 소프트웨어 교육을 대폭 확대한다.
- 정부는 소프트웨어 기반의 새로운 미래성장 동력 창출을 지원한다.
- 소프트웨어로 제조업의 고부가가치화를 촉진한다.
- 소프트웨어 불법 복제 비율을 2020년까지 선진국 수준인 20%대로 낮춘다.

(2) 소프트웨어 개발의 필요성

다음은 '소프트웨어 중심사회'의 실현을 위해 소프트웨어를 집중적으로 개발해야 하는 이유들이다.

- 최근 들어 소프트웨어는 스마트폰이나 자동차 등 대부분의 산업에 폭넓게 활용되고 있으며, 소프트웨어의 중요성이 급격히 커지고 있다.
- 소프트웨어는 제품의 부가가치를 결정하는 핵심요소인데, 가령 가전제품 개발 원가 중 소프트웨어 비중이 53.7%, 의료장비는 45.5%를 차지한다.

- 세계시장을 선도하는 구글의 무인자동차, 혼다의 인공지능 로봇 휴머노이드 등 혁신 제품에는 첨단 소프트웨어가 필수적이다.
- 소프트웨어는 사람이 개발하는 것이므로 고용효과가 높으며, 선두가 아니면 추격하기 어렵다는 lock-in 현상을 가지고 있다.

> 여기서 잠깐
>
> **lock-in 현상**
>
> lock-in 현상이란 고객이 선도적인 제품 및 서비스에 대해 높은 충성도(loyalty)를 보이며, 추후 보다 좋은 제품이나 서비스가 있어도 이용하지 않고 처음 쓰던 제품 및 서비스를 계속 이용하는 것을 말한다.

소프트웨어 중심사회란 [그림 1.39]의 동영상과 같이 소프트웨어가 혁신과 성장, 가치창출의 중심이 되고 개인, 기업, 국가의 경쟁력을 좌우하는 사회를 말한다. 소프트웨어 중심사회와 소프트웨어의 중요성을 나타내는 유튜브 영상은 다음의 URL에서 시청할 수 있다.

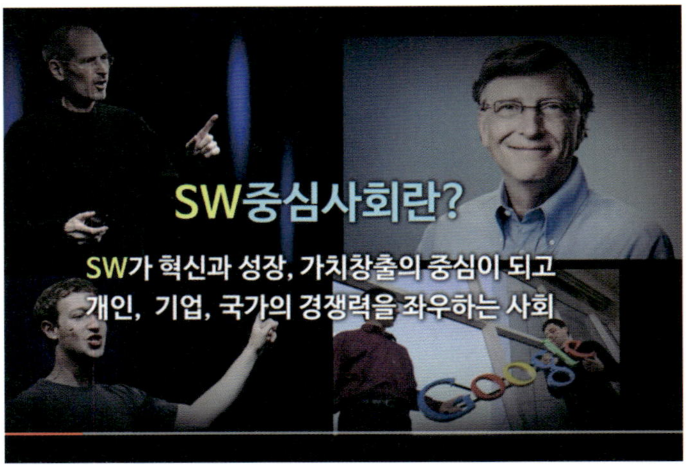

그림 1.39 소프트웨어 중심사회 동영상
(출처: https://www.youtube.com/watch?v=YN0ZIMCfII8)

1.3.2 나날이 발전하는 소프트웨어

(1) 인공지능과 왓슨

이제 우리 사회는 정보화와 소프트웨어의 발전과 보급으로 상당한 변화가 진행되고 있다. 2020년대 초반이 되면 5세대 통신기술의 개발로 사물인터넷이 우리의 생활 곳곳에 파고들어 언제 어디서나 가전제품을 비롯한 기기들을 조정할 수 있을 것이다.

또한 인공지능 기술의 발달로 인간과 같이 생각하고 판단하는 소프트웨어들이 속속 개발되고 있으므로 인간이 하는 일을 컴퓨터나 로봇이 대신하는 날이 머지 멀지 않았음을 예고하고 있다.

미국의 IBM은 최근 인공지능 슈퍼컴퓨터인 '왓슨(Watson)'을 개발했는데, [그림 1.40]은 세계 퀴즈대회에서 우승한 인공지능 컴퓨터인 왓슨과 퀴즈 프로 우승 장면을 나타낸다. 왓슨은 냉장고 10대 크기에 15조 바이트 이상의 정보를 가지고 있다. 수학, 과학, 인문학에 걸친 방대한 양의 정보를 가지고 있으며, 논리적인 판단에 따라 질문도 잘 이해하고 답변하는 능력을 가지고 있는데 점차 그 능력이 향상되고 있다.

그림 1.40 왓슨 컴퓨터와 퀴즈 프로 우승 장면

(2) 학습하는 소프트웨어 알파고

최근에는 경우의 수가 너무나 많은 바둑 게임에서 구글이 개발한 바둑 프로그램인 알파고(AlphaGo)가 인간 고수 이세돌 9단을 이겨 센세이션을 불러일으켰다. [그림 1.41]의 알파고는 스스로 학습하는 기능까지 가지고 있어 많은 사람들의 관심을 받고 있다.

그림 1.41 인간 고수를 이긴 알파고

이와 같은 추세로 볼 때 소프트웨어가 중심이 되는 사회가 더 빨리 찾아올 가능성이 크다. 앞으로의 사회는 정보와 관련된 지식의 격차가 더욱 커질 수 있으므로 소프트웨어의 기본을 익히고 알고리즘 개념을 습득하여 간단한 수준이나마 코딩(coding) 과정까지 경험하는 것이 좋을 것이다. 따라서 초중고를 비롯한 공교육 과정에서 소프트웨어 교육 과정이 생기는 것은 당연하며, 대학 과정에서도 소프트웨어, 코딩, 컴퓨팅 사고, 문제해결 등과 관련된 과목들이 점차 개설되고 있다.

1.3.3 소프트웨어의 힘과 직업의 변화

(1) 소프트웨어의 힘

'소프트웨어가 세상을 지배할 것'이라는 말과 같이 소프트웨어의 힘은 점차 강해지고 있으며 그 영향력 역시 커지고 있다. [그림 1.42]에 적힌 숫자는 막강한 영향력을 가지고 있는 IT 기업의 종업원 수이다. 가장 아래에 있는 IBM의 종업원 수는 40만 명인데 비해, 트위터는 900명이고 인스타그램(Instagram)은 불과 13명이다. 표의 아래 부분에 있는 기업일수록 인프라를 제공하는 기업이고, 위로 갈수록 소프트웨어의 응용을 다루는 기업이라는 것을 알 수 있다.

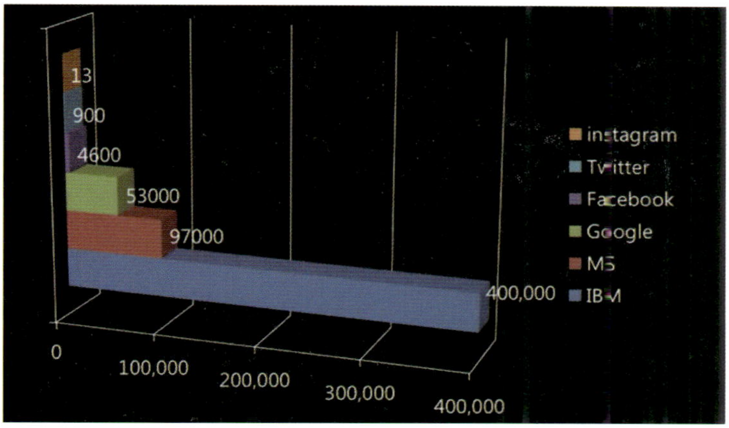

그림 1.42 주요 IT 기업의 종업원 수
(출처: https://opentutorials.org/course/1)

인스타그램은 사진 및 동영상을 공유할 수 있는 소셜미디어 플랫폼으로 젊은 사람들이 매우 선호하는 SNS인데, 2012년 페이스북에 10억 달러에 인수되었다. 인스타그램은 지난 2014년 말 전 세계 월간 활동사용자 수가 3억 명을 돌파했으며, 총 300억 장의 사진이 게재됐다고 밝혔다.

이렇게 막강한 파워의 인스타그램의 종업수가 불과 13명이라니 실로 놀라지 않을 수 없다. 이러한 것이 바로 '소프트웨어의 힘'이 대단함을 보여주는 단적인 예라 할 수 있다.

(2) 소프트웨어의 발달과 직업의 변화

소프트웨어 교육의 또 다른 중요성은 직업에 있어서의 선택권과 관련이 깊다. 직업 선택권의 경우 기존 산업의 직업은 점차 사라지는 영역이 많은데 비해 소프트웨어 관련 일자리는 점차 늘어나고 있다.

예를 들어 인공지능 기술의 발달로 말미암아 [그림 1.43]과 같이 기사를 쓰는 '로봇 저널리즘'이라 불리는 소프트웨어 로봇의 출현으로 기자의 직업이 위협받을 수도 있다. 미국의 경제잡지 '포브스(Forbes)'에서는 매일 수십 건의 주식시황 기사를 기자 대신 소프트웨어가 쓰고 있는데, 특정 정보와 관련된 기사의 경우에는 기자가 쓴 기사와 소프트웨어가 쓴 기사를 거의 구분할 수 없을 정도라고 한다.

그림 1.43 로봇 저널리즘과 기사

또한 최근에는 자동차 엔지니어들도 소프트웨어 패키지를 이용하여 정비하거나 수리하는 시대가 다가왔으며, 컴퓨터를 통해 사람보다 훨씬 더 많이 입수한 정보를 바탕으로 소프트웨어가 금융상품도 만들어내고 있다.

최근 영국의 옥스퍼드대학 연구팀이 '앞으로 20년 이내에 로봇이 대체할 일자리'를 연구한 결과 인공지능의 발달로 20년 내에 현재의 직업 중 47%가 사라질 것이라고 전망했다. 특히 텔레마케터, 운동경기 심판, 조립라인 생산직, 물류 직원 등은 99% 대체될 수 있다고 한다. 그 외에 전화교환원, 교통 감시요원, 주차요원 등의 직업도 사라질 가능성이 매우 크다고 한다.

미국의 메이저 리그에서는 야구에서 스트라이크와 볼을 판정하는 '인공지능 심판'을 준비하고 있으며, IBM은 [그림 1.44]와 같은 레스토랑 요리사를 대체할 인공지능 'Chef Watson'을 개발하였다.

그림 1.44 요리하고 서빙하는 Chef Watson

또한 [그림 1.45]와 같이 인공지능 로봇이 피자를 만드는 데 참여하고, 배달 차에 오븐을 달아 고객의 집 앞에서 피자를 굽는 '줌 피자(Zume pizza)'라는 피자 회사가 최근에 생겨 미국에서 크게 주목받고 있다. 로봇이 지루하고 반복적이면서 위험한 일을 인간 대신 맡게 되는 셈이다.

그림 1.45 피자를 만들고 굽는 인공지능 로봇과 배달차

그 외에도 다양한 직업군들이 영향을 받을 것으로 전망되는데, 기존의 다수 직업들이 없어지고 소프트웨어와 관련 있는 새로운 직업들이 많이 생겨날 것이다. 그런데 이러한 흐름은 거스를 수 없는 대세로 여겨진다.

만약 우리가 이러한 소프트웨어와 관련된 흐름을 이해하지 못한다면 남보다 뒤쳐질 수밖에 없다. 따라서 우리는 새롭게 전개되는 소프트웨어 시대에 잘 적응할 수 있도록 소프트웨어 관련 지식을 익히고 최신의 흐름을 이해함으로써 대세를 앞서가는 통찰력을 가질 수 있을 것이다.

참고문헌

- Kevin Cummins, Teaching Digital Technologies, e-book, 2016.
- D. Riley and K. Hunt, "Computational Thinking for the Modern Problem Solver", CRC Press, 2014.
- P. S. Wang, "From Computing to Computational Thinking", CRC, 2016.
- The Science Times, 「오바마의 소프트웨어 교육 뉴스」, 2016. Feb. 1
- 김대수, "컴퓨터 개론(개정5판)", 생능출판사, 2016.
- 김정훈, 「KISTI의 과학향기 칼럼」, 소프트웨어 교육이 궁금해!
- 교육부, 「초중등 소프트웨어 교육 활성화 방안」, 2014. 7. 23.
- 교육부, "소프트웨어와 창의력 여행", 상권과 하권, 2016.
- 문외식, "Scratch Programming", 정익사, 2012.
- 박효민, 「글로벌 소프트웨어 교육 현황 및 교육 도구 동향」, 2014. 9.
- 이승찬, "모두의 파이썬", 길벗, 2016.
- 정부, 「소프트웨어 중심사회 실현전략」 발표, "소프트웨어가 세상을 바꾼다", 2014. 7.
- http://www.gamemeca.com/news/view.php?gid=505133
- http://blog.naver.com/mymylec?Redirect=Log&logNo=220041906673
- http://kids.hankooki.com/lpage/news/201411/kd20141112164801125630.htm
- http://www.software.kr/um/um02/um0202.do
- https://sourceforge.net/projects/rur-ple/files/latest/download?source=files
- http://www.kisa.or.kr/uploadfile/201410/201410161717293926.pdf
- http://www.kisa.or.kr/uploadfile/201410/201410161717293926.pdf
- http://edzine.kedi.re.kr/autumn/2014/article/special_02.jsp
- http://www.itdaily.kr/news/articleView.html?idxno=66544
- http://blog.naver.com/with_msip/220426534875
- https://www.youtube.com/watch?v=YN0ZIMCfII8
- https://spri.kr/post/9770
- http://www.software.kr/um/um02/um0210/um0210View.do?postId=21587&

Chapter

02

소프트웨어 동향과 다양한 응용

2.1 소프트웨어의 동향

2.2 소프트웨어 구현과 소프트웨어 융합

2.3 소프트웨어의 다양한 응용 예

Chapter

02 소프트웨어 동향과 다양한 응용

2장에서는 소프트웨어 동향과 다양한 응용과 관련된 주제들을 다룬다. 소프트웨어의 중요성과 역할을 비롯한 소프트웨어의 동향, 소프트웨어 구현과 소프트웨어 융합, 그리고 3가지 영역별 소프트웨어의 다양한 응용 예에 대해 살펴본다.

2.1 소프트웨어의 동향

최근 들어 소프트웨어의 역할에 비추어 볼 때 소프트웨어 동향을 분석하는 일은 매우 중요하다. 따라서 소프트웨어의 중요성과 역할, 소프트웨어 혁신 전략, 그리고 소프트웨어 산업과 통계에 대해 살펴본다.

2.1.1 소프트웨어의 중요성과 역할

(1) 소프트웨어의 중요성

최근 들어 소프트웨어 개발의 중요성이 급격히 커지고 있다. 이제는 '소프트웨어가 미래'라거나 '소프트웨어는 영어만큼 중요한 21세기 세계 공용어'라는 표현이 자연스레 들리기 시작한 것이다.

따라서 미국과 영국을 비롯한 여러 나라에서는 어릴 때부터 소프트웨어를 이해하고 소프트웨어 기초 역량을 함양하여 개인의 잠재력을 키울 수 있도록 소프트웨어 교육에 박차를 가하고 있으며, 우리나라도 본격적으로 소프트웨어 교육을 실시할 수 있도록 준비하고 있다.

또한 소프트웨어는 다른 기존의 다른 산업 영역과의 융합을 통해 놀라울 정도의 파급 효과를 나타내며 발전하고 있다. [그림 2.1]은 소프트웨어와 스포츠 및 자동차와의 결합을 나타낸다.

다음은 소프트웨어의 중요성을 강조하는 각계의 표현이다.

- "남이 만든 게임에만 열중하지 말고 자기가 직접 게임을 만들어 보라." – 미국 오바마 대통령
- "소프트웨어는 삼성의 새로운 문화이며 미래다." – 삼성전자
- "미래를 선도하기 위해서는 어릴 때부터 소프트웨어를 더 많이 경험할 수 있도록 해야 한다." – 미래창조과학부
- "소프트웨어와 스포츠의 결합을 통하여 소비자들은 지금과는 다른 경험을 할 것이다." – 마크 파커 나이키 회장
- "이제 자동차는 기름이 아니라 소프트웨어로 달린다." – 메르세데스 벤츠의 CEO 디터 제체(Dieter Zetsche) 회장

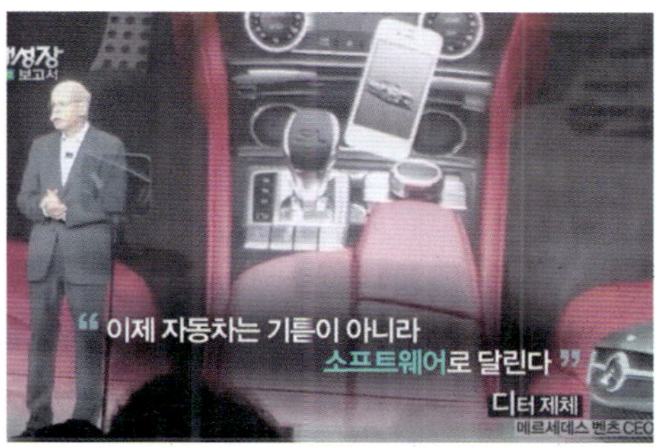

그림 2.1 소프트웨어와 스포츠 및 자동차와의 결합(출처: 미래성장 보고서)

소프트웨어의 중요성을 알려주는 또 다른 표현은 미국의 앤드리센(Marc Andreessen)이 2011년 8월 월스트리트 저널 특집에 기고한 '소프트웨어가 세상을 지배하는 이유?(Why software is eating the world?)'란 글이다. 여기서 그는 [그림 2.2]와 같이 소프트웨어가 장차 모든 영역에서 세상을 지배할 것이며, 미래에는 거의 모든 회사가 소프트웨어와 관련을 맺을 것이라고 주장하였다.

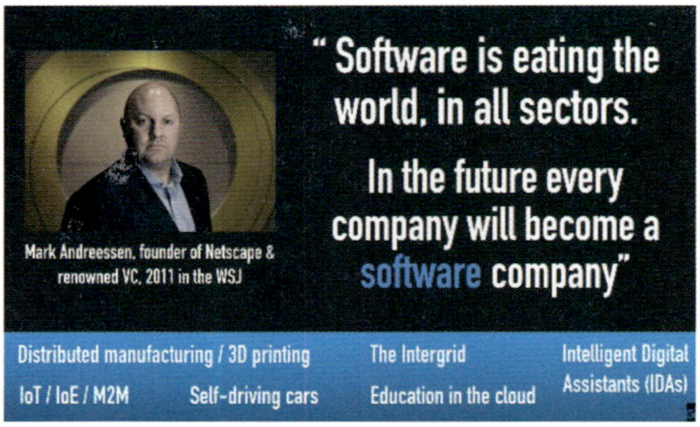

그림 2.2 소프트웨어가 세상을 삼키는 이유

요즘 들어 우리나라에서도 소프트웨어가 다른 산업을 지배하거나 변화시키는 사례가 점차 증가하고 있는데, 소프트웨어의 영향력이 강력하고도 파괴적으로 진행된다는 점에 주목할 필요가 있다.

예를 들어 '카카오톡'은 휴대폰 회사들의 상당한 수입원이었던 문자 서비스를 무료로 대체했으며, 비록 통화 품질은 다소 떨어지나 국제전화를 무료로 통화할 수 있게 만들어 국제전화 회사의 수입을 크게 축소시켰다. 또한 구글이나 애플과 같은 IT 강자들이 소프트웨어 기술을 자동차에 접목시켜 머지않아 무인자동차의 시대가 오면 자동차 산업 영역에 큰 변화를 일으킬 것으로 예상된다. [그림 2.3]은 카카오톡과 무인자동차를 각각 나타낸다.

그림 2.3 카카오톡과 무인자동차

(2) 소프트웨어의 역할

소프트웨어의 역할은 매우 다양하고 광범위한데, 여기서는 5가지 관점에서 살펴본다.

첫째, 소프트웨어는 전 산업의 부가가치 향상에 매우 중요한 역할을 담당한다.

소프트웨어는 패키지 소프트웨어와 IT 서비스를 통한 지식 창출의 도구로 사용될 수 있으며, 다양한 분야의 산업을 발전시키고 있다. 최근 총 개발비 중 소프트웨어의 비중은 자동차는 56%, 항공기는 60%, 의료 서비스의 경우 50%를 차지할 정도가 되었으며, 그 비중이 점차 높아지고 있다.

또한 [그림 2.4]의 차세대 전투기인 F35 기능의 92% 이상이 소프트웨어로 구현되고 있다. 영화 제작에서는 컴퓨터 그래픽 소프트웨어가 많이 사용되고 있는데, 크게 인기를 끈 [그림 2.5]의 '아바타(Avatar)'란 영화의 그래픽 처리를 위해 3만 5천대의 컴퓨터가 사용되었다고 한다.

그림 2.4 차세대 전투기 F35

그림 2.5 아바타의 장면

둘째, 소프트웨어는 스마트화를 통하여 대부분의 제품을 혁신한다.

제품에 내장된 소프트웨어는 제품의 기능을 향상시키고, 혁신적인 새로운 기능들을 장착할 수 있게 한다. 예를 들어 [그림 2.6]과 같은 요즘의 스마트 자동차의 경우에는 기존의 자동차 기능에다 자동 주차, 차간 통신, 자율 운전 등 다양한 소프트웨어를 결합하여 지능적인 제품으로 탈바꿈시켰다. 구글에서 개발 중인 무인자동차는 실용화 단계를 위해 이미 시험주행 중이다.

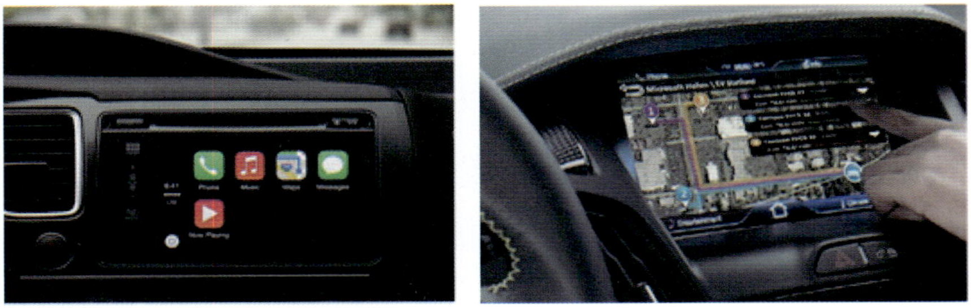

그림 2.6 스마트 자동차

셋째, 소프트웨어는 다른 시스템들과의 융합을 통해 생활을 편리하게 해준다.

버스정보 시스템(Bus Information System: BIS)은 버스를 기다리는 사람들에게 매우 편리한 정보를 제공한다. 버스의 위치를 GPS(Global Positioning System)로 수신 받아 앞 정류장과의 상대 거리와 운행 스케줄 등을 고려하여 [그림 2.7]과 같이 버스 정류장 화면에 도착 예정시간을 실시간으로 제공한다. 이런 경우 소프트웨어와 [그림 2.8]의 GPS의 융합은 버스 이용에 있어서 편리함을 제공해준다.

그림 2.7 버스 정류장 시스템

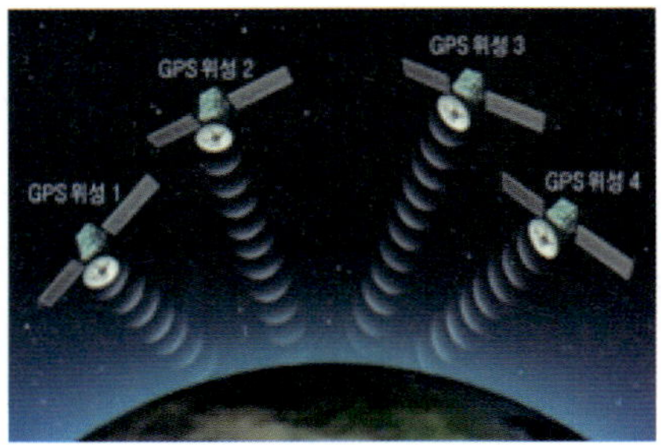

그림 2.8 GPS

넷째, 소프트웨어는 가상공간을 통하여 인간의 소통 방식을 혁신한다.

소프트웨어는 인터넷이나 스마트폰을 통하여 전 세계적으로 정보를 교류하며 가상의 공간에서 소통할 수 있다. 특히 페이스북, 트위터, 카카오톡 등을 통하여 사회적 관계를 맺게 하는 소셜 네트워크 서비스(Social Network Service: SNS)가 이미 우리들의 소통 방식을 완전히 뒤바꾸어 놓고 있다. [그림 2.9]는 다양한 소셜 네트워크 서비스 로고를 나타낸다.

그림 2.9 다양한 소셜 네트워크 서비스

다섯째, 소프트웨어는 콘텐츠(contents)의 생산과 유통에 크게 기여한다.

소프트웨어를 통하여 음악, 미술, 동영상 등의 미디어 콘텐츠를 생산할 수 있으며, 또한 보다 편리하게 유통시킬 수 있다. [그림 2.10]의 디지털 콘텐츠와 관련된 소프트웨어를 통하여 양질의 문화 콘텐츠를 즐길 수 있으며, [그림 2.11]의 교육용 콘텐츠에서도 소프트웨어가 중요한 역할을 담당하고 있다.

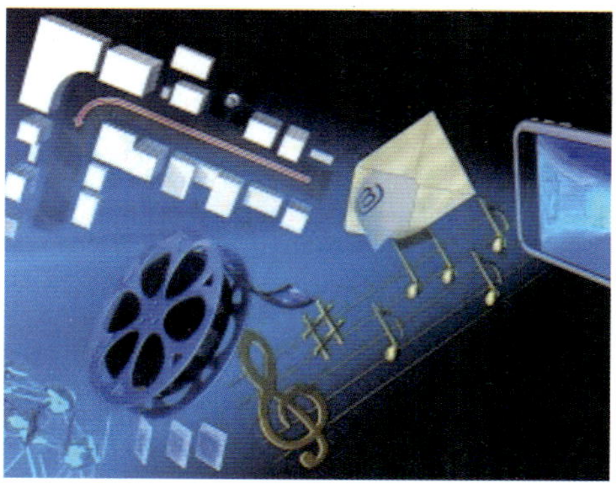

그림 2.10 디지털 콘텐츠

그림 2.11 교육용 콘텐츠

2.1.2 소프트웨어와 혁신 전략

(1) 초기의 소프트웨어

1960년대에는 하드웨어만을 중요시하고 소프트웨어를 무료로 공급했으나 이제는 소프트웨어의 중요성과 독립성이 널리 인식되어 소프트웨어 가격이 하드웨어와 별도로 책정되는 경향이 뚜렷해졌고, 심지어 소프트웨어 가격이 하드웨어 가격보다 높은 경우도 있다.

1950년부터 1970년대 초반까지는 소프트웨어에 대한 인식이 부족하여, 소프트웨어의 성능을 판정하는데 있어 정확하게 동작하는지 여부와 처리시간의 단축이 주된 관심사였다. [그림 2.12]는 1970년에 발간된 소프트웨어 카탈로그를 나타내며, [그림 2.13]은 1980년에 개발된 게임 소프트웨어를 나타낸다.

그림 2.12 1970년에 발간된 소프트웨어 카탈로그

그림 2.13 1980년에 개발된 게임 소프트웨어

21세기에 들어와서 하드웨어 가격이 계속 낮아지고 또한 자주 교체됨에 따라 이제는 과거와는 달리 컴퓨터 시스템을 선택할 때 소프트웨어가 더 중요한 역할을 할 때가 많다. 소프트웨어가 생산성을 얼마나 높여주는가의 여부, 하드웨어가 바뀌더라도 바뀐 환경에 그대로 적용시킬 수 있는 소프트웨어인지의 여부 등이 중요한 판단기준이 되고 있다.

(2) 소프트웨어 혁신 전략

우리나라의 소프트웨어 기업들은 대부분 연매출 10억 원 미만의 소규모 기업들이 많아 소프트웨어 산업이 비교적 취약한 편이다. 따라서 소프트웨어가 전체 산업에서 차지하는 비중이 1% 수준에 불과하고 성장률도 낮은 편이다. 더군다나 사무용 소프트웨어나 데이터베이스와 같은 주요 패키지 소프트웨어 분야는 마이크로소프트나 오라클 등 국제적인 기업이 시장을 지배하고 있다.

또한 소프트웨어와 관련된 저작권 보호가 미흡하여 소프트웨어 불법복제가 많고, 내수 시장이 그리 크지 않으며, 우수한 소프트웨어 인력이 부족한 편이다. 따라서 정부에서는 최근 [그림 2.14]와 같은 저작권 보호와 소프트웨어 교육 활성화 방안을 통해 저작권 보호와 초중등 학생들의 소프트웨어 교육 활성화를 위해 노력하고 있다.

그림 2.14 저작권 보호와 SW교육 활성화

그 중 어릴 때부터 소프트웨어를 배울 수 있도록 초등과 중등 과정에서의 소프트웨어 교육 프로그램을 강화하여 저변을 넓히는 것은 매우 중요하다. 또한 소프트웨어 산업에 대한 사회적 인식을 개선하여 소프트웨어의 가치를 인정하고 지적재산권을 적극적으로 보호해 주는 사회적 풍토를 조성해야 할 것이다.

소프트웨어는 현대 경제사회의 기본 인프라이므로 소프트웨어를 디지털 사회를 실현하는 도구로 생각하는 발상의 전환이 필요하다. 만약 우리나라가 빠른 시일 내에 소프트웨어 중심의 지식사회로 진입하지 못한다면 세계 시장에서 뒤떨어질 수밖에 없을 것이다.

(3) 컴퓨터 프로그래머의 역할과 적성

컴퓨터가 개발된 이래 수많은 사람들이 컴퓨터에 관심을 가지게 되었다. 초기에는 주로 하드웨어에 관심을 가졌으나 차츰 소프트웨어로 관심이 옮겨오게 되었다. 그 중에서 프로그래밍 언어를 기반으로 [그림 2.15]와 같이 프로그램을 작성하는 이른 바 '컴퓨터 프로그래머' 또는 '프로그래머'에 대한 관심이 커지게 되었다.

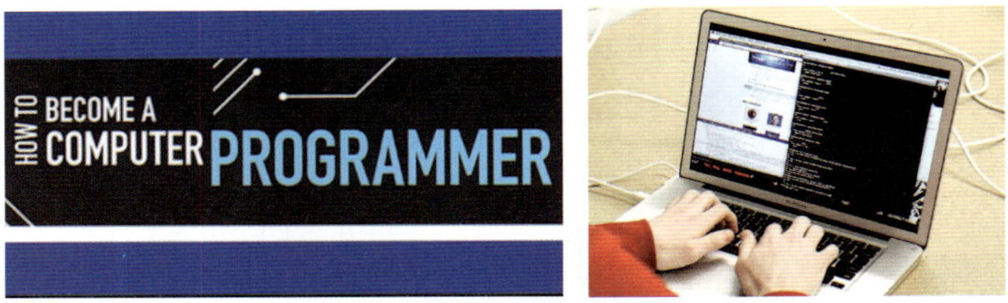

그림 2.15 컴퓨터 프로그래머

컴퓨터가 다방면에 걸쳐 점차 폭넓게 활용되고 있고 컴퓨터 프로그래머가 활약할 분야도 늘어남에 따라, 보다 많은 전문적인 프로그래머가 필요한 실정이다. 한편 단순히 취미 삼아 뭔가 프로그램을 작성해보는 아마추어 학생들도 많다.

요즘은 벤처(venture) 기업을 설립하여 창의적인 소프트웨어를 성공적으로 만든 컴퓨터 프로그래머가 거액의 부를 축적하는 예를 많이 볼 수 있다. 현재 많은 기업에서 유능한 프로그래머를 찾고 있으나 인재가 충분치 못한 실정이다. 따라서 S사를 비롯한 몇몇 유명 IT 회사에서는 인도 출신의 프로그래머가 그 역할을 담당하는 경우도 있다. [그림 2.16]은 프로그램 작성을 나타낸다.

그림 2.16 프로그램 작성

우리나라에서 유능한 프로그래머가 부족한 원인은 교육에서도 찾을 수 있다. 특히 수학 과목에서 객관식으로 출제되는 문제 경향과 여러 과목에서의 암기식 공부에 익숙하다보니, 자기 스스로 생각하는 깊은 사고력의 부족이 원인일 가능성이 크다.

프로그래밍을 한다는 것이 얼핏 보기에는 딱딱하게 보일 수 있으나, 문제를 분석한 후 프로그래밍 언어의 문법에 따라 프로그램을 작성하는 일은 매우 독창적인 일이다. 따라서 프로그래머에게 요구되는 것은 참신하고 독창적인 알고리즘을 생각해내는 것인데, 적성에 맞는 프로그래머는 프로그래밍 자체가 재미 있을 것이고 또한 억만장자의 꿈을 키울 수도 있다.

2.1.3 소프트웨어 산업과 통계

(1) 소프트웨어와 산업

소프트웨어 교육의 중요성은 빠르게 성장하는 산업들과도 관련이 깊은데, 최근의 소프트웨어는 [그림 2.17]과 같이 섬유, 화학, 자동차, 보건의료, 가전, 유통, 교육 등 다방면에 걸친 산업에 활용되면서 비약적으로 커지고 있다.

세계적으로는 구글, 애플, 마이크로소프트, 페이스북 등 세계를 주름잡는 IT 기업들이 소프트웨어 산업뿐만 아니라 자동차, 금융, 헬스케어와 같이 일반 산업에서도 소프트웨어와 융합한 혁신을 주도하고 있으며, 재난과 복지 등 다양한 사회문제 해결에도 소프트웨어가 활용되고 있다.

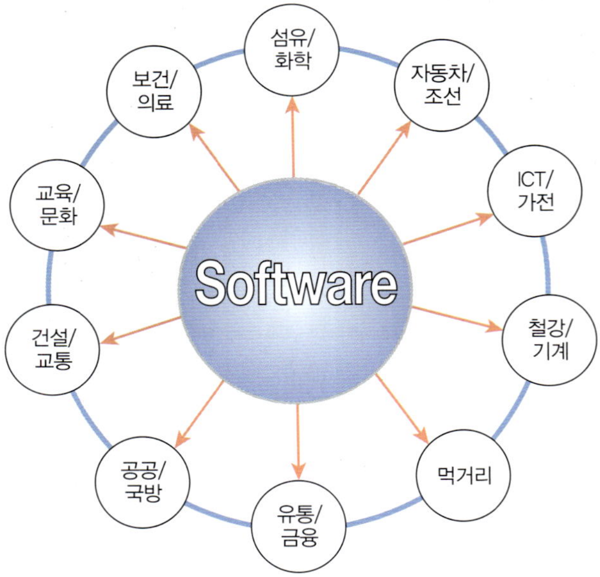

그림 2.17 소프트웨어와 다른 산업 간의 관계

또한 소프트웨어와 관련된 수많은 벤처(venture) 기업들이 괄목할만한 매출과 영향력을 확대시키고 있으며, 그 효과는 날이 갈수록 커지고 있다. 참고로 벤처기업이란 소자본과 적은 인원으로 모험심을 가지고 핵심기술을 개발하고자 하는 회사인데 IT 관련 기업들이 주류를 이루고 있다.

1892년에 설립된 미국의 대표적인 제조업체인 GE(General Electric)는 "2020년까지 소프트웨어 기업이 될 것이다."라고 선언했다. GE의 대표적 전문분야인 가스터빈을 만드는 사업에서 매출액의 75%가 제품 판매가 아니라 제품의 데이터를 분석하고 관리하는 서비스에서 나온다고 한다. 따라서 머지않아 GE도 소프트웨어가 중심이 되는 회사로 변모할 것이다. [그림 2.18]은 GE의 주력 분야인 가스터빈과 소프트웨어를 나타낸다.

그림 2.18 GE의 주력 분야인 가스터빈과 소프트웨어

또한 최근 건강(health) 관련 산업에서 전 세계적으로 노령 인구의 증가와 건강에 대한 관심이 커져감에 따라 [그림 2.19]와 같은 컴퓨터 단층촬영기를 비롯한 의료기기들을 통한 소프트웨어와 융합된 산업이 급부상하고 있다.

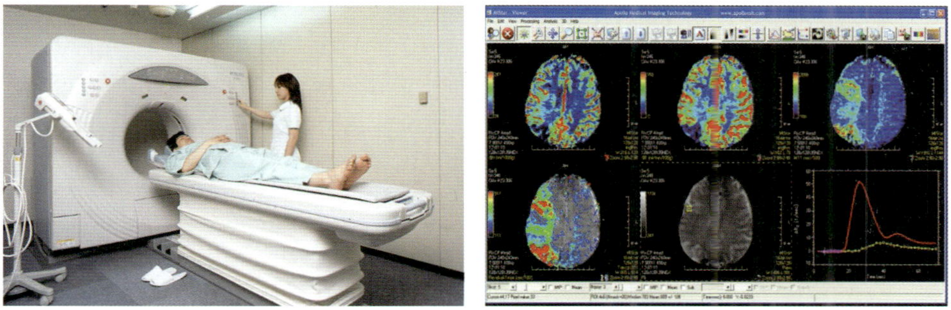

그림 2.19 컴퓨터 단층촬영기와 소프트웨어 분석

소프트웨어는 이제 그 자체로 거대한 시장이 되었다. 최근 통계에 의하면 세계 소프트웨어 시장은 [그림 2.20]에서와 같이 자동차, 반도체, 휴대폰 시장을 모두 합한 시장과 비슷하게 되었으며, 소프트웨어 시가총액 1위 기업인 애플의 시가총액은 세계 자동차 판매 1위인 토요타의 시가총액보다 3배 이상 형성하고 있는 실정이다.

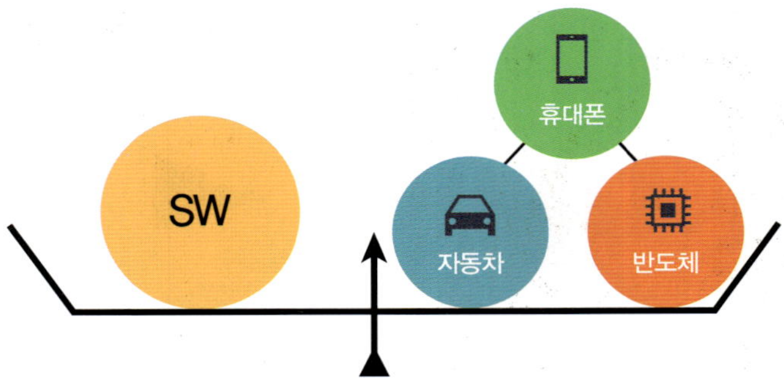

그림 2.20 소프트웨어 = 자동차 + 반도체 + 휴대폰

(2) 연도별 소프트웨어 산업 통계

우리나라의 연도별 소프트웨어 산업 인력, 소프트웨어 기업의 수, 소프트웨어 생산액, 그리고 소프트웨어 수출액 통계는 각각 〈표 2.1〉에서 〈표 2.4〉까지와 같은데, 해마다 점진적으로 성장하고 있음을 보여준다.

여기서 패키지(packaged) 소프트웨어란 컴퓨터 공급자, 소프트웨어 개발업체 등의 프로그램 공급자가 판매하는 패키지화된 소프트웨어를 말한다. 또한 IT 서비스란 정보기술과 관련된 모든 서비스 산업을 말한다.

① 소프트웨어 산업 인력

표 2.1 소프트웨어 산업 인력 (단위: 천명)

구분	2009년	2010년	2011년	2012년	2013년	2014년
패키지SW	31	32	32	32	36	36
IT서비스	121	109	109	116	117	126
게임	43	49	52	52	41	39

(출처: 미래창조과학부/KAIT(2016. 4), 한국콘텐츠진흥원(2015. 10))

② 소프트웨어 기업의 수

표 2.2 소프트웨어 기업의 수

구분	2009년	2010년	2011년	2012년	2013년	2014년
패키지SW	2,071	2,134	2,142	2,370	2,473	2,571
IT서비스	4,343	4,491	4,536	4,580	4,630	4,651
전체	6,414	6,625	6,678	6,950	7,103	7,222

(출처: 미래창조과학부/KAIT(2016.4))

③ 소프트웨어 생산액

표 2.3 소프트웨어 생산액 (단위: 조원)

구분	2009년	2010년	2011년	2012년	2013년	2014년	2015년
패키지SW	3.3	3.7	4	4.4	6.5	8.1	8.4
IT서비스	22.7	23.5	25.5	27.8	29	29.4	31.0

(출처: 미래창조과학부/KAIT(2016. 6))

④ 소프트웨어 수출액

표 2.4 소프트웨어 수출액 (단위: 억 달러)

구분	2009년	2010년	2011년	2012년	2013년	2014년	2015년
패키지SW	1.6	3.0	3.3	8.7	21.1	28.1	27.8
IT서비스	8.6	10.4	11.9	16.0	20.9	27.5	32.4

(출처 미래창조과학부/KAIT(2016. 6))

2.2 소프트웨어 구현과 소프트웨어 융합

소프트웨어를 만들기 위해서는 소프트웨어의 구현이 필요하다. 여기서는 컴퓨터 프로그래밍 언어의 개발과 인간과의 소통, 번역 방식과 고급 언어 프로그램의 실행, 그리고 전공 분야에 따른 다양한 소프트웨어 융합 등을 살펴본다.

2.2.1 프로그래밍 언어의 개발과 인간과의 소통

(1) 프로그래밍 언어의 개발

컴퓨터는 1950년대에 들어와서 본격적으로 개발되기 시작했는데, 이때는 소프트웨어보다 하드웨어의 개발에 중점을 둔 시대로서, 기계어(machine language)를 사용하여 프로그램을 작성하였으므로 프로그래밍하기가 매우 어려웠다. 그 후 기계어의 명령들을 알기 쉬운 기호로 표현하는 어셈블리 언어(Assembly language)가 개발되어 사용되었으며, 1957년부터 FORTRAN과 같은 고급 언어가 개발되기 시작했다.

그 후 C, Java 등이 개발되었으며, 최근에는 비전공자들도 프로그래밍 할 수 있는 Scratch, Entry, Python 등이 개발되었다.

(2) 저급 언어와 고급 언어

프로그래밍 언어는 인간의 의사를 컴퓨터에 전달하는 대표적인 소프트웨어다. 프로그래밍 언어는 형태와 기능에 따라 [그림 2.21]과 같이 저급 언어(low-level language)와 고급 언어(high-level language)로 나눌 수 있다. 저급 언어에는 기계어와 어셈블리 언어가 있으며, 고급 언어에는 FORTRAN, Pascal, C, C++, Java, Scratch, Python 등이 있다.

여기서 유의할 일은 고급 언어라고 해서 품질이 고급이라는 의미가 아니라, 하드웨어 상의 위에 존재한다는 의미이며, 저급 언어란 하드웨어에 가깝다는 뜻이다.

- 프로그래밍 언어
  - 저급 언어
    - 기계어(machine language)
    - 어셈블리 언어(Assembly language)
  - 고급 언어
    - FORTRAN
    - COBOL
    - Pascal
    - BASIC
    - Lisp
    - C
    - C++
    - Java
    - Scratch
    - Entry
    - Python
    - 기타

그림 2.21 프로그래밍 언어의 분류

(3) 저급 언어

저급 언어는 기계어와 어셈블리 언어를 의미하는데, 이를 통하여 하드웨어에 대한 직접적인 제어가 가능하다. 그러나 저급 언어를 원활하게 구사하기 위해서는 하드웨어와 관련된 풍부한 지식이 필요하므로 초보자가 저급 언어로 프로그램을 작성하기는 쉽지 않다.

기계어는 0과 1의 조합으로 이루어진다. 예를 들면 '더하라'는 명령어는 00101010이고, '빼라'는 명령어는 00101110이고, '곱하라'는 명령어는 00101100, '나누라'는 명령어는 00101011과 같이 나타낸다.

(4) 어셈블리 언어

어셈블리 언어는 기계어의 명령을 알기 쉬운 기호로 표시해서 사용하는데, 가령 덧셈의 경우에는 'ADD X'와 같은 형태를 가질 수 있다. 그 결과 기계어를 사용한 작업보다는 훨씬 더 간편해졌으나 어셈블리 언어는 여전히 기계어에 가까운 저급 언어로 분류된다. 〈표 2.5〉는 어셈블리 언어로 표현된 몇 가지 명령어들을 보여준다.

표 2.5 어셈블리 언어로 표현된 명령어들의 예

연산 코드 기호	의미	쉬운 의미
LOAD X	CON(X) → R	X의 내용을 R에 넣어라
STORE X	R → CON(X)	R의 내용을 X에 넣어라
ADD X	R + CON(X) → R	R의 값에다 X의 값을 더하라
SUBTRACT X	R - CON(X) → R	R의 값에서 X의 값을 빼라
INCREMENT X	CON(X) + 1 → R	X의 값에다 1을 더하라

(5) 고급 언어

그 후 어셈블리 언어보다 쉽게 작성할 수 있는 여러 종류의 고급 언어들이 개발되었는데, 고급 언어는 프로그래머가 하드웨어에 관련된 지식이 별로 없더라도 프로그램을 작성할 수 있는 장점을 가지고 있다.

고급 언어의 공통된 특징은 다음과 같다.

- 덧셈은 '+', 뺄셈은 '−' 등 우리가 통상 사용하는 표현을 그대로 쓸 수 있다.
- 데이터를 사용할 때 기억 장소의 주소 대신 변수 이름을 사용할 수 있다.
- 하나의 명령으로 다수의 동작을 지시할 수 있다.

일반적으로 고급 언어로 작성되어 있는 원래의 프로그램을 소스 프로그램(source program)이라 하고, 기계어로 번역된 후의 프로그램을 목적 프로그램(object program)이라 한다.

2.2.2 번역 방식과 고급 언어 프로그램의 실행

(1) 컴파일러 방식과 인터프리터 방식

컴퓨터는 0과 1의 조합으로 된 숫자만 알 수 있기 때문에 그 중간 역할을 해 줄 프로그래밍 언어가 필요하다. 작성된 프로그래밍 언어를 컴퓨터가 이해할 수 있는 기계어로 바꾸어주는 소프트웨어가 바로 어셈블러, 컴파일러, 그리고 인터프리터이다.

고급 언어는 기계어로 번역되어 실행되는데, 번역과 실행의 방법에 있어서 [그림 2.22]와 같이 컴파일러 방식과 인터프리터 방식으로 나누어진다. 〈표 2.6〉에는 컴파일러 방식과 인터프리터 방식의 특성이 비교되어 있는데, 컴파일러(compiler) 방식의 경우 한 프로그램을 한꺼번에 번역한 뒤 실행하는데 비해, 인터프리터(interpreter) 방식의 경우에는 명령어 단위로 한 행씩 번역해가며 실행하는 등의 차이점을 가지고 있다.

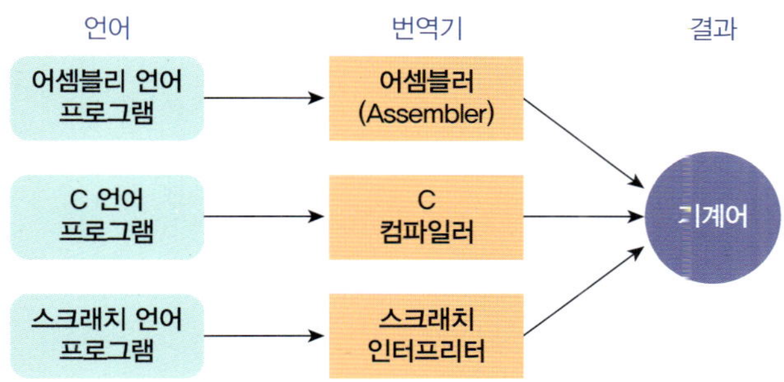

그림 2.22 언어에 따른 번역 방식

표 2.6 컴파일러 방식과 인터프리터 방식의 특성 비교

특징 \ 방식	컴파일러 방식	인터프리터 방식
번역방법	프로그램 전체 번역	실행되는 행 단위로 번역
장점	한번 번역하면 빠른 시간 내에 전체 실행이 가능함	큰 기억 장치가 필요하지 않으며 번역 과정이 비교적 간단함
단점	프로그램의 일부를 수정하는 경우에도 전체를 다시 컴파일해야 함	반복문이 많은 경우 매 반복 때마다 번역해야함
결과물	목적 언어로 된 프로그램	실행의 결과
적용언어	FORTRAN, Pascal, COBOL, Ada, C 등	Lisp, Scratch, Python 등

(2) 고급 언어 프로그램의 실행

고급 언어 프로그램의 전체 실행 순서는 [그림 2.23]의 과정과 같다.

① 작성된 소스 프로그램이 컴파일러나 인터프리터에 의해 기계어인 목적 프로그램으로 만들어진다.
② 목적 프로그램이 로더(loader)란 시스템 프로그램에 의해 기억장치에 장착된다.
③ 실행하여 결과값이 만들어진다.

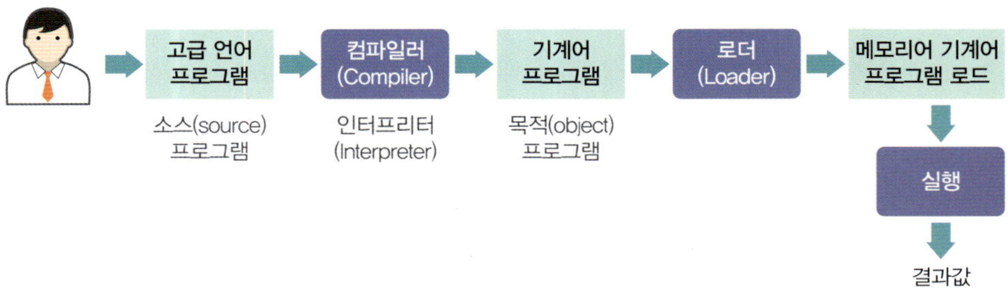

그림 2.23 고급 언어 프로그램의 전체 실행 순서

2.2.3 소프트웨어 융합

(1) 전공 분야와 소프트웨어와의 융합

소프트웨어 학습은 초중고 학생들에게 매우 중요할 뿐만 아니라, 각자의 분야를 전공하고 있는 대학생들에게도 큰 효과를 기대할 수 있다. 소프트웨어를 학습하는 앞에서부터 5가지의 공통된 이유 외에도 대학생의 경우에는 전공 분야와 소프트웨어와의 융합을 이룰 수 있다는 특징을 가지고 있다.

① 소프트웨어와 관련된 기초 지식을 익힌다.
② 문제해결을 위한 다양한 방법론을 학습한다.
③ 코딩을 통하여 프로그래밍의 기초를 익힌다.
④ 컴퓨팅 사고를 익혀 적용한다.
⑤ 문제해결 방법을 알고리즘의 개념으로 연결시킨다.
⑥ 전공 분야와 소프트웨어와의 융합을 이룰 수 있다.

(2) 소프트웨어의 전공별 융합

전공 분야에 소프트웨어와 코딩 지식을 융합하여 새롭고 창의적인 문제해결 방법을 개발할 수 있는 능력의 배양은 매우 중요하다. 지금은 거의 모든 전공에서 융합을 찾을 수 있는데, 몇 가지 전공별로 살펴본 융합의 예는 다음과 같다.

① 화학 + 소프트웨어 → 가상현실 시뮬레이션

소프트웨어를 화학물질에 적용함으로써 [그림 2.24]와 같이 분자의 구성을 입체적으로 볼 수 있도록 해준다.

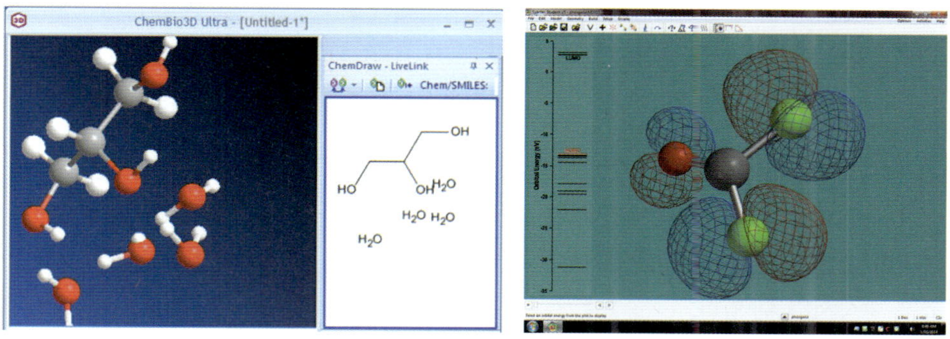

그림 2.24 화학물질의 가상현실

② 생물학 + 소프트웨어 → 바이오인포매틱스

생물학에다 유전자를 분석하는 소프트웨어를 활용함으로써 [그림 2.25]와 같이 바이오인포매틱스(bio-informatics)란 새로운 생명정보과학 분야를 개척할 수 있다.

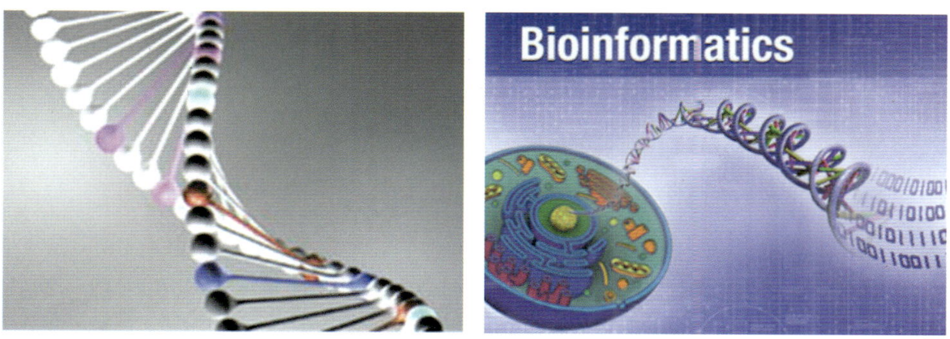

그림 2.25 유전자 분석과 바이오인포매틱스

③ **건축학 + 소프트웨어 → 구조설계 소프트웨어**

건축학에서 CAD(Computer-Aided Design) 소프트웨어를 활용함으로써 [그림 2.26]과 같이 설계하고자 하는 건축물의 구조, 강도, 미관 등을 미리 시뮬레이션하며 테스트할 수 있으므로 설계 작업의 효율을 크게 높일 수 있다.

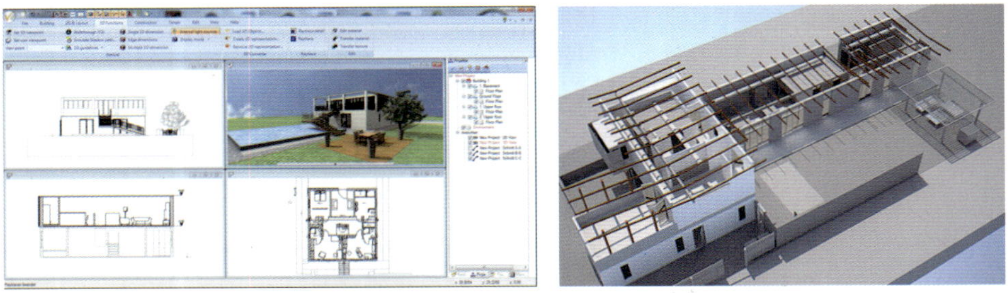

그림 2.26 CAD를 활용한 건축 설계

④ **의학 + 소프트웨어 → 디지털 병원**

의학에 있어서의 소프트웨어 활용이 크게 증가하고 있다. 과거 의료인의 손을 일일이 거쳐야 했던 일들이 [그림 2.27]과 같이 의료 소프트웨어를 활용함으로써 정확성과 능률을 향상시킬 수 있다.

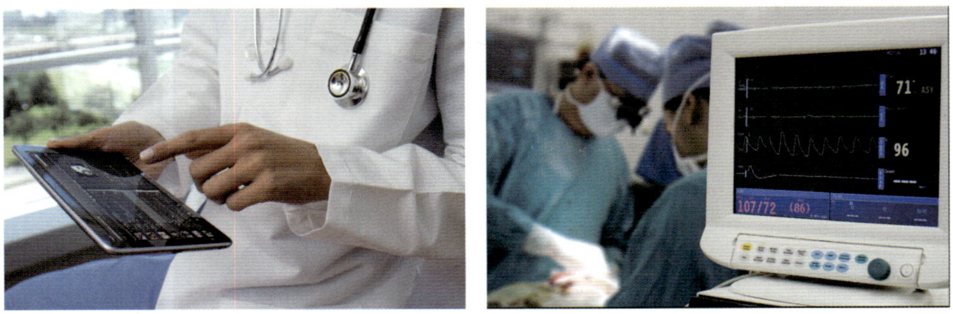

그림 2.27 의료 소프트웨어의 활용

⑤ **항공학 + 소프트웨어 → 가상비행 시뮬레이터**

항공학과 관련된 비행기 조종술에다 소프트웨어 기술을 융합함으로써 [그림 2.28]과 같이 안전한 이착륙 훈련이나 가상비행 시뮬레이션 훈련에 매우 유용하게 활용될 수 있다.

그림 2.28 가상 비행훈련 소프트웨어

⑥ **음악 + 소프트웨어 → 컴퓨터 악보**

음악에다 소프트웨어를 활용하여 [그림 2.29]와 같이 음악을 연주하거나 화성법을 적용하여 컴퓨터 악보를 만들어낼 수 있다.

그림 2.29 소프트웨어의 음악에의 활용

2.3 소프트웨어의 다양한 응용 예

최근 들어 소프트웨어는 다양한 분야에서 폭넓게 응용되고 있다. 생활 속의 소프트웨어로는 문서편집, 인터넷 뱅킹 등이 있으며, 실용적인 소프트웨어로는 포토샵, 검색엔진 등이 있고, 멀티미디어 소프트웨어로는 컴퓨터 게임, 애니메이션 등 매우 다양하다.

2.3.1 생활 속의 소프트웨어

(1) 문서 편집

컴퓨터를 이용한 문서 편집에는 워드프로세서(word processor)가 사용된다. 미국에서는 워드(MS-Word)가 많이 쓰이고 있으며, 우리나라에서는 훈글이 널리 쓰이고 있다. [그림 2.30]은 훈글과 워드 문서 편집의 예를 보여준다.

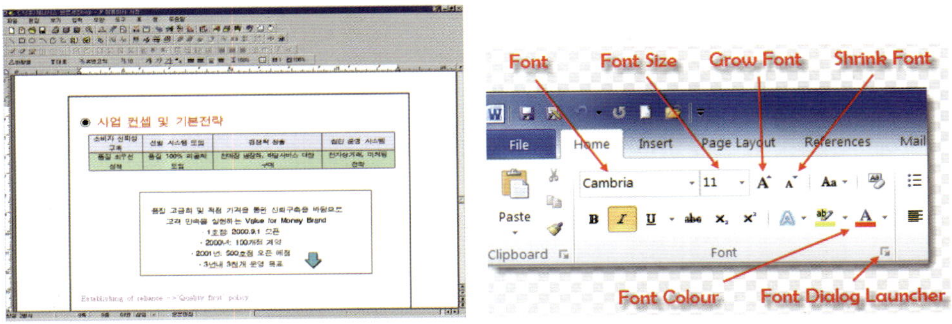

그림 2.30 훈글과 Word 문서 편집의 예

(2) 사이버 증권거래

사이버 증권거래는 컴퓨터에다 증권사가 제공하는 CD나 파일을 다운로드하여 인터넷이나 스마트폰을 이용하여 가정이나 사무실에서 주식을 사고파는 온라인 거래 형태를 말한다. [그림 2.31]은 사이버 증권거래의 한 화면이다.

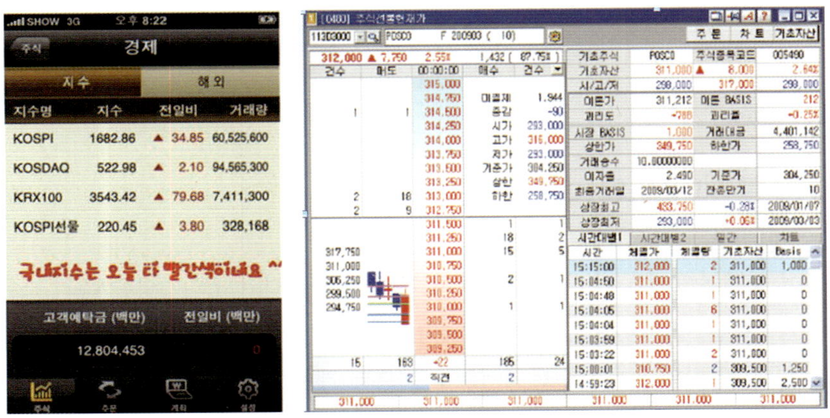

그림 2.31 사이버 증권거래

(3) 인터넷뱅킹

인터넷뱅킹(internet banking)은 고객이 은행 점포를 직접 방문하지 않고 인터넷을 통해 각종 금융거래를 할 수 있는 서비스다. 최근에는 오프라인보다 거래 수수료가 상당히 싸거나 무료인 장점으로 인해 이용률이 급증하고 있다. [그림 2.32]는 어느 국내 은행의 인터넷뱅킹 화면이다.

그림 2.32 국내 은행의 인터넷뱅킹 화면

(4) 인터넷 쇼핑몰

정보기술 산업의 발달로 인해 콘텐츠(contents) 산업, 정보 유통, 사이버 몰(cyber mall)과 같은 전자상거래 등의 산업으로 새로운 일자리들이 창출되고 있다. [그림 2.33]은 인터넷 쇼핑몰의 예를 보여준다.

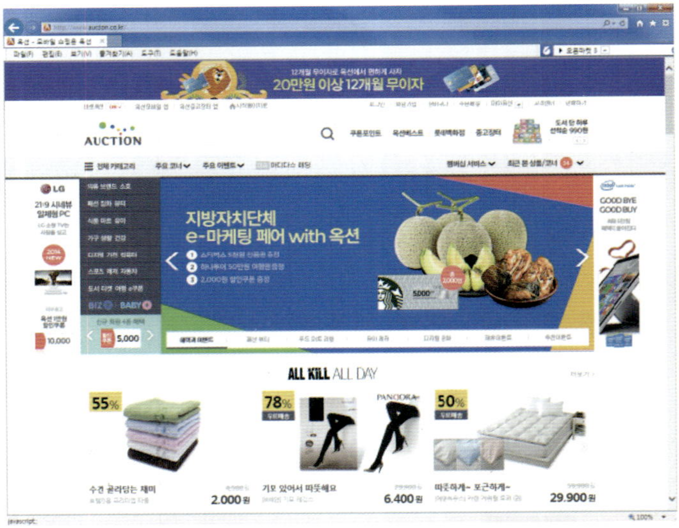

그림 2.33 인터넷 쇼핑몰

(5) 원격 교육

원격 교육은 전통적인 교실 수업에서 벗어나 멀티미디어를 이용한 첨단의 학습이 가능하고, 원하는 모든 종류의 학습은 물론 학습시간의 조절 및 반복 학습 등의 기능을 가지는 교육 방법이다. [그림 2.34]는 국내 사이버 대학의 홈페이지를 보여주고 있다.

그림 2.34 국내 사이버 대학 홈페이지

(6) 파워포인트를 이용한 프레젠테이션

파워포인트(PowerPoint: PPT)의 정식 명칭은 마이크로소프트(MS) 오피스 파워포인트이다. PPT는 [그림 2.35]와 같이 정보를 기반으로 한 통합된 솔루션으로서 효과적인 작업을 할 수 있도록 플랫폼을 제공하는 오피스 시스템에 포함되어 있다.

그림 2.35 파워포인트

① 파워포인트의 기능

파워포인트는 각종 프레젠테이션의 시각적 보조 자료로 사용되는 소프트웨어로서, 프레젠테이션 자료들을 효과적으로 작성할 수 있는 장점을 가지고 있다. 파워포인트에서는 프레젠테이션하려는 내용과 어울리는 사진이나 이미지 등을 사용하는데, 파워포인트에는 그래픽, 애니메이션, 멀티미디어 기능을 비롯한 다양한 기능들이 있다.

② 파워포인트의 사용법

파워포인트의 사용법은 별로 어렵지는 않으며, 다음의 [그림 2.36]부터 [그림 2.41]까지를 통해 쉽게 익힐 수 있다. 그러나 효과적인 파워포인트 자료를 만들기 위해서는 어느 정도의 시간과 경험이 필요하다.

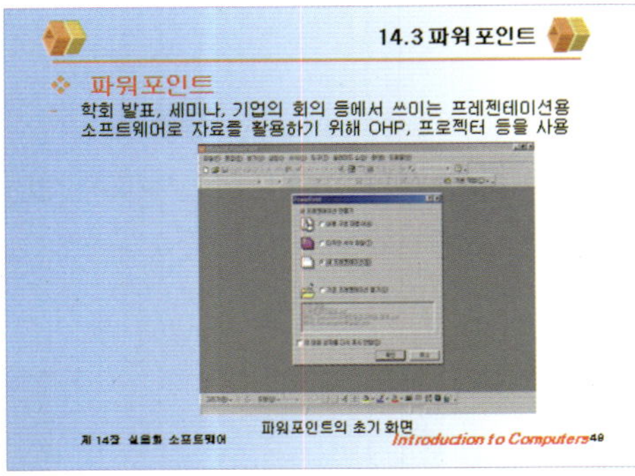

그림 2.36 파워포인트 초기화면

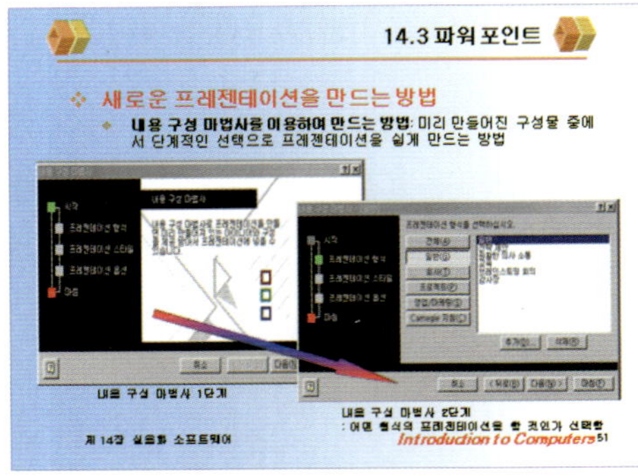

그림 2.37 새 프레젠테이션 만들기

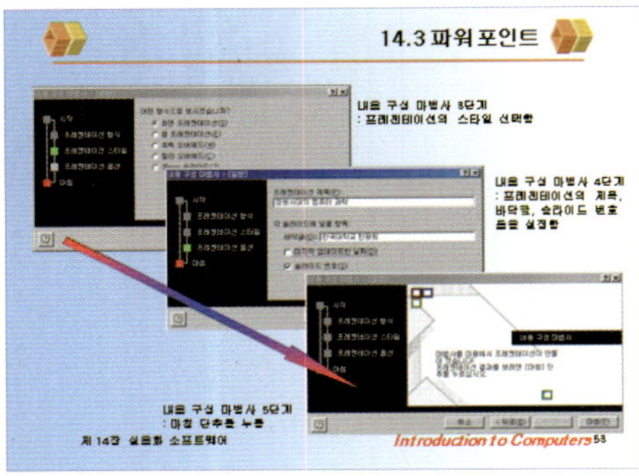

그림 2.38 내용구성 마법사 사용

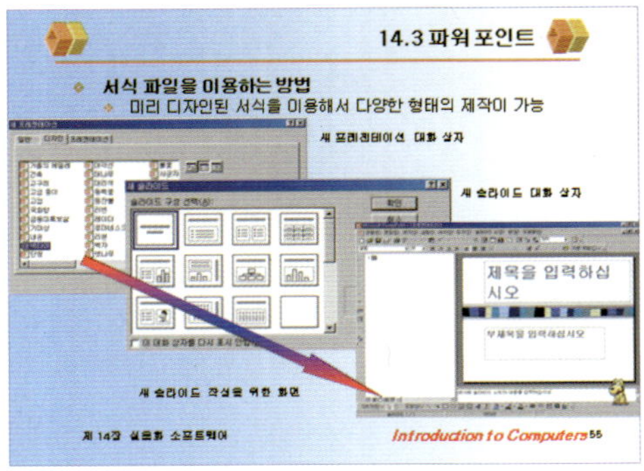

그림 2.39 서식 파일 이용하기

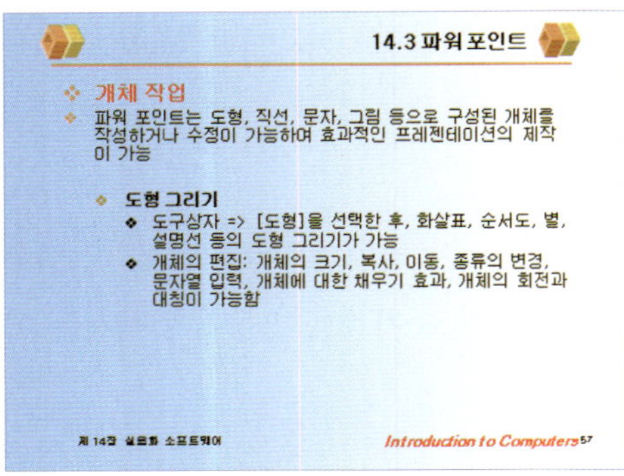

그림 2.40 개체 작업

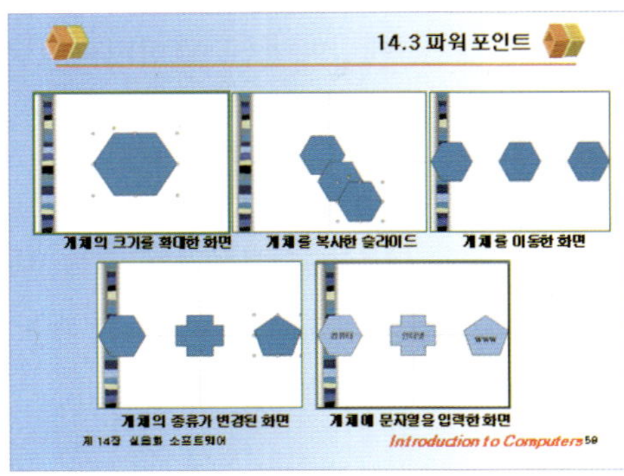

그림 2.41 개체의 크기 조정

③ 파워포인트를 이용한 화면 구성

파워포인트를 이용한 화면 구성의 경우 제목이나 타이틀의 폰트 크기는 32~48 정도, 본문 내용은 24~32 정도인데, 가급적 18 이상이어야 좋다. 서체는 두세 가지를 사용하고, 제목과 본문 내용에 사용하는 서체를 반드시 구분하여 눈에 잘 띄게 사용한다.

[그림 2.42]는 파워포인트에서의 화면 구성을 보여주는 예인데, 여기서는 색상이 오른쪽으로 가면서 점차 옅어지는 그래데이션(gradation) 기법을 적용하였다.

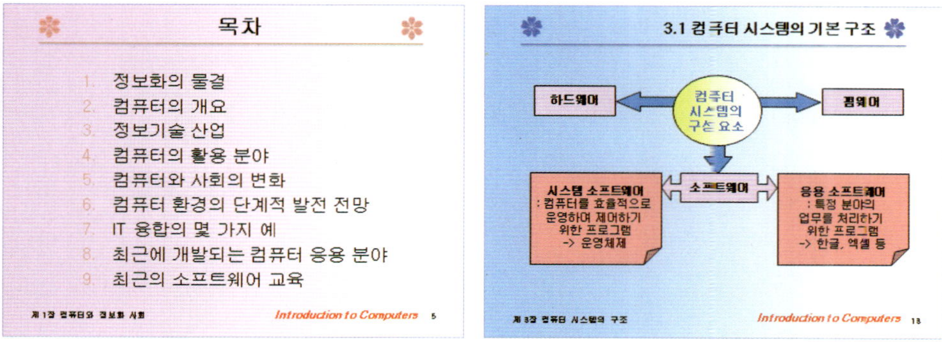

그림 2.42 파워포인트 화면 구성의 예

2.3.2 실용적인 소프트웨어

(1) 2D 이미지 그래픽 도구: 어도비 포토샵(Adobe Photoshop)

포토샵(Photoshop)은 미국의 어도비사(Adobe)에서 개발한 2차원 이미지(image) 도구로서, 현재의 PC 수준에서 가장 강력한 기능을 가진 디지털 영상 처리(Digital Image Processing) 프로그램이다.

포토샵의 주요 특징은 다음과 같다.

- 포토샵은 많은 기능을 제공하면서도 인터페이스가 편리하여 프로그램의 사용 방법이 쉽다.
- 프로그램 자체의 필터와 제 3의 개발자가 제공하는 수많은 필터들을 사용하여 프로그램의 기능을 확장할 수 있다.
- 스캔 받은 이미지를 보정할 수 있는 우수하고 다양한 조정 도구를 가지고 있다.

[그림 2.43]은 포토샵의 한 작업 화면이며, [그림 2.44]는 왼쪽으로부터 원본 사진, 그리고 포토샵 작업의 결과 화사하게 변환시킨 사진이다. 흑백느낌으로 변환한 사진을 차례로 보여준다.

그림 2.43 포토샵의 작업 화면

그림 2.44 원본 사진, 화사하게 변환한 사진, 흑백 느낌으로 변환한 사진

(2) 3D 이미지 도구: 3DS MAX

3D 이미지를 편집하고 모델링하는 소프트웨어 중 대표적인 것은 3DS MAX로서, 3차원 모델링 도구로 현재 가장 널리 사용되고 있는 소프트웨어이다. [그림 2.45]는 3DS MAX의 화면과 3DS MAX로 모델링한 입체감 있는 자동차를 나타낸다.

그림 2.45 3DS MAX 화면과 3DS MAX로 모델링한 자동차

(3) 웹 브라우저

웹 브라우저(Web Browser)란 사용자가 인터넷을 이용하여 웹 서버의 문서를 볼 수 있도록 해주는 프로그램이다. 만약 웹 브라우저가 없다면 인터넷에 연결되어 있더라도 인터넷에 있는 홈페이지들을 볼 수가 없다. 전 세계적으로 [그림 2.46]과 같은 마이크로소프트에서 제작한 '인터넷 익스플로러(Internet Explorer)'를 디부분 이용하고 있다.

그림 2.46 인터넷 익스플로러

(4) 검색 사이트의 종류

우리가 어떤 자료를 찾으려고 할 때 주로 검색 사이트를 이용하게 된다. 주요 검색 사이트 리스트는 〈표 2.7〉과 같으며, 그 중 4가지 해당 홈페이지는 [그림 2.47]의 네이버, [그림 2.48]의 다음, [그림 2.49]의 네이트, [그림 2.50]의 구글에 나타나 있다.

표 2.7 주요 검색 사이트 리스트

검색 사이트	주소
Naver	www.naver.com
daum	www.daum.net
Nate	www.nate.com
Google	www.google.com

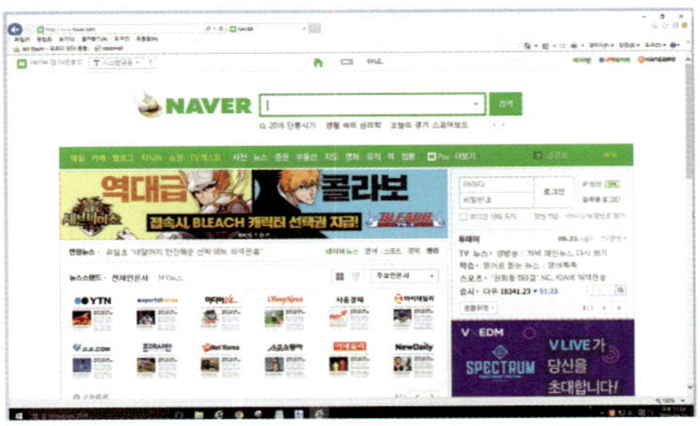

그림 2.47 네이버

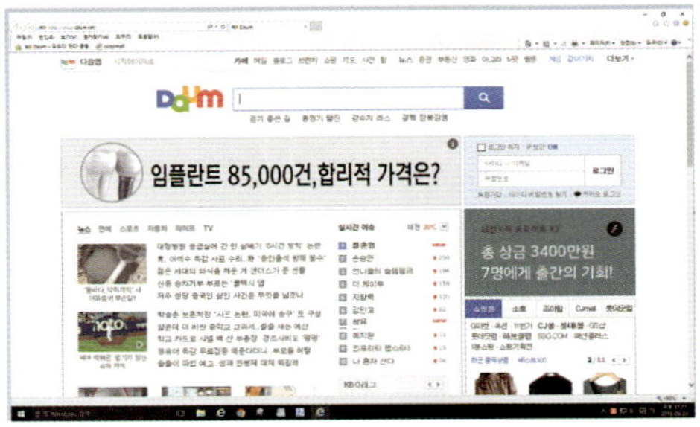

그림 2.48 다음

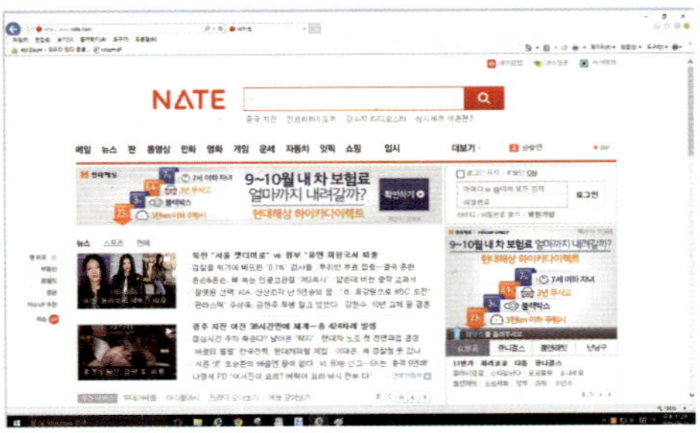

그림 2.49 네이트

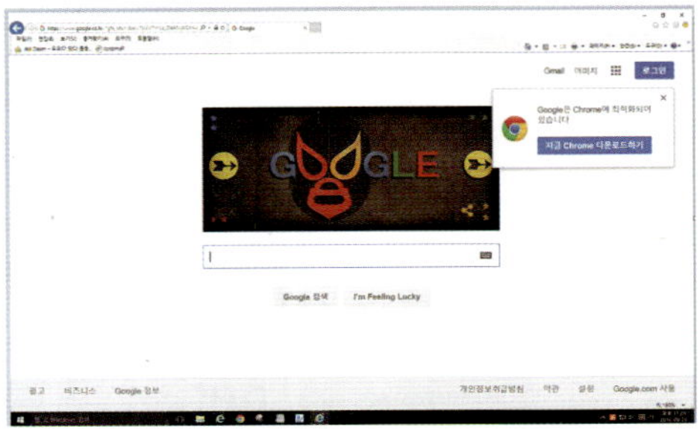

그림 2.50 구글

(5) 차량 내비게이션 앱

많은 사람들이 길 안내를 위해 [그림 2.51]과 같은 차량 내비게이션 앱을 이용한다. 이 앱은 목적지를 입력하면 스스로 경로를 파악하여 목적지까지 남은 거리, 이용 차선, 좌우 방향 전환 등을 자세하게 안내해 준다.

그림 2.51 차량 내비게이션 앱

(6) 북한의 소프트웨어

북한의 정보기술 중에서 몇 가지 소프트웨어와 온라인 게임들을 살펴본다. [그림 2.52]는 조선콤퓨터센터에서 만든 모바일 바둑 게임 '은별 2'를 나타내며, [그림 2.53]은 북한의 운영체제인 '붉은별 2.0'을 나타낸다.

그림 2.52 북한의 바둑 게임 '은별 2'

그림 2.53 '붉은별 2.0' 소프트웨어

[그림 2.54]는 북한이 만든 첫 온라인 게임인 '평양 레이서'이고, [그림 2.55]는 인공지능연구소에서 개발한 소프트웨어를 나타낸다.

그림 2.54 '평양 레이서'

그림 2.55 인공지능연구소의 소프트웨어

2.3.3 멀티미디어 소프트웨어

(1) 컴퓨터 게임

컴퓨터 기술과 소프트웨어 산업의 발달에 따라 다양한 형태의 컴퓨터 게임들이 나타나고 있다. 바둑, 장기, 체스 게임, 퍼즐 게임, 그리고 최근에는 롤플레잉 게임, 액션 어드벤처 게임, 머드 게임, 전략 시뮬레이션 게임 등 수많은 게임들이 속속 출시되고 있다.

[그림 2.56]은 온라인 고스톱 게임을 나타내며, [그림 2.57]은 실시간 전략 시뮬레이션 게임으로서 많은 관심과 큰 인기를 누리고 있는 '스타크래프트'를 나타낸다.

그림 2.56 온라인 비주얼 고스톱 게임

그림 2.57 스타크래프트

(2) 사운드 관련 도구

디지털 사운드 편집 프로그램인 Sound Forge는 사운드 편집의 포토샵이라고도 불리는 프로그램인데, [그림 2.58]과 같이 대부분의 음향 변조 및 편집 작업을 손쉽게 수행할 수 있도록 해준다.

한편 CakeWalk는 [그림 2.59]와 같이 디지털 음악을 만들고 편집하는 프로그램인데, 여러 가지 음원들을 이용하여 작곡과 편곡을 할 수 있는 소프트웨어이다.

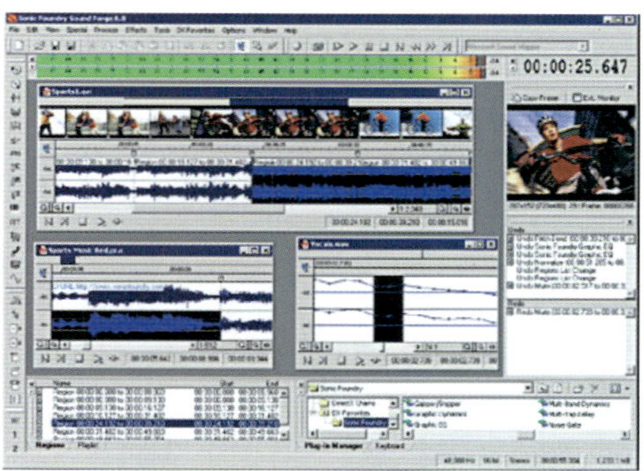

그림 2.58 Sound Forge

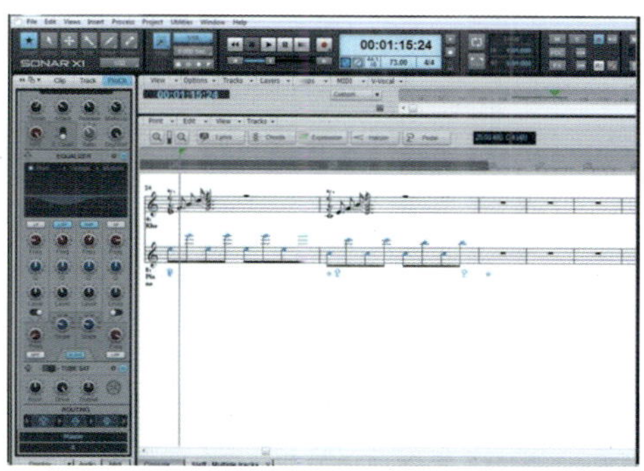

그림 2.59 CakeWalk

(3) 동영상 관련 도구

대표적인 동영상 편집 도구로는 프리미어(Premiere)를 들 수 있는데, 자막, 화면 이동, 사운드 효과 등의 처리가 모두 지원되는 프로그램이다. [그림 2.60]은 프리미어의 초기 화면과 작업 화면을 나타낸다.

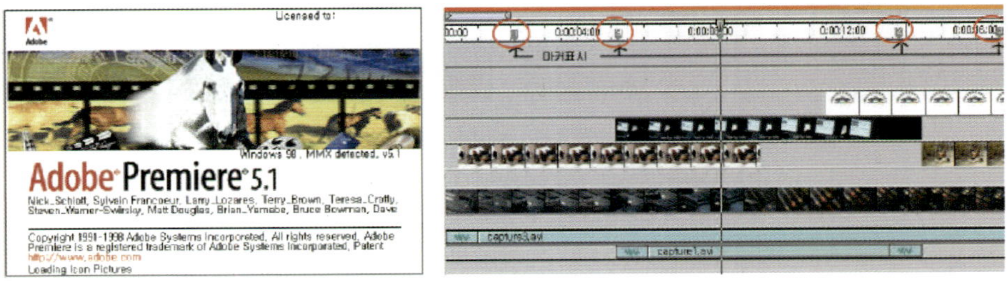

그림 2.60 프리미어의 초기 화면과 작업 화면

(4) 애니메이션

애니메이션(animation)은 이미지(image) 프레임(frame)을 1초에 30장 정도 연속적으로 보여줌으로써, 보는 사람들로 하여금 이미지가 움직이는 느낌을 가지게 하는 기법이다. 최근에는 컴퓨터 애니메이션을 통해 만화, 영화, 광고, 게임, 사이버 인물 등에 널리 활용되고 있다. [그림 2.61]은 애니메이션의 작업 장면과 컴퓨터 그래픽을 이용하여 만들어진 애니메이션 장면을 나타낸다.

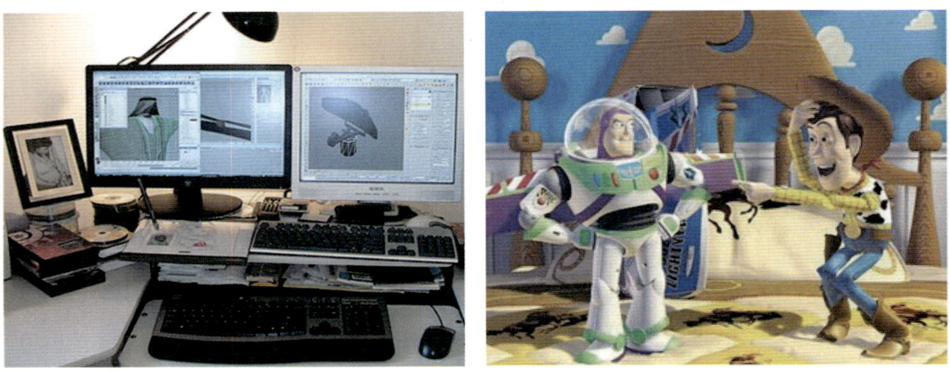

그림 2.61 애니메이션 작업과 컴퓨터 애니메이션 장면

(5) 멀티미디어 활용 도구

동영상과 디지털 음악을 재생하는 대표적인 소프트웨어로는 [그림 2.62]와 같이 Windows에 기본으로 포함되어 있는 Media Player가 있다. 한편 [그림 2.63]의 곰 플레이어(GOM Player)는 한국의 (주)그래텍에서 제작하여 무상으로 배포되는 프리웨어 프로그램으로서 우리나라에서 가장 많이 사용되고 있는 플레이어이다.

그림 2.62 Media Player

그림 2.63 곰 플레이어(GOM Player)

(6) 모바일 게임

모바일 게임(mobile game)은 휴대전화나 스마트폰 등의 모바일 기기를 통해 즐길 수 있는 게임을 두루 이르는 말이다. 잘 알려진 온라인 장터로는 애플의 앱스토어, 한국의 컴투스와 게임빌 등이다. [그림 2.64]는 '숲속의 앨리스'와 '앵그리버드'란 인기 높은 모바일 게임이다.

그림 2.64 '숲속의 앨리스'와 '앵그리버드'

참고문헌

- Kevin Cummins, Teaching Digital Technologies, e-book, 2016.
- D. Riley and K. Hunt, "Computational Thinking for the Modern Problem Solver", CRC Press, 2014.
- P. S. Wang, "From Computing to Computational Thinking", CRC, 2016.
- 김대수, 컴퓨터 개론(개정5판)", 생능출판사, 2016.
- 김진형, 「소프트웨어산업 육성을 통한 일자리창출전략」, 국가미래연구원, 2013.
- 교육부, "소프트웨어와 창의력 여행", 상권, 2016.
- 교육부, "소프트웨어와 창의력 여행", 하권, 2016.
- 소프트웨어, "창조경제정책의 이해", 커뮤니케이션북스, 2014.
- 홍현기, 「북한 소프트웨어 개발기관 현황」, hkhong9475@kisdi.re.kr
- http://cafe.naver.com/job100percent/16071
- http://terms.naver.com/entry.nhn?docId=1114228&cid=40942&categoryId=32837
- https://opentutorials.org/course/1
- http://terms.naver.com/entry.nhn?docId=813100&cid=43133&categoryId=43133
- http://terms.naver.com/entry.nhn?docId=630&cid=43659&categoryId=43659
- http://cc.kangwon.ac.kr/~kimoon/pr/pr-981/project/w3/b.htm
- http://www.samsungnetworks.co.kr
- http://mybank.ibk.co.kr/
- http://cfs11.tistory.com/image/22/tistory/2009/03/03/20/21/49ad12d74b4c3
- http://news.zum.com/articles/9981712?cm=popular
- http://kschan82.blog.me/220099848250
- http://www.nktech.net
- http://www.namdonews.com/news/articleView.html?idxno=331081
- http://wingofwolf.tistory.com/495
- http://www.ddaily.co.kr/news/article.html?no=84158

Chapter

03

코딩과 코딩 교육

3.1 코딩의 중요성과 코딩 교육의 목적

3.2 다양한 방법을 통한 소프트웨어와 코딩으 구현

3.3 교육용 도구를 통한 코딩의 구현

Chapter

03 코딩과 코딩 교육

3장에서는 코딩과 코딩 교육을 중심으로 다양한 주제들을 다룬다. 코딩의 중요성과 코딩 교육의 목적을 살펴보고, 다양한 방법을 통한 소프트웨어와 코딩의 구현을 고찰한다. 또한 교육용 도구를 통한 코딩의 구현과 스크래치, 엔트리, 아두이노, 파이썬 등의 코딩 언어도 살펴본다.

3.1 코딩의 중요성과 코딩 교육의 목적

코딩을 통한 소프트웨어 구현에 대한 관심이 많아지면서 직접 프로그래밍을 하는 코딩 열풍이 불고 있다. 여기서는 코딩의 개념과 사회생활 능력, 코딩 교육과 중요성, 코딩 교육의 주요 목적 등을 살펴본다.

3.1.1 코딩의 개념과 사회생활 능력

(1) 코딩이란 무엇인가?

소프트웨어 교육과 코딩 열풍이 세차게 불고 있는 가운데, 하루가 다르게 변화하며 발전하는 디지털 시대에 원만하게 적응하기 위해서는 소프트웨어 교육과 컴퓨팅 사고, 코딩 교육 등이 필수적이며 매우 중요하다.

코딩(coding)이란 '컴퓨터 프로그램을 수행하는 절차를 적어둔 명령어들인 코드(code)를 작성하는 행위'를 말한다. 달리 표현하면 코딩이란 '문제해결을 위한 절차와 과정을 설정하고, 그것을 실행 가능한 프로그램으로 작성하는 일'이다.

즉 컴퓨터를 통해 어떤 목적을 달성하기 위한 수단으로서 프로그램을 작성하는 일을 코딩 또는 프로그래밍이라 한다. 따라서 코딩과 프로그래밍은 같은 의미를 가지고 있다. [그림 3.1]은 스크래치를 이용한 간단한 코딩을 나타낸다.

그림 3.1 스크래치를 이용한 간단한 코딩

우리가 코딩을 하는 궁극적인 목표는 주어진 문제를 제대로 해결하는 일이다. 따라서 코딩을 하기 전 문제해결을 위한 방법을 먼저 구상해야 하며, 그 후 코딩을 마치고 컴퓨터를 작동시켜 문제를 해결하게 된다. 이러한 과정은 [그림 3.2]에 나타나 있다.

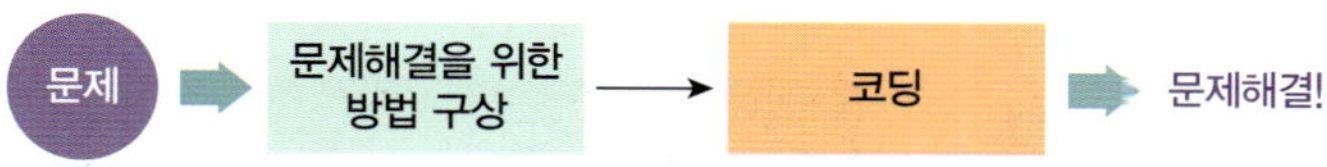

그림 3.2 문제해결과 코딩

(2) 코딩과 IT 업계의 저명 창립자

IT(Information Technology: 정보기술)와 관련된 세계적인 인물 중 빌 게이츠, 마크 주커버그, 잭 도르시 등은 초등학교 시절부터 코딩 개념을 배우고 프로그래밍을 직접 해 본 사람들이란 공통점을 가지고 있다. 어렸을 때의 이러한 경험은 나중에 커서 창의적인 소프트웨어 기업을 창업하는데 매우 긍정적인 영향을 끼친 것으로 알려져 있다.

- 마이크로소프트의 창업자인 빌 게이츠(Bill Gates)는 어릴 적에 가로, 세로, 대각선 방향으로 연속된 3개를 놓으면 이기는 [그림 3.3]과 같은 '틱택토(Tic-Tac-Toe)' 게임 소프트웨어를 만들었다고 한다.

그림 3.3 '틱택토(Tic–Tac–Toe)' 게임

- 페이스북의 창업자로 유명한 마크 저커버그(Mark Zuckerberg)는 초등학교 6학년 때 여동생과 함께 놀 수 있는 게임을 만들기 위해 아버지와 개인교사로부터 코딩을 배웠다고 한다.

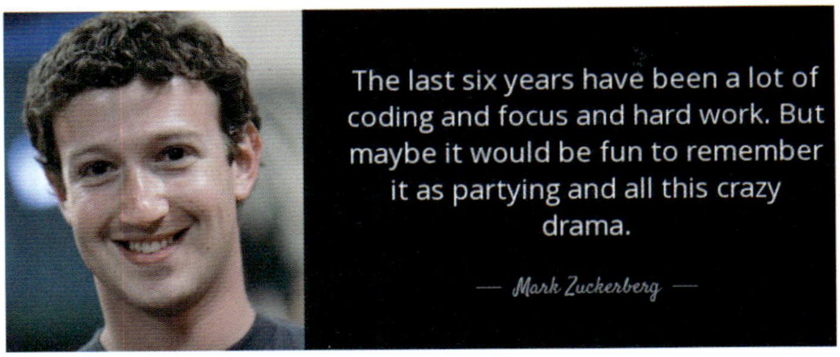

- 트위터를 창업한 잭 도르시(Jack Dorsey)는 8살 때부터 컴퓨터를 접했고, 그 후 택시와 구급차의 운영 프로그램을 만들었다. 그 후 그는 이런 경험을 바탕으로 여러 사람들이 짧은 메시지를 주고받으며 공유할 수 있는 '트위터'를 만들었다.

- 인스타그램의 공동창업자인 케빈 시스트롬(Kevin Systrom)은 어릴 적 프로그래밍을 공부한 것을 바탕으로, 나중에 스마트폰에서 촬영한 사진과 동영상을 아름답게 변환하여 손쉽게 인터넷에서 공유할 수 있는 소프트웨어인 인스타그램을 개발하였다.

(3) 코딩 능력과 사회생활 필수 능력

현재의 정보화 사회에서 코딩 능력은 영어를 배우는 것과 마찬가지로 매우 중요하다. 어렸을 때부터 '21세기의 언어'라고도 불리는 소프트웨어를 이해하고 코딩의 기초 역량을 함양함으로써 창의성과 논리력을 배양하여 문제해결 능력을 향상시킬 수 있을 것이다.

산업 사회에서는 읽기, 쓰기, 계산하기가 원만한 사회생활을 위한 필수 능력으로 여겨졌으나, 최근의 정보화 사회에서는 [그림 3.4]와 같이 코딩을 할 수 있는 능력 또한 필수 능력에 포함되는 추세이다.

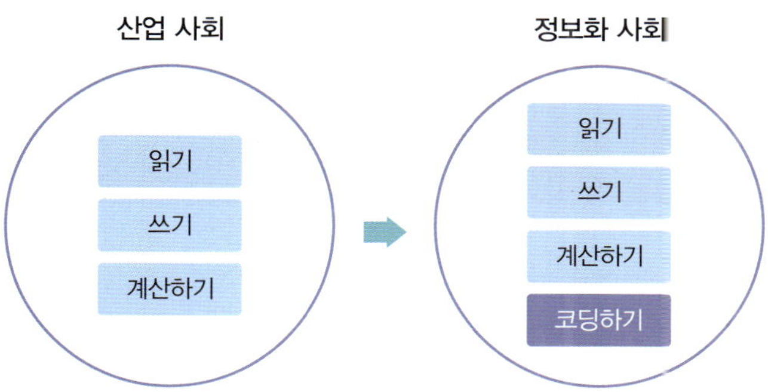

그림 3.4 사회생활 필수 능력의 변화

최근 미국, 영국, 일본, 이스라엘 등의 선진국에서 코딩 교육이 대세인 이유는 IT 기술의 발달과 더불어 소프트웨어의 중요성이 점차 커지고 있으며, 코딩 교육이 앞으로 현대 사회를 살아갈 학생들에게는 필수도구이기 때문이다.

3.1.2 코딩 교육과 중요성

(1) 유명 인사들이 말하는 코딩의 중요성

여러 유명 인사들이 코딩의 중요성을 역설한 바 있는데 핵심적인 내용을 간추리면 다음과 같다.

- "13살 때 처음으로 코딩하는 방법을 배웠고, 이를 바탕으로 마이크로소프트를 세웠다." – 마이크로소프트 창업자 빌 게이츠
- "만약 여러분이 코딩을 할 수 있게 된다면, 당신은 무엇인가를 만들어낼 수 있고, 누구도 당신을 막을 수 없다." – 페이스북 창업자 마크 저커버그
- "코딩 기술을 배우는 것이 여러분의 미래는 물론 조국의 미래에도 매우 중요하다." – 미국의 오바마 대통령
- "21세기에는 프로그래밍 능력이 빠르게 변화하는 세상을 이해하고 적응해 나가는 핵심 역량이 될 것이다." – 코드카데미 창업자 자크 심즈

- "이 나라에 살고 있는 모든 사람들은 컴퓨터 프로그래밍 즉 코딩(coding)을 배워야 한다. 코딩은 생각하는 방법을 가르쳐주기 때문이다." – 애플의 창업자 스티브 잡스

(2) 코딩 교육 플랫폼과 국제적 동향

미국의 경우 2011년 세계 최초로 코딩 무료 교육 서비스인 코드카데미(Codecademy)가 만들어져 코딩 교육 열풍을 주도하고 있으며, 코드닷오알지(code.org)와 같은 코딩 교육 플랫폼들이 생겨났다. 오바마 대통령은 코딩 교육이 국가 경쟁력을 높이는 데 큰 도움이 될 것이라며 코딩 교육의 중요성을 역설하였다.

영국은 2014년 9월부터 코딩 교육을 필수과목에 포함시켰는데, 영국의 교육부장관은 '코딩 교육을 통해 우리 아이들이 글로벌 경쟁력을 가지게 될 것'이라고 강조한 바 있다.

또한 핀란드, 벨기에, 체코, 에스토니아, 헝가리 등의 유럽 국가들도 국가 경쟁력을 위해 코딩 교육을 정규 교과과정에 포함시키거나 필수과목으로 지정하는 등 관심이 뜨겁다. 그 외에도 중국, 일본, 이스라엘 등 세계 각국에서 코딩 교육이 활성화되고 있는 추세에 발맞추어 우리나라에서도 보다 적극적인 코딩 교육이 이루어져야 할 것이다.

우리나라도 2018년부터 코딩 교육이 초중고교에서 정규 과목으로 채택될 예정이다. 초등학교의 경우 5~6학년 실과 수업을 통하여 코딩을 배우게 되는데, 프로그램을 만든다는 개념보다는 문제해결을 위한 절차와 과정인 알고리즘을 익히는 정도의 수준이 될 것이다.

3.1.3 코딩 교육의 주요 목적

(1) 코딩 교육의 주요 목적

코딩교육의 주요 목적은 다음과 같이 요약될 수 있다.

첫째, 코딩 교육의 목적은 모든 학생들을 프로그래머로 양성하기 위해서가 아니라 디지털 세상을 알아가기 위한 기본 상식이며, 앞으로 다가오는 지능화 시대에서 코딩 교육이 기초적이고 필수적인 요소이기 때문이다.

둘째, 학생들이 스스로 문제를 해결하려는 절차인 코딩 과정을 통하여 논리적 사고력을 향상시키고 문제해결을 위한 생각하는 힘을 기를 수 있다는 점이다.

셋째, 코딩을 함으로써 다양한 아이디어를 생각하는 창의적 발상을 하게 되고, 그것을 실제로 코딩으로 연결하는 과정에서 지구력을 기를 수 있다는 점이다.

넷째, 앞으로 엄청나게 변화하는 인공지능을 구현하는 알파고(AlphaGo)나 지능적인 로봇 등의 개발로 인해 현재의 직업군이 매우 가변적이라는 점에 주목하여, 소프트웨어적 지식과 컴퓨팅 사고 방법을 통하여 미래 직업에 대해 효율적으로 대응할 수 있는 전략이기 때문이다.

(2) 코딩과 알고리즘

코딩을 효율적으로 하기 위해서는 미리 알고리즘(algorithm)을 구상해 놓는 것이 필수적인데, 알고리즘을 먼저 구상한 후 코딩을 하면 오류를 줄이고 보다 효율적인 프로그램을 만들 수 있다. 따라서 알고리즘을 이용한 코딩 개념의 중요성이 바로 여기에 있는 것이다. 여기서 알고리즘이란 '어떤 작업을 수행하는데 있어 적합한 절차와 과정을 기술해 놓은 것'이다.

예를 들어 우리가 라면을 끓일 때의 알고리즘을 단계별로 간단히 나타내면 다음과 같다.

① 냄비에 적당량의 물을 붓는다.
② 물이 들어있는 냄비를 가열한다.
③ 물이 펄펄 끓으면 라면과 수프를 넣는다.
④ 라면이 익으면 불을 끄고 먹는다.

여기서 유의할 점은 이 4단계 중 어느 하나도 생략하거나 순서를 바꾸어서는 안 된다는 점이다. 사실 우리는 일상생활에서 너무나 많은 알고리즘을 실행하고 있으나 알고리즘의 개념을 지금까지 제대로 이해하지 못한 면이 있다. 따라서 어떤 문제의 알고리즘을 먼저 이해한 후 코딩을 한다면 더욱 정교한 코딩이 될 것이다.

(3) 컴퓨터를 통한 코딩과 인간의 언어

컴퓨터를 통한 코딩과 인간의 언어 사이에는 연관 관계가 있다. 컴퓨터 코딩은 인간이 알고리즘을 만든 후 공용 프로그래밍 언어인 스크래치나 파이썬 등을 이용하여 코딩을 한 후 컴퓨터에 실행시키는 것이고, 인간의 언어는 공용 언어인 한국어나 영어를 통해 회화나 작문을 통해 인간 사이에 소통하는 것으로 비유될 수 있다. 그 관계를 요약하여 표로 나타내면 〈표 3.1〉과 같다.

표 3.1 컴퓨터 코딩과 인간 언어 비교

	컴퓨터 코딩	인간의 언어
대상	인간 대 컴퓨터	인간 대 인간
대상 언어	공용 프로그래밍 언어	공용 언어
구체적 언어	스크래치, 파이썬, C 등	한국어, 영어, 중국어 등
활용	알고리즘과 코딩	작문 및 회화
목적과 효과	컴퓨터 실행	인간 사이의 소통

3.2 다양한 방법을 통한 소프트웨어와 코딩의 구현

소프트웨어와 코딩은 다양한 방법으로 구현될 수 있으며, 최근 들어 코딩 중심의 교육이 강조되고 있다. 여기서는 코딩 중심의 조기 컴퓨터 교육, 코딩의 구현과 컴퓨팅 사고, 그리고 주요 코딩 교육 플랫폼들을 살펴본다.

3.2.1 코딩 중심의 조기 컴퓨터 교육

(1) 코딩 중심의 교육

2018년부터 중학교에서의 소프트웨어 교육이 의무화되고 초등학교에서도 컴퓨터 프로그래밍을 뜻하는 '코딩' 중심의 교육이 시작될 예정이다. 일부 대학의 경우 모든 신입생들에게 소프트웨어 교육과 스크래치 등을 통한 코딩 교육에 나섰다. 이 점은 기존의 워드프로세서나 윈도우즈 등의 프로그램 사용법을 익히던 수준에서 보다 높은 정보화 교육의 단계로 이동하는 것임을 알 수 있다.

우리나라의 코딩 교육은 교과과정 면에서 아직까지 정립 중인 단계인데, 코딩을 실습해 볼 수 있는 소프트웨어로는 '스크래치', '엔트리', '파이썬' 등이고, 로봇이나 기판 등의 물체를 조정할 수 있는 '아두이노'를 이용하기도 한다.

(2) 코딩 교육의 중요성 동영상

[그림 3.5]는 빌게이츠를 비롯한 IT 거장들과 다양한 분야의 컴퓨터 경험자들이 '프로그래밍을 배워야 하는 이유'와 컴퓨터에 처음 입문한 경험들을 설명하는 동영상을 나타낸다. 따라서 그림에 적힌 유튜브 주소에 접속하여 직접 시청한다면 좋은 경험이 될 것이다.

그림 3.5 IT 거장들의 코딩 중요성 연설
(출처: https://www.youtube.com/watch?v=SESuctdE9vM)

[그림 3.6]은 오바마 대통령이 미국 청소년들에게 컴퓨터 프로그래밍을 배워야 하는 이유와 코딩의 중요성을 역설하는 동영상을 나타낸다.

그림 3.6 프로그래밍을 배워야 하는 이유 비디오
(출처: http://www.youtube.com/watch?v=6XvmhE1J9PY#t=19)

[그림 3.7]은 코딩 교육의 중요성과 컴퓨터 교육에서 스크래치 블록의 이용을 설명하는 동영상인데, 프로그램에 대한 전문적인 지식이 없이도 다양한 앱이나 게임을 만들 수 있음을 강조하고 있다.

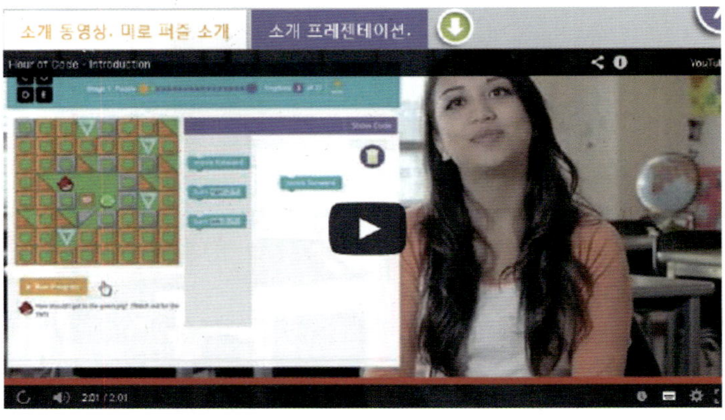

그림 3.7 스크래치 블록을 이용한 코딩 교육의 중요성
(출처: https://www.youtube.com/watch?v=bQiIo5ecSX4)

3.2.2 코딩의 구현과 컴퓨팅 사고

(1) 컴퓨팅 사고의 개념과 내용

소프트웨어 교육이란 '컴퓨팅 사고를 통해 문제를 해결하는 인자를 길러내는 교육'으로 정의될 수 있다. 이를 통해 학생들이 집중력과 논리적 사고력 등을 제대로 발휘할 수 있게 하는 컴퓨팅 사고를 향상시키는데 있다.

'컴퓨팅 사고(computational thinking)'는 컴퓨터과학자들이 문제해결을 위해 사고하는 방법과 그와 관련된 기본적인 문제해결 기술로부터 출발하였다. 따라서 컴퓨팅 사고란 기존의 인간 사고와는 달리 컴퓨터를 활용하여 문제를 해결하는 과정에서의 여러 가지 특성과 기질을 포함하는 문제해결 과정이다.

최근 들어 세계 각국에서 컴퓨팅 사고와 관련된 새로운 교과과정의 신설을 통하여, 학문적 주제들 사이의 관계뿐만 아니라 다양한 방법의 사고를 통허 일상생활에도 효율적인 사고법을 적용할 수 있도록 노력하고 있다.

참고로 미국의 컴퓨터과학 교사연합인 CSTA에서 발표한 중학교 과정에서의 컴퓨팅 사고의 주요 내용은 다음과 같다.

① 알고리즘과 문제해결에 필요한 기본 단계를 이해하고 사용한다.
② 컴퓨터 없이 검색이나 정렬 등 간단한 알고리즘을 이해하고 적어본다
③ 문자와 숫자정보를 표현하기 위해 비트(bit)를 사용될 수 있는지 보여준다.
④ 문제해결에 있어 시뮬레이션이 어떻게 사용될 수 있는지 기술해본다.
⑤ 하나의 큰 문제를 해결하기 위해 고려해야 할 하위 문제 목록을 만든다.
⑥ 컴퓨터과학 및 기타 분야 사이의 연관성을 이해한다.

컴퓨팅 사고의 핵심적인 내용으로는 데이터의 수집과 분석, 정보의 표현, 자동화 등의 능력을 활용하여 분석, 분해, 패턴인식, 추상화, 알고리즘, 평가 등의 과정을 인간의 사고에 적용시켜 다양한 분야에서 논리적이고 효율적으로 문제를 해결해내는 방법이다.

컴퓨팅 사고의 예는 [그림 3.8]과 같이 로봇을 조립할 때 전체를 몇 개의 부분으로 나누어 조립하는 경우에도 해당되는데, 이 경우 로봇 조립이 매우 효율적일 것이다.

그림 3.8 컴퓨팅 사고에 의한 로봇의 조립

여기서 유의할 점은 주어진 문제를 컴퓨팅 사고를 통해 알고리즘을 완성하고 난 후에 코딩이 이루어지고, 그것을 바탕으로 문제해결이 이루어진다는 점이다. 컴퓨팅 사고에 대한 자세한 설명과 다양한 예는 5장과 6장에 나타나 있다.

(2) 코딩의 구현과 컴퓨팅 사고

코딩의 구현과 컴퓨팅 사고의 관계는 [그림 3.9]와 같다. 먼저 스크래치나 파이썬과 같은 프로그래밍 언어를 사용하여 프로그래밍 기법을 익혀 코딩을 하고, 더 나아가 분석력과 깊은 사고 등을 통하여 컴퓨팅 사고에 접근할 수 있을 것이다.

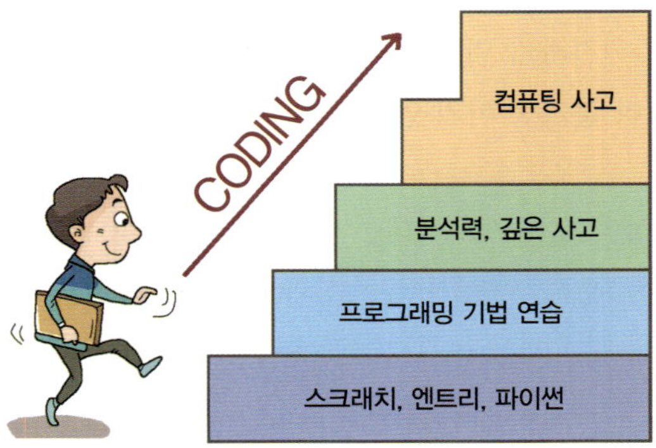

그림 3.9 코딩의 구현과 컴퓨팅 사고

3.2.3 주요 코딩 교육 플랫폼

코딩을 해본 경험이 전혀 없는 사람이 혼자서 코딩을 배우기는 쉽지 않다. 따라서 만약 코딩을 친절하게 가르쳐주는 코딩 교육 사이트가 있다면 이들에게 큰 도움이 될 것이다. 여기서는 이러한 취지에서 만들어진 코딩 플랫폼 3가지를 살펴본다.

(1) 코드닷오알지(code.org)

코드닷오알지는 2012년 8월 '모든 학생들에게 컴퓨터를 배울 기회를 주려는' 목적으로 설립된 미국의 비영리 단체로서 컴퓨터 교육을 확산시키는 운동을 펼치고 있는데, 특히 초등학생, 여성, 소수인종의 프로그래밍 교육을 위해 노력하고 있다.

코드닷오알지는 온라인으로 누구나 프로그래밍을 배울 수 있도록 인터넷 강의와 자료를 제공하고 있으며, 각 정부와 교육단체에 코딩 교육에 대해 자문하고 있다. 마이크로소프트, 트위터, 페이스북 등의 회사들도 코드닷오알지에 적극 협력하고 있다.

또한 어린 학생이나 프로그래밍 초보자를 프로그래밍의 세계로 친절하게 안내하는 'Hour of Code' 코너를 통해 코딩의 개념을 쉽게 익힐 수 있도록 도와주는데, 한국어 서비스도 제공된다.

홈페이지는 https://code.org/이며, 학생용, 교육자용, Hour of Code, 플래피 코드, Code Studio 등으로 이루어져 있다. 교육자용 코너에서 제공되는 교육 자료들은 교실에서 학생에게 가르치는 방법이나 초등, 중등, 고등학교의 소프트웨어 교육 커리큘럼 등을 포함하고 있다. 또한 오프라인에서 실행하고 있는 소프트웨어 캠프 활동 정보도 제공하고 있다.

코딩의 중요성을 한글 자막을 포함하여 역설하고 관련 정보들을 포괄적으로 설명하는 동영상은 [그림 3.10]에 나타나 있다.

그림 3.10 코딩의 중요성과 관련 정보
(출처: https://www.youtube.com/watch?v=IHZxmcP-CHI)

[그림 3.11]은 Hour of Code와 학생용 코너를 나타낸 것인데, 다음 코너에는 코드닷오알지와 관련된 이야기들이 한글자막으로 소개된다.

그림 3.11 Hour of Code와 학생용 코너

(2) 코드카데미(codecademy.com)

코드카데미는 2011년 8월 미국에서 설립된 온라인 플랫폼인데, 어린 학생들이나 프로그래밍 초보자들도 혼자서 무료로 코딩을 쉽게 배울 수 있는 코딩 강의 웹 사이트다.

프로그래머들이 코드카데미 사이트에 교육 과정을 개설해 올리면 사람들이 교육과정에 등록한 후 단계별로 실습하면서 배우는 방식인데, 자바스크립트, PHP, 파이썬, 루비 등 프로그래밍 언어와 HTML, CSS 등의 마크업 언어 과정들이 개설되어 있다. 그러나 영어로만 되어 있다는 단점을 가지고 있다.

[그림 3.12]는 코드카데미의 스토리 화면을 나타낸다.

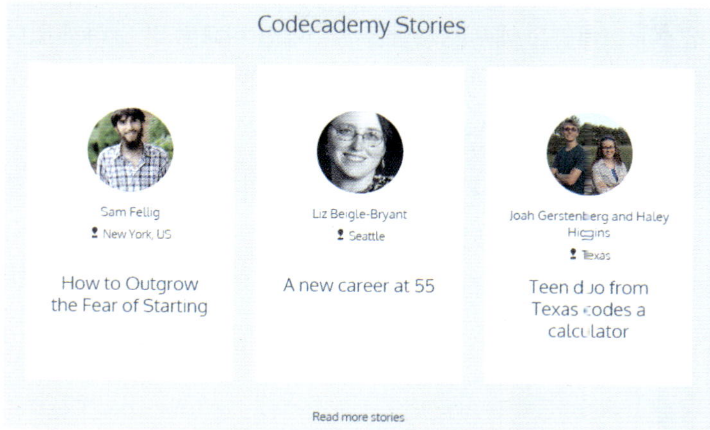

그림 3.12 코드카데미의 스토리 화면

(3) 코드클럽(codeclub.org.uk)

코드클럽(codeclub)은 2012년 영국에서 설립된 비영리 단체로서 9세에서 11세 사이의 초등학생들을 대상으로 코딩 교육을 실시한다. 대부분의 다른 코딩 교육 플랫폼들이 온라인상에서 프로그래밍을 교육하는 것과는 달리 코드클럽은 오프라인 상에서 직접 이루어진다. 즉 소프트웨어 교육을 할 수 있는 사람이 지원하여 방과 후 학교를 찾아가서 원하는 학생들에게 직접 프로그래밍 교육을 실시한다. 현재 영국 전역에 약 5,000개 가량의 코드클럽이 만들어져 있다. [그림 3.13]은 코드클럽 홈페이지의 안내 장면이다.

그림 3.13 코드클럽 홈페이지의 안내 장면

(4) 생활코딩(opentutorials.org)

생활코딩은 일반인에게 컴퓨터 프로그래밍을 가르쳐줄 목적으로 설립된 비영리 교육 프로젝트로서 프로그래밍을 배우는 사람들 사이에선 비교적 잘 알려져 있다. 생활코딩은 이고잉(egoing)이란 가명을 사용하는 우리나라의 전직 프로그래머가 시작했으며, 교육은 이고잉이 만든 오픈 튜토리얼스에서 제공된다.

[그림 3.14]의 생활코딩은 누구나 콘텐츠를 올릴 수 있는 개방형 플랫폼으로서 HTML, 자바, 리눅스까지 아우르는 다양한 프로그래밍 강의를 무료로 볼 수 있다. 2011년부터 오프라인 강의를 병행하고 있는데, 웹서비스를 중심으로 설명하는 '생활코딩', 중장년을 대상으로 IT 활용법을 다루는 '효도코딩' 등으로 구성된다.

그림 3.14 생활코딩

(5) 네이버의 '소프트웨어야 놀자'

네이버는 2013년부터 소프트웨어 교육 관련 사회공헌 사업인 '소프트웨어야 놀자'를 통해 소프트웨어의 기초 지식을 배워나가면서 논리력과 창의력, 문제해결 능력을 길러나갈 수 있는 체험 중심의 '쉽고 재미있는 소프트웨어 프로젝트'를 위한 소프트웨어 강의 프로그램을 제공하고 있다.

또한 EBS와 공동 제작한 소프트웨어 중 [그림 3.15]의 '소프트웨어야 놀자 2'는 소프트웨어와 관련된 20개의 알기 쉬운 영상을 제공하고 있으므로 참고하기 바란다. [그림 3.16]과 같은 'BBC와 함께 배우는 소프트웨어 기초개념' 등 다양한 소프트웨어 콘텐츠를 제공하며 소프트웨어와 관련된 여러 종류의 교재도 무료로 다운로드 받을 수 있다. 또한 교육부와 협력하여 스크래치와 아두이노를 이용한 소프트웨어 방과 후 교실을 운영하고 있다.

그림 3.15 소프트웨어야 놀자 2

그림 3.16 BBC 소프트웨어 기초 개념

[그림 3.17]은 BBC와 함께 배우는 소프트웨어 기초교육에 관한 홈페이지인데, 그곳에서 코딩과 알고리즘 등의 동영상을 시청할 수 있다.

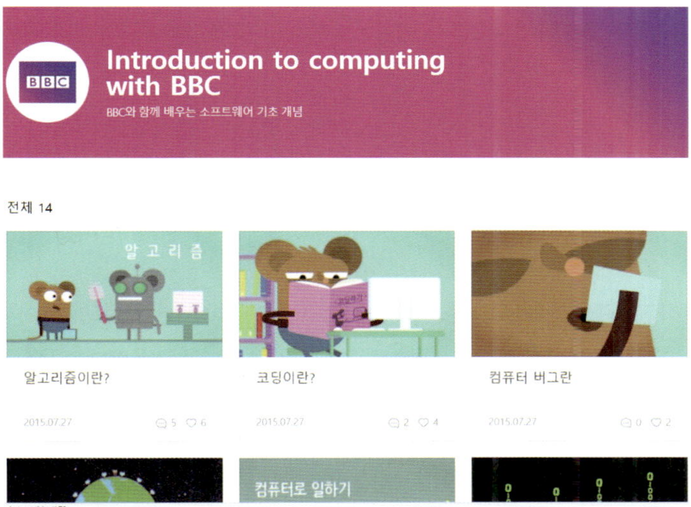

그림 3.17 코딩과 알고리즘 등의 동영상(출처: http://www.playsw.or.kr/repo/bbc?brand=true)

(6) 미래창조과학부, 삼성전자, 주니어 소프트웨어 등

미래창조과학부가 운영하는 '소프트웨어 창의캠프'는 컴퓨터 프로그램의 기초 지식이 없는 학생들에게 엔트리와 파이썬을 이용하여 코딩을 가르치고 있으며, [그림 3.18]과 같이 매년 방학 기간에 전국 초 · 중등학생을 대상으로 소프트웨어 창의캠프를 연다.

삼성전자는 2013년부터 초 · 중 · 고교생이 방과 후 교실이나 자유학기제 수업을 통해 다양한 소프트웨어 교육을 받을 수 있도록 지원하는 '주니어 소프트웨어 아카데미'와 [그림 3.19]의 '주니어 소프트웨어캠프'를 운영하고 있다. 최근에는 '주니어 소프트웨어 창작대회'도 주최하고 있다.

주니어 소프트웨어(koreasw.org)는 초중등학생 대상 온라인 소프트웨어 교육 사이트인데, 스크래치와 아두이노 등의 소프트웨어 교육과정을 무료로 제공하고 있다.

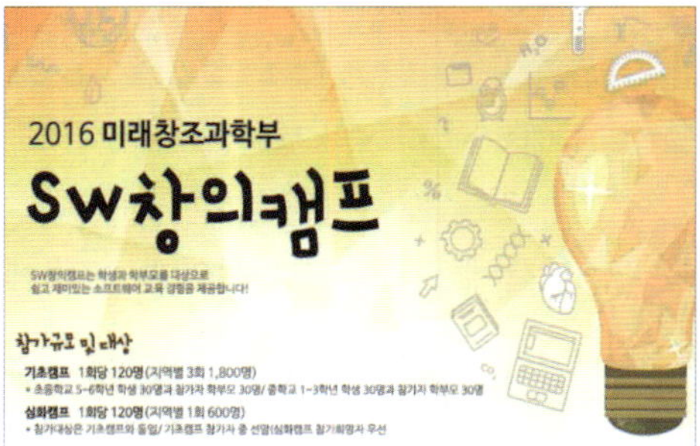

그림 3.18 소프트웨어 창의캠프

그림 3.19 주니어 소프트웨어캠프

3.3 교육용 도구를 통한 코딩의 구현

코딩을 구현하기 위해서는 교육용 도구를 활용하는 것이 매우 효율적이다. 여기서는 교육용 프로그래밍 언어의 개념을 살펴보고, 그 중 중요한 교육용 도구인 스크래치, 엔트리, Blockly, 아두이노, 파이썬 등을 살펴본다.

3.3.1 교육용 프로그래밍 언어

(1) 교육용 프로그래밍 언어와 특징

C나 Java와 같은 일반 프로그래밍 언어는 구문이 복잡하며, 코딩할 때 세미콜론이 빠지는 등 약간의 오류에도 매우 민감하다. 따라서 초보자인 경우에는 많은 시행착오를 겪어야 하는데 이 점은 코딩에 대한 흥미를 잃게 하는 요인이 될 수 있다. 그러므로 스크래치나 파이썬과 같이 비교적 친근하고 쉬운 교육용 프로그래밍 언어로 시작하는 것이 좋다.

교육용 프로그래밍 언어란 일반적으로 쓰이는 프로그래밍 언어라기보다는 프로그래밍 학습용으로 만들어진 프로그래밍 언어이다. 따라서 대부분 문법이 간단하거나 텍스트가 아닌 시각적인 방법을 사용함으로써, 나이가 어리거나 컴퓨터과학 전공자가 아닌 사람도 쉽게 접근하여 배울 수 있도록 설계되었다.

〈표 3.2〉는 일반 프로그래밍 언어와 교육용 프로그래밍 언어의 특징 차이를 나타낸다.

표 3.2 일반 프로그래밍 언어와 교육용 프로그래밍 언어의 특징 차이

구분	일반 프로그래밍 언어	교육용 프로그래밍 언어
종류	C, Java 등	스크래치, 엔트리 등
사용목적	소프트웨어 개발	프로그래밍 교육
문법구조	복잡	간단
적용범위	하드웨어 제어 및 어플리케이션	대부분 어플리케이션
인터페이스	대부분 텍스트 기반	대부분 비주얼 기반

(2) 코딩 교육을 위한 다양한 도구들

교육용 프로그래밍 언어로는 코딩 교육의 시작과 함께 비교적 친근하고 쉬운 언어인 스크래치가 초보자와 비전공자의 학습용으로 많이 사용되고 있다. 최근에는 엔트리가 우리나라에서 개발되어 스크래치와 더불어 비전공자의 프로그래밍 언어로 사용되고 있다. 그 외에도 Blockly, Small Basic, 아두이노, 파이썬 등이 활용되고 있다.

코딩 교육을 위한 다양한 도구들은 [그림 3.20]과 같이 요약될 수 있다.

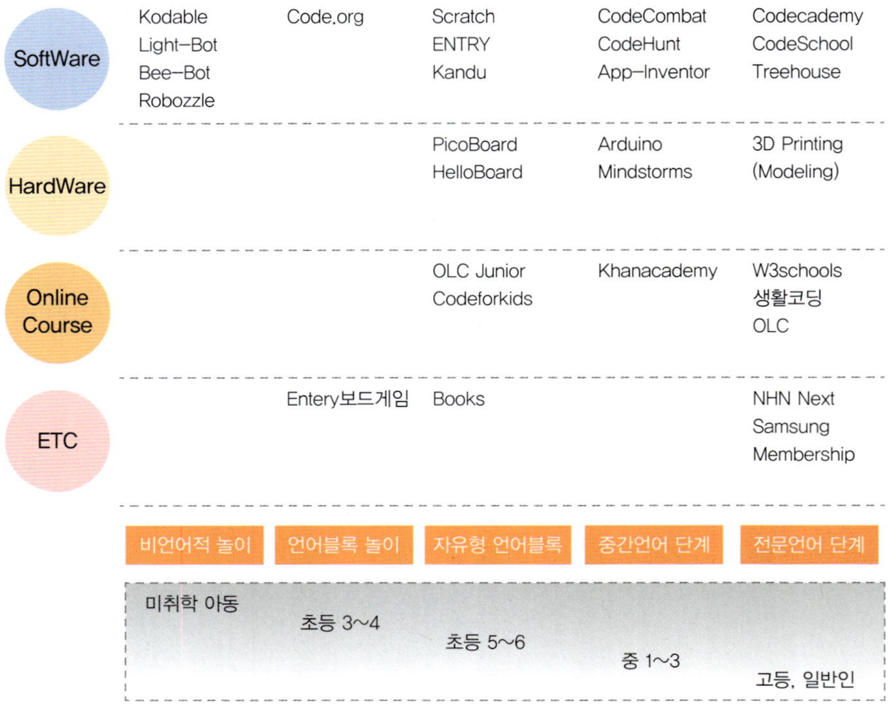

그림 3.20 코딩 교육을 위한 다양한 도구들
(출처: 소프트웨어교육연구소(SEduLAB))

3.3.2 스크래치, 엔트리, Blockly

(1) 스크래치(scratch.mit.edu)

스크래치(scratch)는 2007년 미국 MIT에서 만 8세부터 16세까지의 어린이와 프로그래밍 초보자를 위해 개발한 시각적 교육용 프로그래밍 언어이다. 스크래치는 작은 명령 단위인 블록 조각을 서로 조립하여 프로그래밍 할 수 있는데, 소리, 동작, 대사, 이미지 제어, 형태, 연산, 변수 등 8개 그룹에 있는 1백여 개의 블록들을 마우스로 끌어다 연결해가면서 그림, 애니메이션, 사운드 등 다양한 형식의 프로그램을 만들 수 있다.

스크래치는 현재 우리나라를 비롯한 전 세계 청소년들이 코딩 개념을 배우는데 상당히 선풍적인 인기를 끌고 있다. 무료 소프트웨어인 스크래치의 주요 이용 대상은 유치원에서 고등학교까지의 연령층인데, 대학생이나 일반인 초보자도 간편한 방법으로 레고 블록을 끼워 맞추듯 자신의 생각을 스크래치를 통하여 표현할 수 있다.

스크래치는 상상하고, 프로그램하고, 나누자는 [그림 3.21]의 모토(motto)처럼 코드를 작성하지 않고도 여러 가지 모양과 색깔의 코드 블록들을 끌어다 조합하여 캐릭터가 춤을 추게 하거나 스토리를 만들 수 있다.

그림 3.21 스크래치 모토(motto)

놀이, 자기주도 학습, 디자인 등의 목적으로 만들어진 스크래치는 게임, 애니메이션, 음악, 미술, 프레젠테이션, 대화형 스토리텔링 등을 구현할 수 있다. 이를 통해 청소년들이 컴퓨터 프로그래밍의 개념을 쉽게 배울 수 있으며, [그림 3.22]의 스크래치 작업 화면을 이용하여 원하는 게임과 애니메이션을 간편하게 만들 수 있다.

그림 3.22 스크래치 작업 화면

또한 프로그램을 만드는 과정에서 중요한 수학적 개념이나 컴퓨터 개념을 익히게 되어 창의적 사고와 논리 추론, 협업 능력, 문제해결 능력 등을 기를 수 있다. 스크래치 공식 사이트는 https://scratch.mit.edu/이며, 자세한 사항은 부록 1에 나타나 있다.

최근에는 5~7세 사이 어린이를 위한 스크래치 주니어(scratch Jr.)도 선보인 바 있는데, 스크래치보다 블록이나 문자의 수가 더 적고 대부분 일러스트 아이콘을 기반으로 삼는다. [그림 3.23]은 스크래치에서 쓰이는 다양한 캐릭터들과 주니어 스크래치 화면을 나타낸다.

그림 3.23 스크래치 캐릭터들과 주니어 스크래치 화면

그 외에도 스크래치와 관련된 수많은 응용 프로그램들이 개발되고 있는데, [그림 3.24]는 최근 스크래치 프로젝트 스튜디오에서 색깔을 이용하여 만든 '1 line challenge'의 예이다.

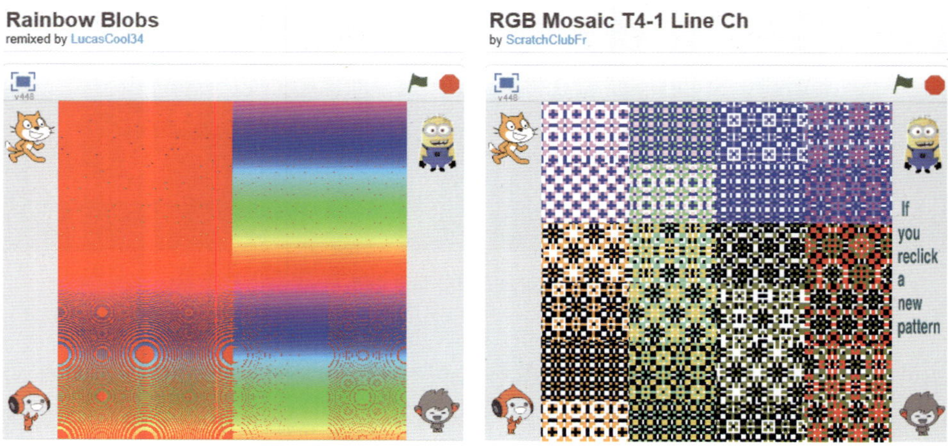

그림 3.24 1 line challenge

스크래치를 사용하는 기본적인 방법과 다양한 예를 통한 실습은 부록 1에 자세히 나타나 있다.

(2) 엔트리(www.play-entry.com)

엔트리는 2013년 우리나라의 엔트리교육연구소에서 개발되었는데, 누구나 무료로 소프트웨어 교육을 받을 수 있도록 개발된 비영리 교육 플랫폼이다. 엔트리는 일반 초보자를 위한 비교적 쉬운 코딩 교육용 프로그래밍 언어로서, 사용 방법은 스크래치 언어와 매우 유사하다.

엔트리는 [그림 3.25]의 사이트를 방문하여 학습할 수 있는데, 온라인으로 마치 블록 게임을 하듯이 마우스 드래그 방식으로 쉽게 프로그래밍 논리를 배울 수 있다는 특징을 가지고 있다.

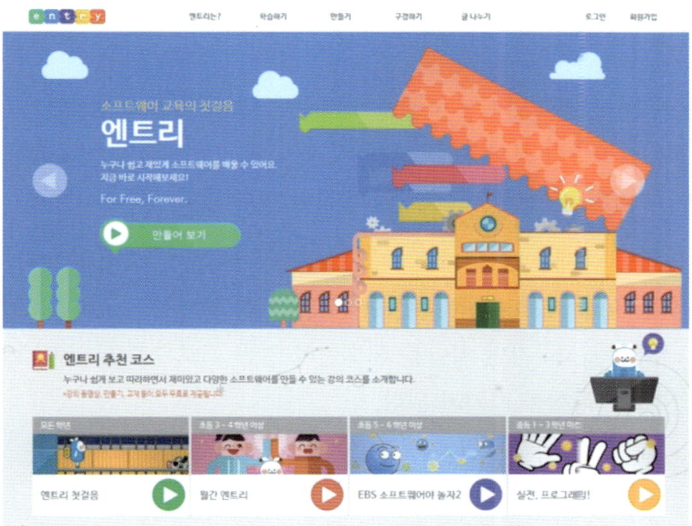

그림 3.25 엔트리 홈페이지

또한 엔트리는 동영상 강의를 무료로 제공하며 교재와 교사용 지도서 등 교육 자료도 배포하고 있어 정부가 지정한 소프트웨어 교육 선도학교 다수가 엔트리를 교육 도구로 채택해 활용하고 있다. [그림 3.26]은 엔트리를 이용하여 아이들과 곰이 개울을 건너는 장면을 꾸며본 간단한 예이다.

그림 3.26 엔트리로 꾸며본 간단한 예

(3) 블록클리(developers.google.com/blockly)

블록클리(Blockly)는 2012년 6월 구글에서 개발한 웹 기반 블록 형태의 비주얼 프로그래밍 언어이다. 블록클리 프로그램의 사용자 인터페이스는 툴박스(toolbox)로 이루어져 있는데, 여러 가지 면에서 스크래치와 유사한 점이 많다.

블록클리는 다양한 예제를 통해 퍼즐, 미로, 거북이 길 찾기, 그래프 그리기 등을 통해 스크래치에서의 'Hour of Code'와 같은 형태로 문제를 풀어볼 수 있다. 또한 javascript를 기반으로 직접 텍스트 기반 실습을 해보면서 일반 프로그래밍 언어에 쉽게 적응할 수 있도록 도와주는 특성을 가지고 있다.

[그림 3.27]은 블록클리의 샘플 프로그램을 나타낸다.

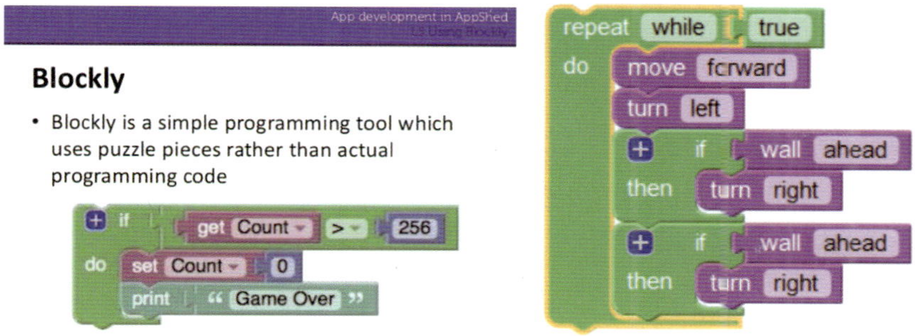

그림 3.27 블록클리의 샘플 프로그램

3.3.3 Small Basic, 아두이노, 파이썬

(1) Small Basic(http://smallbasic.com)

Small Basic은 2008년 마이크로소프트에서 개발되었는데, 기존의 Basic 언어를 보다 쉽게 배울 수 있도록 교육용으로 개량한 언어이다. Small Basic은 스크래치나 Blockly와는 달리 텍스트 기반 프로그래밍 언어이기 때문에 초보자도 쉽게 접근할 수 있다.

Small Basic은 Small Basic으로 작성한 기존 코드를 Visual Basic으로 바꿔주는 기능을 제공함으로써 자연스럽게 일반 프로그래밍 언어를 배울 수 있도록 도와준다. [그림 3.28]은 Small Basic의 한 화면을 나타낸다.

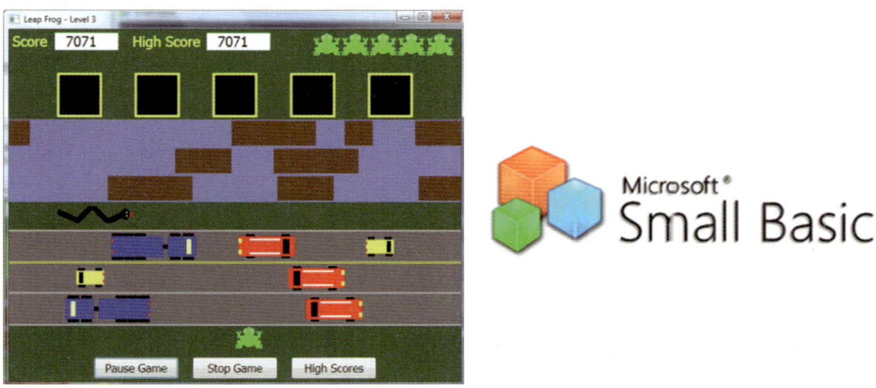

그림 3.28 Small Basic의 한 화면

(2) 아두이노(www.arduino.cc)

최근에는 소프트웨어 코딩 도구뿐만 아니라 마이크로 보드와 같은 하드웨어를 조절하는 코딩 도구에 대한 관심도 커지고 있는데 아두이노가 대표적인 예이다. 즉 쉽게 말해 아두이노는 여러 장치를 결합하여 다양한 제작물을 만들어 낼 수 있는 단일 보드 및 개방형 프로그램이다.

아두이노는 다양한 용도로 조립해 쓸 수 있는 모듈형 기판으로 이루어져 있는데, 마이크로 프로세스를 탑재한 보드와 개발 툴을 제공하는 오픈 프로젝트이다. 사용자는 소프트웨어를 통해 로봇이나 자동차를 원하는 방향으로 움직일 수 있다. [그림 3.29]는 LED가 5초 동안 켜지는 간단한 샘플을 실행한 모습이며, [그림 3.30]은 아두이노를 이용하여 조립하는 움직이는 자동차 로봇을 나타낸다.

그림 3.29 LED가 5초 동안 켜지는 간단한 샘플의 실행 장면

그림 3.30 아두이노를 이용하여 조립하는 움직이는 자동차 로봇

(3) 파이썬(www.python.org)

파이썬(Python)은 1991년 귀도 반 로섬(Guido van Rossum)이란 프로그래머가 발표한 고급 프로그래밍 언어인데, 비영리의 파이썬 소프트웨어 재단이 관리하는 개방적이고 공동체 기반의 모델을 가지고 있다. 파이썬이라는 이름은 그가 좋아하는 코미디 〈Monty Python's Flying Circus〉에서 따온 것이다. [그림 3.31]은 주어진 값의 절대값을 구하여 프린트하는 파이썬 프로그램의 예와 또 다른 파이썬 스크립트를 나타낸다.

Python

```
# absolute value

n = int(argv[1])
if n < 0:
    abs = -n
else:
    abs = n
print(abs)
```

Python script

```
def azureml_main(dataframe1 = None, data
# Code to populate the result
    result = pandas.DataFrame(...)
    return result,

```

그림 3.31 파이썬 프로그램의 예

프로그래밍 언어는 통상 C와 같은 절차적 언어, Java와 같은 객체지향 언어, 그리고 Lisp과 같은 함수적 언어로 분류되는데, 파이썬은 이 세 가지 특징들을 모두 가지고 있다. 따라서 파이썬이 인기 있는 프로그래밍 언어로 인정받으면서 최근에는 사용자가 꾸준히 늘고 있는 추세이다.

[그림 3.32]는 파이썬 개발자 귀도 반 로섬과 파이썬 다운로드 화면을 나타낸다.

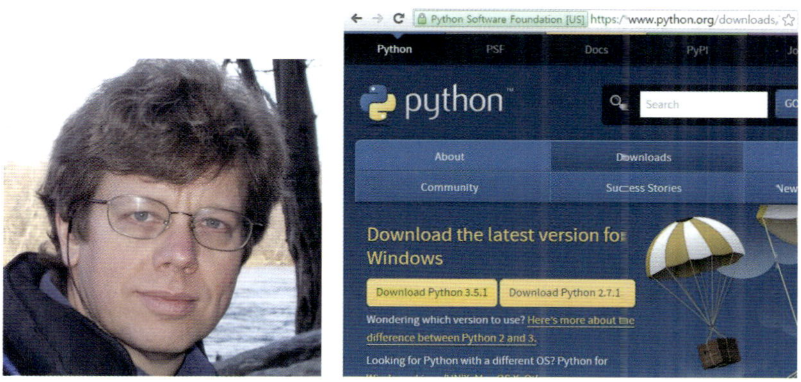

그림 3.32 파이썬 개발자 귀도 반 로섬과 다운로드 화면

파이썬의 주요 특징은 다음과 같다.

- 인터프리터 언어로서 실행결과를 즉석에서 확인할 수 있다.
- 일반 프로그래밍 언어들보다 문법이 비교적 간단하다.
- 함수의 정의는 함수형 언어의 형태를 취하고 있다.
- 문장의 끝을 표시하는 세미콜론(;) 기호가 없다.
- 들여쓰기를 사용하여 블록을 구분하는 독특한 문법을 채용하고 있다.
- 플랫폼 독립적이며 동적 타이핑 대화형 언어이다.
- C언어와는 달리 초보자들이 어려워하는 포인터 개념이 쓰이지 않는다.
- C언어로 구현된 C 파이썬이 사실상의 표준이다.

파이썬을 사용하는 기본적인 방법과 다양한 예를 통한 실습은 부록 2에 자세히 나타나 있다.

참고문헌

- CSTA. 「K-12 Computer Science Standards」, 2011.
- 김정훈, 「소프트웨어 교육이 궁금해!」, KISTI의 과학향기 칼럼, 2016. 1
- 김학성, "스크래치 알고리즘", 디지털북스, 2016.
- 마츠바야시 코지, 황석영 역, "똑똑한 엄마는 국영수보다 코딩을 가르친다", 다산지식하우스, 2016.
- 문외식, "Scratch Programming", 정익사, 2012.
- 박은정, "엄마는 궁금하다, SW 코딩이 뭔지", 북랩, 2015.
- 박효민, 「글로벌 소프트웨어 교육 현황 및 교육 도구 동향」, INTERNET & SECURITY FOCUS, September 2014.
- 우먼센스, 「스티브잡스처럼, 코딩교육-3」, 한국의 코딩 교육, 2016.
- 이승찬, "모두의 파이썬", 길벗, 2016.
- 이재우, "두근두근 언플러그드 컴퓨팅", 생능출판, 2016.
- 츠지 신고, 진영조 역, "파이썬 더 쉽게 더 깊게", 제이펍, 2014.
- 한선관, 류미영, "컴퓨팅 사고력을 위한 소프트웨어 교육", 생능출판, 2016.
- http://it.chosun.com/news/article.html?no=2820617
- http://www.slideshare.net/kimbongzo/20160422-61888583?smtNoRedir=1
- https://www.youtube.com/watch?v=i7Aks0L80lM
- http://www.hankyung.com/news/app/newsview.php?aid=2014091101661
- https://www.youtube.com/watch?v=SESuctdE9vM IT
- http://www.youtube.com/watch?v=6XvmhE1J9PY#t=19)
- https://www.youtube.com/watch?v=bQilo5ecSX4
- http://terms.naver.com/entry.nhn?docId=3409180&cid=58413&categoryId=58413
- http://www.playsw.or.kr/main
- http://www.playsw.or.kr/repo/bbc?brand=true)
- http://www.playsw.or.kr/repo/material
- http://www.software.kr/um/um12.do
- http://www.cocoadev.co.kr/273
- http://blog.naver.com/naver_diary/150184803875

Chapter

04

코딩의 표현 방법과 디지털 혁명

4.1 코딩의 표현 방법

4.2 디지털 혁명, 4차 산업혁명, 컴퓨터

4.3 네트워크 소프트웨어와 지능형 소프트웨어 기술

Chapter

04 코딩의 표현 방법과 디지털 혁명

4장에서는 코딩의 표현 방법과 디지털 혁명을 중심으로 다양한 주제들을 다룬다. 의사코드와 순서도를 포함한 코딩의 표현 방법을 살펴보고, 디지털 혁명과 컴퓨터 및 제4의 산업혁명, 그리고 네트워크와 지능형 관련 소프트웨어 등을 살펴본다.

4.1 코딩의 표현 방법

코딩을 표현하는 주요 방법으로는 프로그래밍 언어와 유사한 형태로 써 놓은 의사코드, 다이어그램으로 나타내는 순서도, 그리고 코딩이 있다. 여기서는 의사코드, 순서도와 순서도 작성 규칙, 그리고 순서도의 표현과 몇 가지 예를 살펴본다.

4.1.1 코딩과 의사코드

(1) 프로그래밍과 코딩

컴퓨터를 이용하여 주어진 문제를 해결하려고 할 때 가장 먼저 해야 할 일은 그 문제를 해결할 수 있는 체계적인 방법론인 알고리즘을 개발하는 일이다. 그 후 개발된 알고리즘을 의사코드나 순서도를 이용하여 정확하게 표현하고, 이를 바탕으로 컴퓨터 프로그램을 작성하여 최종적인 결과를 도출하게 된다.

컴퓨터 프로그램(computer program)이란 줄여서 그냥 프로그램이라고도 하는데, 컴퓨터가 이해할 수 있는 프로그래밍 언어로 표현되며 정해진 규칙에 따라 작성되어야 한다. 이 때 작성된 프로그램을 원시코드(source code)라고 한다.

프로그래밍(programming)이란 컴퓨터로 어떤 일을 처리하기 위해 프로그래밍 언어로 프로그램을 작성하는 것이다. 이 때 프로그램을 작성하는 사람을 프로그래머

(programmer)라 하며, 어떤 프로그래밍 언어로 작성하는 과정을 프로그래밍 또는 코딩(coding)이라 한다.

(2) 의사코드

의사(疑似)코드(pseudo code)는 알고리즘을 프로그래밍 언어와 유사한 형태로 풀어 써 놓은 것으로서, 정형화된 문법적 측면을 배제하고 사고의 흐름을 간결하고 효과적으로 전달하는 표현이다. 즉 의사코드는 프로그래머가 기억하기 쉬운 연상(mnemonic) 언어로 작성한 컴퓨터 명령어인데, 특정한 프로그래밍 언어와 관계없이 국어나 영어와 같이 읽을 수 있도록 프로그램 논리를 명시하기 위해 작성된다.

또한 의사코드는 말 그대로 흉내만 내는 코드이기 때문에 보는 사람이 쉽게 이해할 수 있도록 하는 것이 주요 목표인데, 실제 프로그래밍 언어로 작성된 코드처럼 컴퓨터에서 그대로 실행될 수는 없다.

의사코드를 나타내는 추가적인 표현은 다음과 같다.

- 의사코드는 알고리즘을 개략적으로 표현하는 데에 쓰인다.
- 의사코드로 적는 것은 알고리즘의 각 단계를 차례로 적는 것이다.
- 의사코드는 프로그래밍 언어처럼 구체적인 구문을 사용하지 않는다.
- 의사코드는 일반적으로 C언어나 자연어와 유사하게 기술할 수 있다.

의사코드 표현의 간단한 예를 들면 다음과 같다.

```
sum <- 0                 // sum이라는 변수에다 0의 값을 넣는다.
i <- 0                   // i라는 변수에다 0의 값을 넣는다.
sum<- sum + i            // sum의 값에다 i값을 더하여 sum에다 넣는다.
if (i = 5) print sum     // 만약 i의 값이 5이면 sum의 값을 프린트한다.
```

또 하나의 예로는 삼각형의 면적을 구하기 위한 다음의 공식에서 가령 밑변(base)이 10이고 높이(height)가 20일 때 면적(area)을 구하는 경우를 의사코드로 나타내면 다음의 4단계로 나타낼 수 있다.

면적 = 밑변 × 높이 / 2

① `base <- 10`

② `height <- 20`

③ `area <- base × height`

④ `area <- area / 2`

4.1.2 순서도와 순서도 작성 규칙

(1) 순서도

순서도(flow chart)란 처리하고자 하는 문제를 분석한 후 처리 순서를 단계화하고, 상호간의 관계를 표준 기호를 사용하여 입력, 처리, 결정, 출력 등의 박스와 연결선으로 일목요연하게 나타낸 도표(diagram)를 말한다.

따라서 순서도는 프로그래밍 과정에서 프로그램의 설계도와 같은 역할을 담당한다. 이후 순서도를 바탕으로 보다 명확하고 논리적인 프로그램을 작성할 수 있다. 특히 짧은 프로그램인 경우에는 처리 과정을 자세하게 나타낼 수 있으므로 프로그램 작성 시 거의 필수적으로 거치는 단계로 여겨지고 있다.

순서도는 처리 순서를 논리적으로 표현하는 도표로서 일의 흐름을 나타내기 때문에 '흐름도'라고도 불리고 있다. [그림 4.1]과 같은 형태의 순서도는 주로 컴퓨터 프로그램을 위해 많이 쓰이지만, 반드시 컴퓨터의 이용을 전제로 하는 것은 아니다.

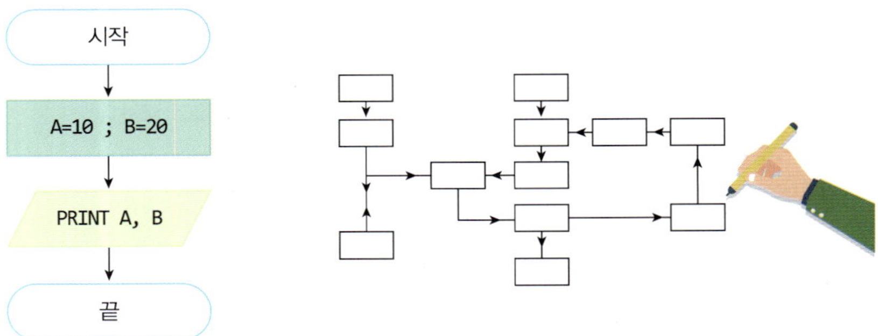

그림 4.1 순서도의 예

순서도에는 개략 순서도와 상세 순서도의 2가지가 있다. 개략 순서도는 전체를 작업 단위로 개괄적으로 작성하는 순서도인데 비해, 상세 순서도는 실제로 실행에 옮길 수 있도록 줄 단위로 매우 상세하게 작성한 순서도를 말한다. 프로그램을 작성할 경우에는 통상 상세 순서도인 프로그램 순서도를 작성하게 되며 그 후 상세 순서도를 프로그래밍 언어로 변환하면 컴퓨터 프로그램이 만들어진다.

순서도 및 의사코드와 관련된 동영상은 [그림 4.2]에서의 URL을 연결하면 시청할 수 있다.

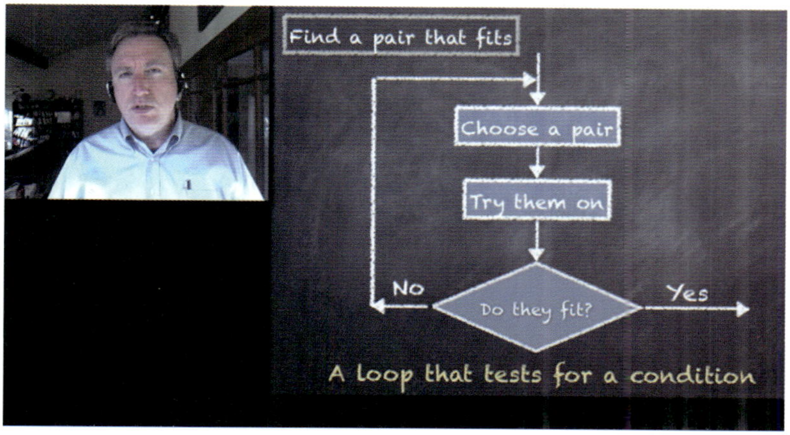

그림 4.2 의사코드와 순서도 동영상
(출처: https://www.youtube.com/watch?v=h736bEHkT_Y)

(2) 순서도의 기호와 의미

순서도는 〈표 4.1〉과 같이 심벌의 형태, 이름, 의미를 이용하여 나타낼 수 있으며 국제 표준으로 정해져 있다.

표 4.1 순서도의 심벌 형태, 이름, 의미

심벌 형태	이름	의미
	시작/끝 (start/stop)	순서도의 시작과 끝을 나타낸다.
	처리 (process)	지정된 동작, 연산, 값이나 데이터의 이동 등 모든 처리과정을 나타낸다.
	판단 (decision)	주어진 조건을 비교한 후 해당되는 조건에 따라 왼쪽 또는 오른쪽으로 흐름이 나누어지게 된다.
	입력/출력 (input/output)	일반적인 입력과 출력을 나타낸다.
	연결자 (connector)	흐름이 다른 곳으로 연결되거나 다른 곳으로부터 연결되는 입구를 나타낸다.
	프린트 (printing)	프린터를 통하여 출력한다.
	흐름선 (flow line)	명령어의 흐름을 나타내며, 화살표 방향의 순서대로 진행됨을 나타낸다,

(3) 순서도가 필요한 이유

순서도가 필요한 이유는 다음과 같다.

- 작업의 흐름을 도표로서 표시하므로 이해하기가 쉽다.
- 간단한 도형 형태의 기호를 사용하여 간결한 도식화가 가능하다.
- 특정 프로그래밍 언어에 관계없이 알고리즘의 표현이 가능하다.
- 프로그램 코딩의 기본 자료로서 활용이 가능하다.
- 알고리즘의 이해와 추적이 쉽다.
- 문제 처리의 과정을 논리적으로 파악할 수 있어 에러의 검색이 쉽다.

한편 순서도는 5장에 나오는 컴퓨팅 사고의 증진에 있어서 다음과 같은 문제점을 내포하기도 한다. 즉 순서도로는 패턴인식이 구조적으로 어려우며, 또한 순서도와 같은 표현 방법으로부터 추상화를 이끌어내기가 근본적으로 어렵다는 주장도 있다.

(4) 순서도 작성의 일반적인 규칙

순서도는 다음과 같은 일반적인 규칙을 따라 작성하는 것이 좋다.

- 전체의 흐름을 명확하게 알아볼 수 있도록 작성한다.
- 표준 기호를 사용하여 간단하고 명료하게 표현한다.
- 기호 내부에 처리할 내용을 간략하게 기입한다.
- 순서도의 방향은 원칙적으로 위에서 아래로, 왼쪽에서 오른쪽으로 한다.
- 과정이 길거나 복잡하면 나누어서 작성하고 연결자로 연결한다.

가령 거실에 있는 스탠드의 불이 켜지지 않는 경우에 대처하는 개략적인 순서도는 [그림 4.3]과 같다. 여기서 콘센트가 OFF인 경우에는 ON으로 바꾸면 불이 켜지는 단순한 모델로 가정한다.

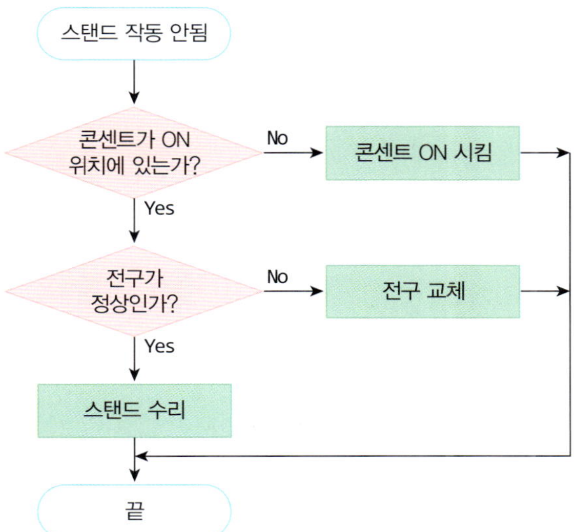

그림 4.3 순서도 작성의 예

4.1.3 순서도의 표현

(1) 순서도의 3가지 표현 방법

순서도의 기본 유형은 순차형, 선택형, 반복형의 3가지로 나누어지는데, 이런 형태의 표현이 결합되어 전체적인 순서도가 만들어진다.

(1) 순차형(sequence): 동작을 순서에 따라 차례로 실행한다.
(2) 선택형(selection): 조건에 맞는 동작 하나를 선택하여 실행한다.
(3) 반복형(iteration): 정해진 조건에 도달할 때까지 반복적인 동작을 수행하는데, 루프(loop)라고도 한다.

이들 순서도의 3가지 기본 유형은 [그림 4.4]와 같다.

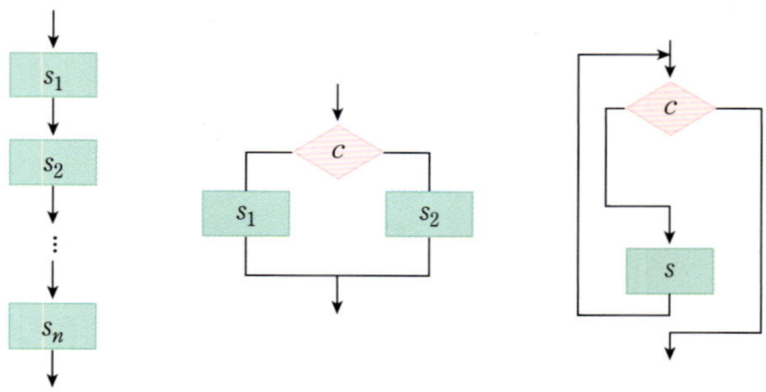

그림 4.4 순서도의 3가지 기본 유형

(2) 순서도 표현의 몇 가지 예

다음의 몇 가지 예를 통하여 비교적 간단한 순서도 작성을 살펴본다.

예제 4.1 수지는 아침 9시에 시작하는 첫 강의를 수강하기 위해 학교로 가려고 집을 나섰다. 이 때 시계를 보고 만약 아침 8시 이전이면 버스를 타고, 8시가 넘었으면 지하철을 이용한다는 것을 순서도로 그려보자.

풀이 출발한 후 일단 시간을 체크하고 선택 박스에서 8시 전후인지를 선택한 후 그 결과에 따라 버스나 지하철을 타고 학교로 간다. 따라서 순서도는 [그림 4.5]와 같다.

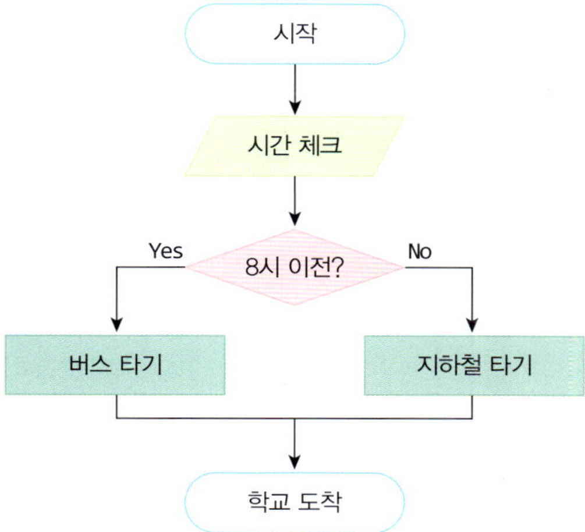

그림 4.5 학교 가는 순서도

예제 4.2 두 수 A = 10, B = 15가 주어졌을 때 그들의 합을 출력하는 순서도를 그리고, 또 의사코드로 나타내보자.

풀이 A와 B의 값을 합하여 sum에 넣은 후 sum의 값을 프린트하는 것을 순서도로 나타내면 [그림 4.6]과 같다.

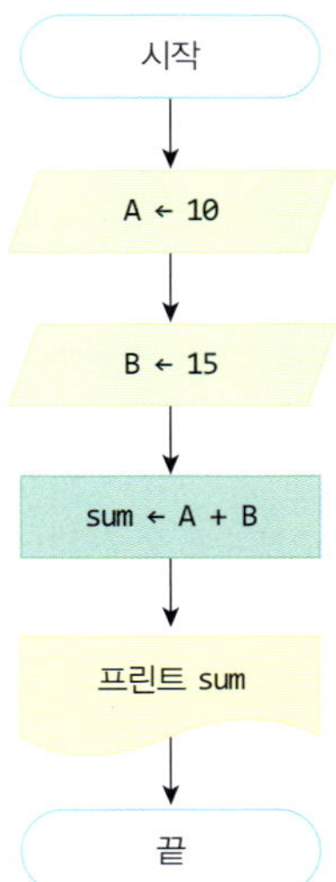

그림 4.6 두 수의 합을 출력하는 순서도

또한 이것을 의사코드로 나타내면 다음과 같다.

```
A  <- 10
B  <- 15
sum <-  A + B
print sum
```

예제 4.3 서로 다른 두 수 A, B가 주어졌을 때 그들 중 큰 수를 출력하는 순서도를 그리시오.

풀이 A, B를 입력한 후 선택 박스에서 A와 B를 비교하여 그 중 큰 값을 프린트하는데, 순서도는 [그림 4.7]과 같다.

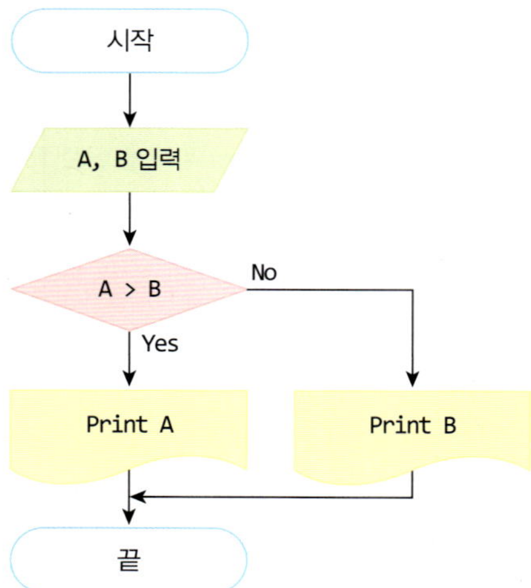

그림 4.7 큰 수를 출력하는 순서도

4.2 디지털 혁명, 4차 산업혁명, 컴퓨터

디지털 혁명을 바탕으로 이루어진 「제3의 물결」 시대가 무르익고 있으며, 4차 산업혁명이 시작되고 있다. 여기서는 디지털 혁명과 디지털 정보, 제3의 물결과 4차 산업혁명, 그리고 컴퓨터의 기본적인 사항들에 대해 살펴본다.

4.2.1 디지털 혁명과 디지털 정보

(1) 디지털 혁명

20세기 중반에 시작된 '디지털 혁명(Digital revolution)'의 물결은 우리의 일상생활에 큰 영향을 미치고 있으며, 현대 사회의 다양한 변화를 주도하고 있다. 디지털은 우리 생활에 많은 변화를 가져왔다. 디지털 세상은 우리가 일하고, 공부하며, 노는, 그리고 친구들과 소통하는 방식까지도 변화시키고 있다.

디지털 정보를 사용하는 디지털 혁명은 디지털 기술의 축적을 통해 사회적 경제적 면에서 획기적인 변화를 유발시켰으며, IT 산업의 팽창, IT 기술의 여러 산업에의 적용, 전자상거래의 확산, 정보 공유의 확대 등 사회 전체에 걸친 패러다임(paradigm)을 근본적으로 변화시켰다.

디지털 혁명은 [그림 4.8]과 같이 정보체계의 변화와 가상공간의 출현에서 비롯되었으며, 정보의 처리, 전송, 가공, 활용 등이 아날로그에서 디지털로 바뀌게 하였다. 또한 인간의 활동이 인터넷을 통한 가상공간으로 확대되어 시간과 공간의 제약이 극복되고, 서로가 주고받을 수 있는 쌍방향 대화 방식의 소통으로 변화하였다.

그림 4.8 디지털 혁명

0과 1의 조합으로 나타내는 디지털 정보는 획기적인 발전과 시대적 흐름을 가져왔다. 디지털 혁명의 실체는 아날로그에서 디지털로, 오프라인(off-line)에서 온라인(on-line)으로의 변화를 말한다.

(2) 디지털 정보의 특성

디지털 신호를 구성하는 비트(bit)는 binary digit의 약자로서, 정보 표현의 가장 기본적인 단위로서, 0 또는 1로 이루어지는 데이터의 최소 단위이다. 디지털과 아날로그의 특징을 차별적으로 잘 보여주는 예가 시계이다. [그림 4.9]와 같은 아날로그시계는 긴 바늘과 짧은 바늘이 문자판 위를 천천히 연속적으로 움직인다. 한편 [그림 4.10]과 같은 디지털시계는 12시 28분을 가리키던 문자가 1분 후 갑자기 12시 29분으로 바뀌는 특성을 가지고 있다.

그림 4.9 아날로그시계

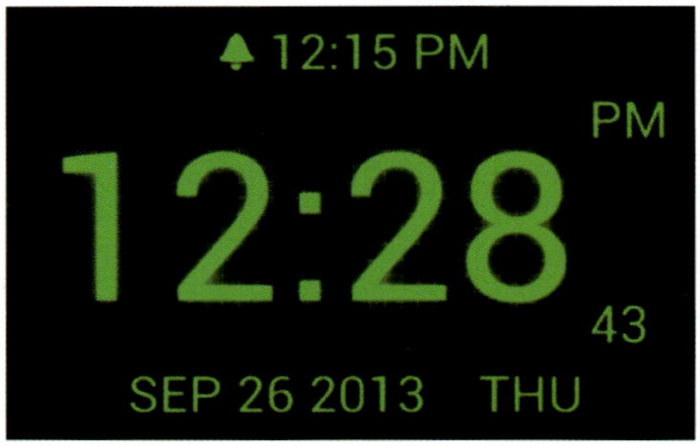

그림 4.10 디지털시계

(3) 아날로그 신호와 디지털 신호간의 변환

모든 아날로그 정보는 디지털 정보로 변환시킬 수 있으며, 그 반대도 가능하다. 컴퓨터에서 사용되는 디지털 신호를 아날로그 신호로 바꾸거나 아날로그 신호를 디지털 신호로 상호 변환해주는 장치를 모뎀(modem)이라 한다.

특히 컴퓨터들 간의 통신에 이용되는 전화망은 아날로그 회선이므로 디지털 신호를 아날로그 신호로 변환하여 전송해야 하며, 그 후 전송받은 아날로그 정보를 다시 디지털로 변환해야 한다. [그림 4.11]은 모뎀의 작동 원리를 나타낸다.

그림 4.11 모뎀의 작동 원리

4.2.2 제3의 물결과 4차 산업혁명

(1) 제3의 물결

미국의 미래문명학자 앨빈 토플러(Alvin Toffler, 1928~2016)는 21세기를 예언한 가장 대표적인 인물이다. 그는 [그림 4.12]의 「제3의 물결(The Third Wave)」이란 저서에서 '사회 발전의 성공과 실패를 좌우하는 요인은 과거처럼 교통수단이 아니라 컴퓨터와 통신 기술을 결합한 정보화 기술'이라고 예견하였는데 그의 예언은 지금 현실화되었다.

그림 4.12 「제3의 물결」과 앨빈 토플러

토플러가 주장한 인류의 3대 혁명은 다음과 같다.

① 제1의 물결: 약 1만 년 전에 시작된 농업 혁명
② 제2의 물결: 18세기경 영국에서 시작된 산업 혁명
③ 제3의 물결: 20세기말의 컴퓨터를 중심으로 한 정보화 혁명

〈표 4.2〉는 이에 따른 인류의 3대 혁명의 주요 특성을 나타낸다.

표 4.2 3대 혁명의 주요 특성

혁명 / 변화	농업 혁명	산업 혁명	정보화 혁명
변화의 원인	원시 도구	기계 엔진	디지털 기술
변화의 속도	정체적	점진적	급속적
변화의 주도	물리력(인력)	경제력(기업)	지식과 정보(지식 근로자)

(2) 4차 산업혁명

18세기 영국에서 일어난 산업혁명은 발전을 거듭하여 〈표 4.3〉과 같이 4개의 산업혁명으로 분류된다. 현재는 컴퓨터를 통한 3차 산업혁명을 거치면서 4차 산업혁명으로 가는 길목에 서있다고 볼 수 있다.

표 4.3 산업혁명의 분류

분류	핵심 사항
1차 산업혁명	증기기관을 이용한 '기계적 혁명'
2차 산업혁명	전기의 힘을 이용한 '대량생산의 시작'
3차 산업혁명	컴퓨터를 통한 생산과 유통시스템의 '자동화'
4차 산업혁명	소프트웨어를 통한 기계와 제품의 '지능화'

[그림 4.13]부터 [그림 4.16]까지는 1~4차 산업혁명을 각각 나타낸다.

그림 4.13 증기기관의 1차 산업혁명

그림 4.14 전기를 바경으로 한 2차 산업혁명

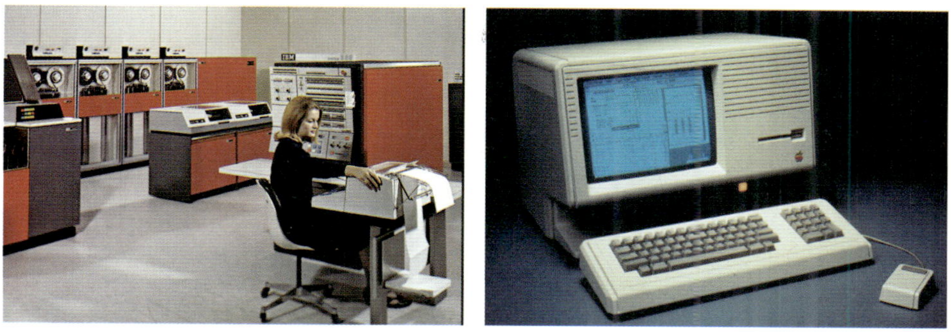

그림 4.15 컴퓨터의 발명을 계기로 한 3차 산업혁명

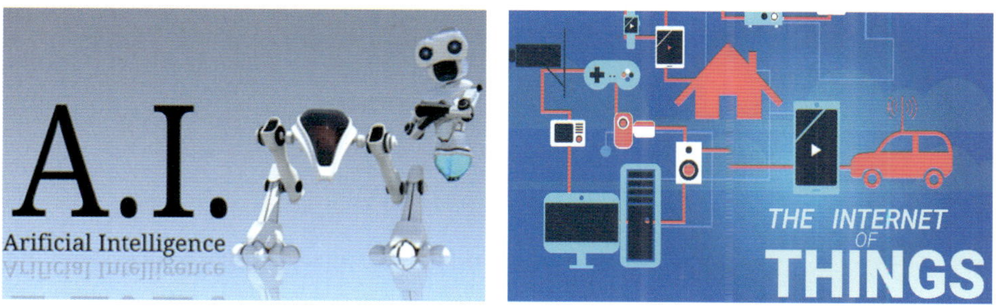

그림 4.16 인공지능과 사물인터넷 등의 4차 산업혁명

4차 산업혁명의 주요 특징은 다음과 같으며, [그림 4.17]은 4차 산업혁명 기술 분야를 나타낸다.

- 소프트웨어와 제조업의 지능적인 결합
- 고객맞춤형 제품과 서비스
- 관련 기술 또는 개념: 컴퓨팅 사고, 인공지능, 소프트웨어 파워, 코딩 교육, 알고리즘, 머신러닝, 사물인터넷, 빅데이터, 자율주행 자동차, 3D 프린팅, 유비쿼터스 컴퓨팅, 로보틱스 등

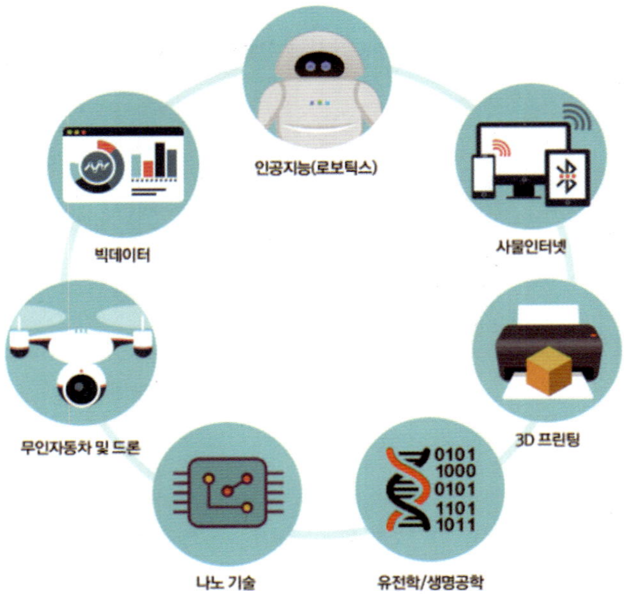

그림 4.17 4차 산업혁명 기술 분야(출처: 작업의 미래(The Future of Jobs) 보고서)

4차 산업혁명은 [그림 4.18]과 같이 소프트웨어를 활용한 소프트파워를 바탕으로 기계와 제품의 지능화를 통하여 보다 가치 있고 지능적인 제품을 만들어낼 수 있다. 그 결과는 현재 일부 구현되고 있거나 머지않아 개발될 예정이다.

그림 4.18 4차 산업혁명과 소프트파워

우리는 컴퓨터가 가진 능력을 인간의 사고에 적용하여 주어진 복잡한 문제들을 단순화하여 논리적으로 처리할 수 있는 효율적인 방법론을 찾아냈는데, 그것이 바로 컴퓨팅 사고이다. 컴퓨팅 사고는 문제를 해결할 수 있는 사고력을 향상시킬 수 있으며, 장차 4차 산업혁명의 핵심 요소의 역할을 할 것이다.

4.2.3 컴퓨터의 특징과 이동식 컴퓨터

(1) 컴퓨터란 무엇인가?

컴퓨터(computer)란 지금까지 사람이 해왔던 기억과 계산 등의 일을 빠르고 정확하게 처리해 주는 기계이며, 사람의 지시에 따라 여러 가지 일을 자동적으로 처리해주는 전자 장치이다. 따라서 필요한 사항들을 입력해 주면 컴퓨터 내에서 여러 장치들이 작동되어 원하는 결과를 출력하게 된다.

오늘날의 컴퓨터는 수치 계산뿐만 아니라 기억하고, 분류하고, 비교하는 것과 같은 여러 가지 일들을 한꺼번에 처리할 수 있다. [그림 4.19]는 초기의 컴퓨터를 나타낸다.

그림 4.19 초기의 컴퓨터

(2) 컴퓨터의 특징과 주요 기능

컴퓨터는 다음과 같은 특징들을 가지고 있다.

① 신속성: 주어진 데이터를 빠르고 신속하게 처리한다.
② 정확성: 오차를 최소화하고 정확하게 계산하고 판단한다.
③ 자동성: 전체 처리 과정을 자동적으로 수행한다.
④ 대량성: 대량의 데이터의 처리와 대규모 데이터의 저장이 가능하다.

컴퓨터의 주요 기능을 요약하면 다음과 같다.

① 입력 기능: 프로그램을 읽어 들여 기억 장치로 전달해 주는 기능
② 기억 기능: 데이터와 처리된 결과 등을 기억 장치에 기억시키는 기능
③ 연산 기능: 산술 연산과 논리 연산을 하여 결과를 만들어 내는 기능
④ 제어 기능: 다양한 장치들을 제어하고 지시하는 기능
⑤ 출력 기능: 결과를 문자, 도형, 음성 등의 형태로 보여주는 기능

(3) 이동식 컴퓨터

스마트폰(Smart phone)은 모바일 컴퓨터의 일종으로, 휴대전화에다 인터넷과 정보검색 등 컴퓨터 지원 기능을 추가한 지능적인 단말기를 말한다. 스마트폰은 자체 운영체제(OS)를 가지고 있고, 들고 다니면서 인터넷을 검색하거나 메일을 송수신하며, 동영

상과 사진을 촬영하고 편집할 수도 있다. 또한 자신이 원하는 앱을 골라 설치한 후 사용할 수 있는 특징이 있다. [그림 4.20]은 다양한 형태의 스마트폰을 나타내며, [그림 4.21]은 스마트폰의 내부를 나타낸다.

그림 4.20 다양한 형태의 스마트폰

그림 4.21 스마트폰의 내부

태블릿 PC는 터치스크린을 주된 입력 장치로 사용하는 소형의 휴대형 컴퓨터이면서 약간 큰 스마트폰인데, 키보드나 마우스 대신 손가락이나 터치펜으로 간편하게 작동시킬 수 있는 특징을 가지고 있다. 다양한 형태의 태블릿 PC는 [그림 4.22]에 나타나 있다.

그림 4.22 다양한 형태의 태블릿 PC

4.3 네트워크 소프트웨어와 지능형 소프트웨어

네트워크 소프트웨어를 통한 정보의 혁명은 우리 생활에 매우 큰 영향을 미치고 있으며, 현재는 미래 지능형 소프트웨어가 개발되고 있다. 여기서는 인터넷의 활용과 이용 현황, 네트워크 소프트웨어 기술, 그리고 미래 지능형 소프트웨어 등을 살펴본다.

4.3.1 인터넷의 활용과 이용 현황

(1) 인터넷

인터넷(Internet)이란 전 세계에 걸쳐 수많은 컴퓨터들이 연결되어 있는 네트워크들의 집합체를 말한다. 인터넷을 이루는 각 컴퓨터들은 IP(Internet Protocol) 주소라고 부르는 고유의 컴퓨터 주소를 가지고 있으며, 전화선이나 케이블 또는 인공위성 등의 통신 수단을 통해 서로 연결되어 있다.

전 세계의 컴퓨터 사용자들은 인터넷을 통하여 언제 어디서나 필요한 정보를 쉽게 획득할 수 있는데, [그림 4.23]은 전 세계의 정보를 교류하는 인터넷을 나타낸다.

그림 4.23 전 세계의 정보를 교류하는 인터넷

인터넷의 활용 사례는 매우 다양하다. 기업들은 예약 업무, 사이버 마켓, 인터넷 무역, 회사 홍보, 온라인 사원 모집 등을 할 수 있으며 교육 기관에서는 가상 교실, 가상 대학 등이 가능하다. 또한 가정에서는 홈쇼핑, 홈뱅킹, 재택근무 등 인터넷을 이용한 활용 분야가 매우 넓다.

(2) 인터넷 이용자 현황

국내 인터넷 이용자의 수와 그 추이는 2017년 말을 기준으로 우티나라에서 휴대폰 인터넷으로 뉴스를 보는 사람까지 포함하여 월 평균 한 번 이상 인터넷을 이용하는 7세 이상의 사람은 모두 4,235만 명으로 추정된다.

국외 현황으로는 인터넷 사용자가 전 세계적으로 2000년 말 약 4억 명에서 2006년에는 11억 명 정도로 늘어났으며, 2017년에는 35억 명 이상으로 추정된다. [그림 4.24]는 국내 인터넷 이용자의 연도별 이용 측정치를 보여준다.

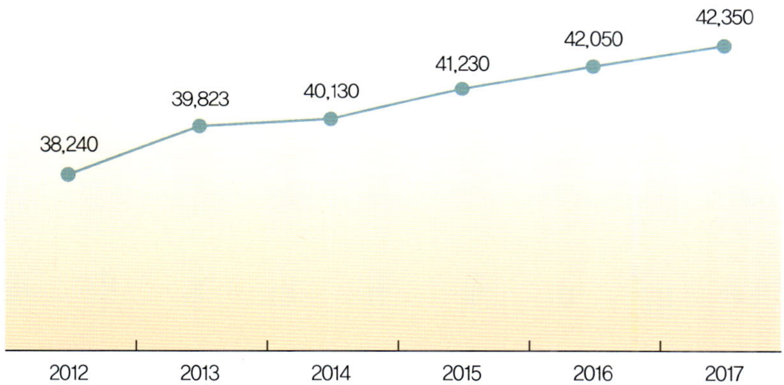

그림 4.24 연도별 국내 인터넷 이용자 수(단위: 천명)

4.3.2 네트워크 소프트웨어 기술

(1) 재택근무

재택근무(Telecommuting)란 회사에 출근하여 업무를 수행하는 기존의 근무 형태와는 달리 통신 매체를 이용하여 집에서 업무를 수행하는 방법을 말한다. 이러한 재택근무가 늘어나게 된 배경은 사무실 공간 유지의 고비용, 대도시 교통 혼잡에 따른 출퇴근 문제, 집까지 연결된 네트워크 등 정보통신의 발달에 기인한다. [그림 4.25]는 재택근무의 환경을 보여준다.

그림 4.25 열린 재택근무

(2) 디지털 영상 회의

디지털 영상 회의(Digital Video Conference)는 상대방의 얼굴이 컴퓨터 화면에 나타나며, 동시에 화면 여백에는 메시지, 자료, 영상 등을 게시할 수 있는 일대일 통신방식이다. 이 시스템은 [그림 4.26]과 같이 5~6명이 참가하는 소규모 회의에 적합하며, 기업의 본사와 멀리 떨어져 있는 지사간의 회의에 쓰이고 있다.

그림 4.26 디지털 영상 회의

(3) 온라인 게임

대부분의 온라인 게임에서 멀티미디어의 효과를 극대화하기 위한 노력이 시도되고 있다. [그림 4.27]은 국내의 대표적인 온라인 게임 리니지와 Diablc 2 게임의 화면을 나타낸다.

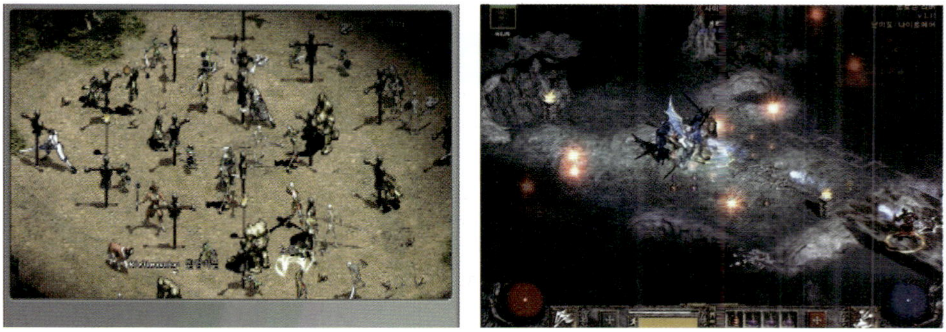

그림 4.27 온라인 게임 리니지와 Diablo 2 게임 화면

4.3.3 미래 지능형 소프트웨어 기술

(1) 인공지능

인공지능(Artificial Intelligence: AI)이란 컴퓨터를 사용하여 인간의 지능을 모델링하는 기술을 말한다. 인공지능의 주요 목표 중의 하나는 '컴퓨터를 더욱 가치 있게 만드는 일'이며, 또 다른 목표는 '지능적인 원리를 이해하는 것'이다.

또한 '인공지능이란 사람이 수행했을 경우와 유사한 지능이 요구되는 기계 장치를 만드는 기술'이라는 표현은 인공지능에 대해 어느 정도 설득력이 있는 표현이며 흔히 인용되는 문장이다. [그림 4.28]의 도로보쿤은 일본 국립정보학연구소 등이 인공지능개발 프로젝트로 개발 중인 로봇이다.

그림 4.28 인공지능 로봇 '도로보쿤'

(2) 인공지능 게임

게임 분야에는 초보적인 수준의 인공지능 기술이 적용되고 있다. 게임에서 플레이어가 원하는 대로 게임 상의 캐릭터들이 반응하고 움직이게 만드는 것이 인공지능 기술을 적용한 예이다. [그림 4.29]는 인공지능을 이용한 '은별' 바둑 게임을 나타낸다.

그림 4.29 인공지능을 이용한 바둑 게임

(3) 알파고

최근 인간계에서 매우 복잡하고 경우의 수가 무궁무진한 게임인 바둑에 있어서 인간 고수 이세돌 9단을 이기는 실력을 보여준 알파고(AlphaGo)의 등장은 인공지능적인 소프트웨어와 첨단 슈퍼컴퓨터의 하드웨어 능력이 결합될 경우 막강한 능력을 입증해주고 있다. [그림 4.30]은 알파고를 작동시킨 구글의 데이터센터와 스스로 학습하는 딥 러닝(Deep learning) 신경망 학습 이론을 나타낸다.

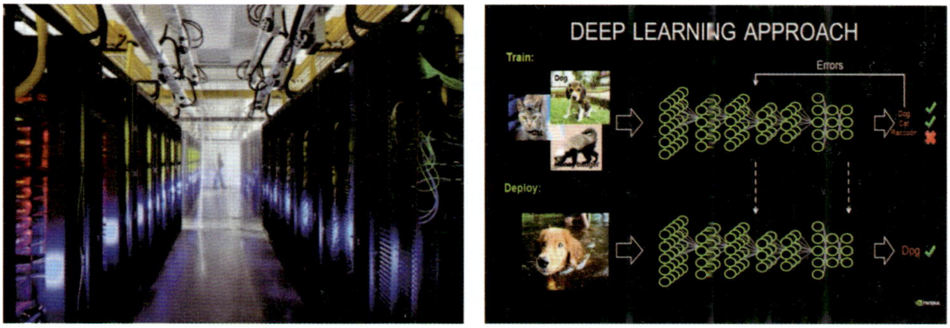

그림 4.30 구글의 데이터센터와 딥 러닝 학습 이론

참고문헌

- P. S. Wang, "From Computing to Computational Thinking", CRC, 2016.
- 김대수, "컴퓨터 개론(개정5판)", 생능출판사, 2016.
- http://www.ioffer.com/i/the-third-wave-alvin-toffler-1980-98184573
- http://jysoolee.blogspot.kr/2013_06_01_archive.html
- http://www.mymerhaba.com/Internet-in-Turkey-4592.html
- http://www.cam.ac.uk/research/news/overcrowded-internet-domain-space-is-stifling-demand-suggesting-a-future-not-com-boom
- www.samsung.co.kr
- www.apple.com
- http://www.eduk.kr/news/articleView.html?idxno=19702
- https://brunch.co.kr/@chunje2/90
- http://www.itworld.co.kr/news/95384
- http://blog.naver.com/hansen500/220727728059
- http://blog.naver.com/gyoil/30151651139 Diablo 2
- http://terms.naver.com/entry.nhn?docId=1526266&cid=42171&categoryId=42176
- http://www.kisa.or.kr/main.jsp
- http://isis.nida.or.kr
- http://nstore.naver.com/appstore/web/detail.nhn?productNo=451252&sr=ps
- http://terms.naver.com/entry.nhn?docId=1691762&cid=42171&categoryId=42187
- http://terms.naver.com/entry.nhn?docId=1136027&cid=40942&categoryId=32845
- https://www.youtube.com/watch?v=h736bEHkT_Y)
- https://www.youtube.com/watch?v=hN9xemJYwos
- http://www.softqt.com/softqt/board.php?board=research2&command=body&no=3&no=4&PHPSESSID=273902ec46a1629bb35ec7ef0db12e3c
- http://www.softqt.com/softqt/board.php?board=research2&command=body&no=39&PHPSESSID=3b27e4bd74ad2436f28f04b1bbc63b7a

Chapter

05

컴퓨팅 사고의 이해와 기본적 응용

5.1 컴퓨팅 사고의 배경 및 이해

5.2 컴퓨팅 사고와 교육, 응용, 코딩

5.3 컴퓨팅 사고의 7단계 모델과 응용

Chapter

05 컴퓨팅 사고의 이해와 기본적 응용

5장에서는 컴퓨팅 사고의 이해와 기본적 응용을 중심으로 다양한 주제들을 다룬다. 이를 위해 컴퓨팅 사고의 배경과 이해를 고찰하고, 컴퓨팅 사고와 교육, 응용, 코딩, 그리고 컴퓨팅 사고의 7단계 모델과 응용 등을 살펴본다.

5.1 컴퓨팅 사고의 배경 및 이해

컴퓨팅 사고를 이해하기 위해서는 컴퓨팅 사고의 배경을 살펴보고 이해하는 것이 매우 중요하다. 여기서는 컴퓨팅 사고의 생성, 인간의 사고 체계와 컴퓨팅 사고, 그리고 지넷 윙과 CSTA 등의 컴퓨팅 사고 등을 살펴본다.

5.1.1 컴퓨팅 사고의 생성

(1) 컴퓨팅 사고의 배경

앨빈 토플러가 주장한 '정보화의 물결'이 우리 눈앞으로 다가와서 이미 현실이 되었다. 인터넷과 스마트폰을 비롯한 정보통신 기기를 통해 엄청난 속도로 정보가 전달되고 있으며, 사물인터넷과 빅데이터의 시대가 머지않아 전개될 것이다. 또한 인공지능 바둑 프로그램인 알파고를 실현시킨 인공지능에 대한 관심과 연구도 급격히 확대되고 있는 추세이다.

이러한 상황에서 최근 들어 인간의 일상적인 사고와는 다른 컴퓨팅 사고에 대한 관심이 부쩍 커지고 있다. 다양하고 복잡한 문제해결을 위해 컴퓨팅 사고와 컴퓨터의 연산 능력을 적극 활용하려는 시도인 것이다. 또한 인공지능과 신경망 등 첨단의 소프트웨어 기술을 발전시킬 수 있는 '4차 산업혁명'의 추진력을 위해 컴퓨팅 사고의 필요성이 제기된 바 있다.

(2) 컴퓨팅 사고의 생성

정보통신 기술이 빠르게 발전하는 현대 사회에서 전통적 방식의 아날로그적 인간 사고는 변해야 한다는 주장이 근래 여러 분야에서 대두되었으며, 미국 카네기멜런 대학교의 윙 교수가 2006년에 주창한 컴퓨팅 사고가 큰 관심을 끌고 있다.

'컴퓨팅 사고(computational thinking)'는 컴퓨터과학자들이 문제해결을 위해 사고하는 방법과 그와 관련된 기본적인 문제해결 기술로부터 출발하였다. 즉 컴퓨팅 사고란 기존의 인간 사고와는 달리 컴퓨터를 활용하여 문제를 해결하는 과정에서의 여러 가지 특성과 기질을 포함하는 문제해결 과정으로서, [그림 5.1]과 같이 컴퓨팅 사고, 컴퓨터, 문제해결 등의 키워드로 나타낼 수 있다.

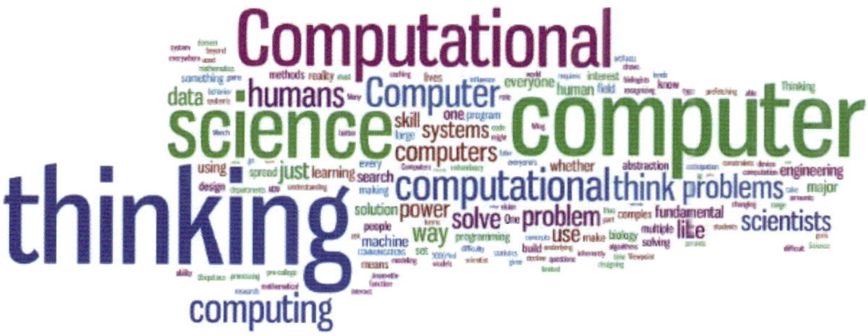

그림 5.1 컴퓨팅 사고

컴퓨팅 사고란 용어는 미국 MIT 대학교 교수로서 컴퓨터과학자, 수학자, 교육학자이면서 발달학습 이론의 권위자인 파퍼트(Seymour Papert) 교수에 의해 1980년에 처음으로 사용되었으며 1996년에 다시 제안되었다.

그 후 2006년 미국 카네기멜런 대학교의 컴퓨터과학과 교수인 지넷 윙(Jeannette M. Wing) 교수가 미국의 컴퓨터 관련 유명 저널인 ACM에 '컴퓨팅 사고(computational thinking)'란 글을 게재한 이후 큰 관심을 불러일으켰다. 여기서 윙 교수는 "컴퓨팅 사고는 컴퓨터과학자에게만 적용되는 것이 아니라 누구에게나 일반적으로 적용되는 사고방식과 기술의 집합인데, 배우고 익혀서 사용할 가치가 충분하다."라고 주장하였다.

[그림 5.2]의 파퍼트와 윙의 제안과 주장은 컴퓨팅 사고에 대한 초석이 되었고, 그 후 ISTE(교육에서의 기술 국제모임)와 CSTA(미국의 컴퓨터과학교사연합인)에서 컴퓨팅

사고를 정의하는 바탕이 되었으며, 최근 들어 다양한 분야에서 큰 관심과 각광을 받기 시작하였다.

그림 5.2 컴퓨팅 사고의 파퍼트와 윙

컴퓨팅 사고는 인간의 사고 능력과 컴퓨터의 능력을 통합한 사고로서, 단편적인 개념에서 벗어나 복합적인 사고를 통해 창의적으로 문제를 해결하는 핵심 능력으로 주목받고 있다. 또한 컴퓨팅 사고는 매우 복잡한 문제를 알고리즘적인 방법으로 해결하는데 쓰일 수 있는데, 상당히 효율적인 결과를 보여주고 있다.

5.1.2 인간의 사고 체계와 컴퓨팅 사고

(1) 인간의 사고 체계

인간은 사고하는 능력을 가졌으며, 그 결과물인 지식을 오랜 기간 동안 문자를 통하여 후대에 전수해왔다. 이와 같이 축적된 지식이 인류문명을 이루고 발전시켜 현재와 같은 문명과 기술발전을 이루게 되었다. 근래에는 학교 교육의 결과 글을 읽고 쓰게 되었으며, 책을 통한 지식의 획득이 가능해졌다. 또한 최근에는 인터넷의 보급으로 언제 어디서나 원하는 정보 및 지식에 접할 수 있게 되었다.

이러한 성과는 인간의 사고에 기반을 둔다. 17세기 프랑스의 수학자이자 철학자인 파스칼(Blaise Pascal, 1623~1662)은 "인간은 생각하는 갈대이다."라고 갈파한 바 있다. 즉 인간은 육체적으로는 갈대와 같이 연약하나, 생각하는 힘을 가졌다는 말이다.

인간의 사고는 [그림 5.3]과 같이 다양하게 이루어진다. 가장 아래 부분에 있는 감각적 사고는 인간의 기본적인 사고로 여겨질 수 있는데, 가령 갑자기 돌이 날아올 때 본능에 가깝게 피하는 수준으로 판단하는 사고를 말한다.

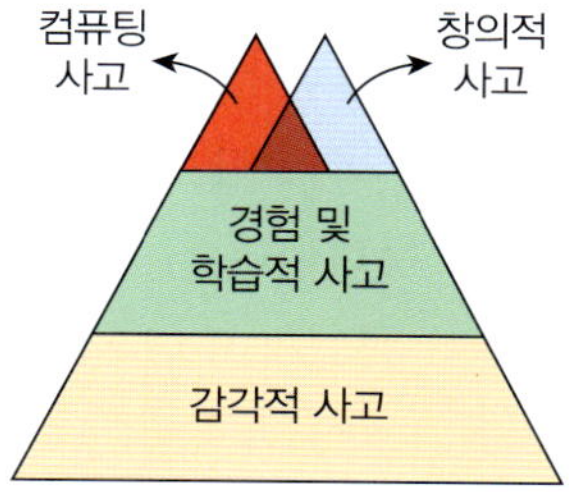

그림 5.3 인간의 사고

경험과 학습적 사고는 인간이 살아가면서 얻는 경험과 학습을 통해 습득하는 지적(知的) 사고를 말한다. 그런 바탕 위에 컴퓨팅 사고와 창의적 사고가 겹치면서 존재한다. 컴퓨팅 사고는 컴퓨터과학자들이 사고하는 방식을 다양한 분야에 적용시키는 것이고, 창의적 사고는 통상의 사고를 뛰어넘는 반짝이는 아이디어를 적용하는 사고를 말한다.

여기서 잠깐

사고의 힘(Thinking Power)과 중요성

- 독일의 철학자 데카르트(Descartes)는 "나는 생각한다, 그러므로 존재한다(cogito, ergo sum; I think, therefore I am)."를 주장하였다.
- IBM의 왓슨 회장은 무너져가는 회사를 인수하면서 회사 이름을 IBM으로 바꾸고 사훈을 'Think'로 내세웠으며, 이를 바탕으로 IBM을 회생시켜 세계 굴지의 컴퓨터 회사로 만들었다.

- 마이크로소프트의 빌 게이츠 회장은 1년에 두 차례씩 한적한 통나무 별장에서 조용히 생각하는 'Think Week' 기간을 가지는 동안 새로운 발상의 사업을 구상해내곤 한다.
- 애플의 스티브 잡스는 생전에 창의적인 인물로 유명한데 남과 다르게 생각하라는 'Think Different'를 자주 강조하였다.

(2) 컴퓨팅 사고의 주요 특성

컴퓨팅 사고의 주요 특성은 다음과 같이 요약될 수 있다.

- 인간의 사고와 컴퓨터의 능력을 통합한 사고이다.
- 컴퓨터과학자들이 문제해결을 위해 사고하는 방법으로부터 출발하였다.
- 컴퓨터의 기본 개념과 원리를 기반으로 한다.
- 문제를 효율적으로 해결하는 사고 능력이다.
- 복잡한 문제도 일정한 틀에 맞추어 사고하면 매우 효율적이다.
- 최근 들어 세계 각국에서 컴퓨팅 사고와 관련된 교과과정을 신설 중이다.
- 소프트웨어 교육의 최종 목적은 컴퓨팅 사고를 가진 인재 육성이다.
- 거의 모든 분야의 문제해결에 다양하게 응용될 수 있다.

5.1.3 지넷 윙과 CSTA 등의 컴퓨팅 사고

(1) 지넷 윙의 컴퓨팅 사고

컴퓨팅 사고는 2006년 지넷 윙 교수의 「Computational Thinking」이란 기고문을 통해 "컴퓨터처럼 생각하는 능력은 인간이라면 누구나 갖춰야 할 보편적인 필수역량이다." 라고 강조한 이후 컴퓨터과학 커뮤니티에 널리 전파되기 시작하였다.

윙 교수는 [그림 5.4]의 기고문에서 "컴퓨팅 사고 기술이 단지 컴퓨터과학자에게만 국한되지 않고, 모든 사람들에게 필요한 읽기, 쓰기, 셈하기와 같은 근본적인 기술이다."

라고 주장하였다. 또한 이러한 아이디어가 다양한 분야에도 적용될 수 있다는 점을 역설하였다.

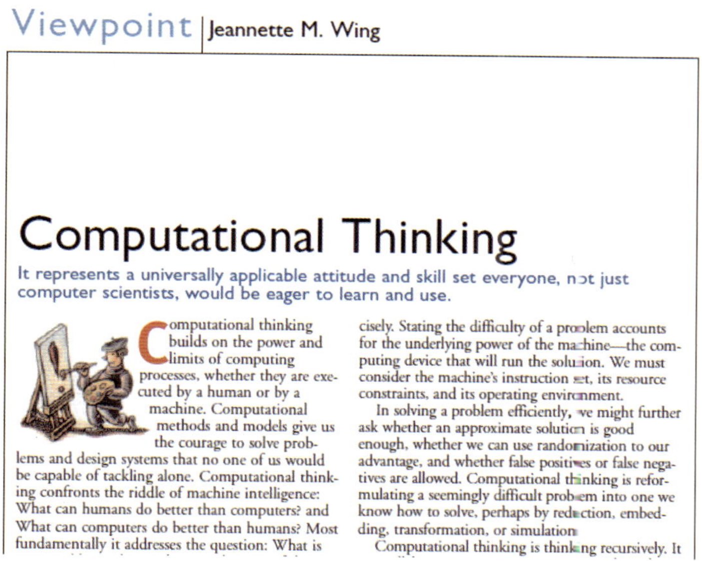
Viewpoint | Jeannette M. Wing

Computational Thinking

It represents a universally applicable attitude and skill set everyone, not just computer scientists, would be eager to learn and use.

Computational thinking builds on the power and limits of computing processes, whether they are executed by a human or by a machine. Computational methods and models give us the courage to solve problems and design systems that no one of us would be capable of tackling alone. Computational thinking confronts the riddle of machine intelligence: What can humans do better than computers? and What can computers do better than humans? Most fundamentally it addresses the question: What is

cisely. Stating the difficulty of a problem accounts for the underlying power of the machine—the computing device that will run the solution. We must consider the machine's instruction set, its resource constraints, and its operating environment.

In solving a problem efficiently, we might further ask whether an approximate solution is good enough, whether we can use randomization to our advantage, and whether false positives or false negatives are allowed. Computational thinking is reformulating a seemingly difficult problem into one we know how to solve, perhaps by reduction, embedding, transformation, or simulation.

Computational thinking is thinking recursively. It

그림 5.4 「Computational Thinking」 기고문

이후 윙 교수는 마이크로소프트연구소의 부사장을 겸직하면서 "컴퓨팅 사고 과정은 문제해결을 위한 데이터 수집과 적절한 논리를 만들기까지 '통찰'을 얻는 과정을 총칭한다."라며 "컴퓨팅 사고를 읽고, 쓰고, 셈하는 것과 같은 수준으로 교육해야 한다."라고 강조한 바 있다.

윙 교수의 주장 이후 다양한 분야에서 컴퓨팅 사고의 활용 열풍이 불었고, 세계 각국에서는 이에 따른 컴퓨팅 사고를 다루는 교육 정책을 입안하기 시작하였다.

(2) 지넷 윙이 강조한 컴퓨팅 사고의 주요 요소와 특성

윙 교수가 컴퓨팅 사고의 주요 요소로 강조한 핵심적인 사고들을 요약하여 정리하면 〈표 5.1〉과 같다.

표 5.1 윙 교수의 컴퓨팅 사고의 5가지 주요 요소

컴퓨팅 사고의 주요 요소	의미
분해 (Decomposition)	어려운 문제를 잘게 쪼개어 분할하여 해결할 수 있는 사고
개념화 (Conceptualizing)	단순한 시각에서 접근하지 않고, 여러 단계의 추상화 시각에서 접근할 수 있는 사고
추상화 (Abstraction)	복잡한 문제를 공통부분의 인식을 통해 핵심을 파악할 수 있는 사고
재귀적 사고 (Recursive Thinking)	문제에 대한 해법을 찾고 난 후 그 해법을 문제해결에 지속적이고 반복적으로 적용할 수 있는 사고
병렬 처리 (Parallel Processing)	병렬적 해결 방법을 파악하여 문제를 처리할 수 있는 사고

이와 관련된 개념은 5.3절의 컴퓨팅 사고 7단계에 잘 대비되어 설명되어 있다. 윙 교수가 주장한 컴퓨팅 사고의 6가지 특성을 요약하여 정리하면 〈표 5.2〉와 같다.

표 5.2 컴퓨팅 사고의 6가지 특성

개념	설명
핵심 요소	컴퓨팅 사고의 핵심은 프로그래밍이 아닌 개념화에 있으므로 여러 단계의 추상화를 필요로 한다.
원천 기술	컴퓨팅 사고는 틀에 박힌 기술이 아닌 모든 사람이 갖춰야 할 원천 기술이다.
사고 방법	컴퓨팅 사고는 컴퓨터가 아닌 인간의 사고 방법이다. 컴퓨터에다 인간의 사고방식을 적용하여 복잡한 문제들을 해결하려 한다.
사고의 결합	컴퓨터과학자는 수학적 사고뿐만 아니라 컴퓨팅 사고도 겸하게 된다.
아이디어	컴퓨팅 사고는 문제해결을 위해 고안된 아이디어 발상이 핵심이므로, 우리 생활의 다방면에 걸쳐 큰 영향을 끼칠 수 있다.
대상과 장소	컴퓨팅 사고는 언제 어디서든지 적용될 수 있는 인간 사고에 있어서의 필수요소이다.

(3) CSTA, ISTE, 구글의 컴퓨팅 사고 모델

미국의 컴퓨터과학 교사연합인 CSTA, 교육에서의 기술 국제모임인 ISTE, 그리고 Google은 서로 협력하는 관계로서 유사하게 컴퓨팅 사고를 정의하고 있다. 이들의 개념과 정의를 요약하여 나타내면 〈표 5.3〉과 같이 컴퓨터 사고의 10단계 모델로 나타낼 수 있는데, 이와 관련된 개념은 5.3절의 컴퓨팅 사고의 7단계 모델 부분에 자세하게 설명되어 있다.

표 5.3 CSTA와 ISTE, 구글의 컴퓨팅 사고 모델

개념	정의와 해설
데이터 수집	문제해결에 도움이 되는 관련 정보들을 수집한다.
데이터 표현	데이터를 적절한 그래프, 차트, 단어, 영상 등으로 표현한다.
데이터 분석	직관적인 판단이나 데이터를 살펴보며 데이터를 분석한다.
분해	문제나 데이터를 작고 다루기 쉬운 여러 부분들로 나눈다.
패턴인식	면밀하게 살펴 패턴, 경향, 규칙성 등의 패턴을 인식한다.
추상화	통합적으로 파악할 수 있는 중심적인 아이디어나 개념을 추출해낸다.
알고리즘	문제를 해결하는 일련의 순서화된 명령어인 알고리즘을 만들어낸다.
시뮬레이션	실제와 같은 효과를 내기 위한 시범모델을 만들어 모의실험한다.
병렬화	여러 개의 업무를 나눈 후 동시에 병렬로 처리한다.
자동화	컴퓨터가 반복적인 업무를 자동적으로 수행하게 한다.

[그림 5.5]의 'Exploring Computational Thinking'란 자료에 다르면 구글의 컴퓨팅 사고는 다음과 같은 다양한 기술들을 포함한다.

- 문제해결을 위해 컴퓨터나 도구들을 사용할 수 있도록 문제를 표현한다.
- 논리적으로 데이터를 구성하고 분석한다.
- 달성할 목표를 위한 가장 효율적이고 효과적인 단계를 통해 가능한 해법을 확인하고 분석하며 실행한다.
- 모델이나 시뮬레이션과 같은 추상화를 통해 데이터를 표현한다.
- 일련의 순서화된 알고리즘적인 사고를 통해 자동적으로 해결책을 얻는다.
- 문제해결 과정을 일반화하여 다른 문제들의 해결에 적용시킨다.

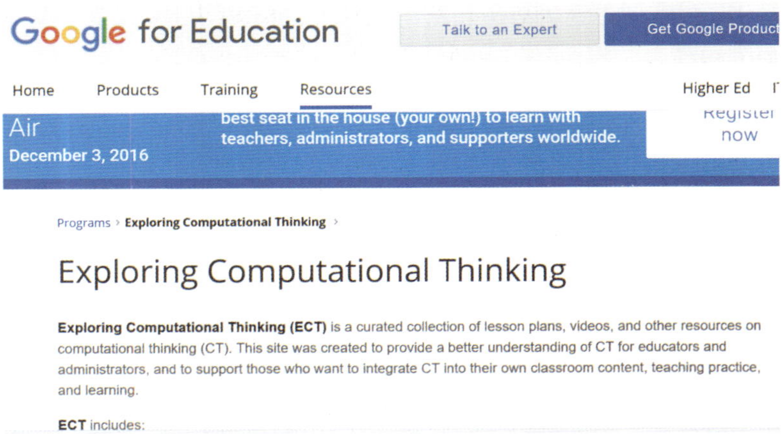

그림 5.5 구글의 'Exploring Computational Thinking'

> 여기서 잠깐
>
> **컴퓨팅 사고를 통한 능력 향상**
>
> 컴퓨팅 사고는 다음과 같은 몇 가지 태도와 능력 향상에 큰 도움을 줄 수 있다.
>
> - 복잡한 것을 자신감 있게 다루는 능력
> - 어려운 문제들을 지속적으로 다루는 능력
> - 애매한 것을 인내심을 가지고 다루는 능력
> - 다양한 해답이 있을 수 있는 열린(open-minded) 문제를 다루는 능력
> - 공통적 문제해결을 위해 다른 사람들과의 의사소통과 협력하는 능력

참고로 [그림 5.6]의 CSTA에서의 컴퓨팅 사고 중고등학교 과정과 관련된 몇 가지 주요 내용은 다음과 같다.

- 문제해결의 기본 단계를 절차적으로 사용하기
- 일련의 명령 절차를 설명하고 분석하기
- 컴퓨터로 처리할 수 있는 명령으로 알고리즘을 정의하기
- 같은 문제를 해결하는데 사용되는 여러 가지 알고리즘을 평가하기
- 컴퓨터의 계층 구조와 추상화의 개념을 이해하기
- 하나의 문제를 여러 개의 문제로 분해하여 추상화 사용하기

그림 5.6 CSTA 홈페이지

5.2 컴퓨팅 사고와 교육, 응용, 코딩

컴퓨팅 사고를 보다 깊이 이해하기 위해서는 다양한 접근이 필요하다. 여기서는 세계 각국의 컴퓨팅 사고 교육의 추이, 컴퓨팅 사고를 적용한 생활 속의 예, 그리고 컴퓨팅 사고의 중요성과 코딩과의 관계 등을 살펴본다.

5.2.1 각국의 컴퓨팅 사고 교육의 추이

(1) 미국, 영국, 일본, 중국의 컴퓨팅 사고 교육

우리나라를 비롯하여 미국, 영국, 중국 등 세계 여러 나라에서는 읽고, 쓰고, 셈하는 것처럼 컴퓨팅 사고를 인간의 필수적인 능력으로 보고 학생들에게 컴퓨팅 사고를 키워줄 수 있는 정규교육으로 가르치려고 여러 정책들을 준비하고 있다.

미국의 경우에는 '차세대 과학표준'에서 컴퓨팅 사고를 과학적, 공학적 실천 과제로 설정했으며, 컴퓨팅 사고를 수학, 과학, 사회, 언어, 예술 등 다양한 과목에다 적용시키기 위해 전국 규모의 교사연수를 실시하고 있다. 컴퓨팅 사고 교육은 초 · 중 · 고등학교 교육뿐만 아니라 카네기멜런, 하버드, MIT, 프린스턴 등 상당히 많은 대학교에서 컴퓨팅 사고 교육을 진행하고 있다.

영국의 경우에는 2014년부터 초 · 중 · 고 교과과정에 컴퓨터과학 의무교육을 실시하고 있는데, 최근에는 '컴퓨팅 사고' 교육을 정규 교과과정으로 채택하여, 중학교를 시작으로 유치원, 초등학교 등으로 확대하고 있다.

일본은 2012년 정보 과목을 고등학교 필수과목으로 지정한 이후, 2016년부터 대규모 컴퓨터 활용교육을 준비 중이다. 특히 영어, 수학, 일본어, 과학, 사회 등 5개 부문에 대한 방대한 데이터를 접속하여 학교에서 클라우드(cloud) 컴퓨팅 교육을 가능하게 하고 있으며, 최근에는 컴퓨팅 사고를 교과 내용에 적용시키기 시작했다.

중국은 2014년 마이크로소프트와 손잡고 16개의 컴퓨팅 사고 교육 코스 개발과 100개 사례 개발을 지원하고 있으며, 컴퓨팅 사고 교육을 각급 학교로 확대시키는 작업을 서두르고 있다.

(2) 우리나라의 컴퓨팅 사고 교육

우리나라의 경우 2015년부터 국민대학교에서 가장 먼저 전체 신입생들을 대상으로 소프트웨어와 컴퓨팅 사고 교육에 나섰으며, 그 후 여러 대학들에서 소프트웨어 교육이나 컴퓨팅 사고 과목을 신입생 교양필수나 교양선택 과목으로 지정하여 강좌를 개설하였다.

현재 많은 수의 대학에서 '소프트웨어와 코딩', '컴퓨팅 사고', '컴퓨팅 사고와 문제해결' 등과 같은 교양과목을 선정하여 강의하거나 검토 중이다. 우리나라의 경우에는 컴퓨터나 스마트폰 등 수준 높은 정보기기들이 널리 보급되어 있고, 체계적인 공교육 시스템을 가지고 있기 때문에 컴퓨팅 사고에 관한 교육의 성과와 파급효과가 매우 클 것으로 전망된다.

5.2.2 컴퓨팅 사고를 적용한 생활 속의 예

컴퓨팅 사고는 특별한 분야나 환경에서만 쓰이는 것이 아니고 항상 우리 주변에 있어왔다. 컴퓨팅 사고는 다양한 분야에다 적용할 수 있는데, 몇 가지 예를 들면 다음과 같다.

(1) 작문

작문 시간에 학생들이 글을 쓰기 전에 컴퓨팅 사고에 따라 계획부터 세우기를 권한다. 먼저 글의 주제, 중심이 되는 사건, 등장인물의 역할, 글의 전개 방식, 글의 마무리 등을 먼저 분해하여 정해놓는 것은 매우 중요한 일이며, 그 후 단계적으로 글을 완성시키는 것이 좋다.

작문

컴퓨팅 사고를 통해 작성할 글을 여러 요소들로 분해하여 구상한 후 글짓기를 시작하는 것이 매우 효율적일 것이다.

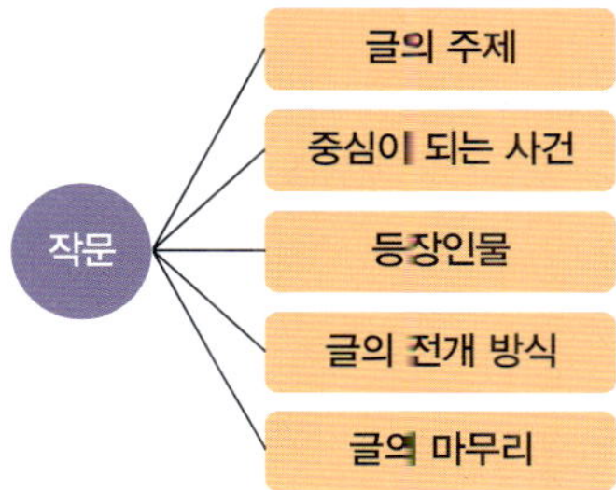

(2) 디자인

디자인 작업에 있어 학생들이 어떤 것을 창작하기 위해 필요한 과정들을 여러 단계로 분해하는 것이 필요하다. 즉 아이디어 착안, 밑그림 그리기, 수정 보완, 전체 완성 등의 단계들로 분해한 후 작업을 완성하는 것이 효율이다.

디자인 작업

디자인을 시작하기 전에 전체 작업을 몇 개의 단계로 분해한 후 디자인에 착수한다.

- 아이디어 구상
- 아이디어 완성
- 밑그림 그리기
- 디자인 하기
- 수정 및 보완

(3) 미술

미술 작품의 경향을 분석하고 '특징추출'하여 미술 사조의 흐름을 분석할 수 있다. 이것은 주로 분석 단계를 통해 가능하며 패턴인식과도 관련이 크다.

미술작품의 분석

이 작품은 비교적 단순한 형태의
직선과 블록 단위의 색으로
이루어져 있다. 따라서 몬드리안의
화풍으로 추정된다.

(4) 수학

학생들이 어떤 수학 문제를 풀기 전에 가장 중요한 정보가 무엇인지를 분석하게 한다. 그 후 문제의 핵심을 파악하고 그것을 효율적으로 해결할 수 있는 방법론인 알고리즘을 만들어낸다.

수학 문제 풀이

주어진 수학 문제를 어떻게 풀까?
컴퓨팅 사고의 분석, 분해, 패턴인식,
추상화, 알고리즘 과정을 거치는
방법이 매우 효율적이다.

- 문제의 분석
- 핵심 요소 파악
- 이전 문제와의 패턴 비교
- 도표 등 추상화 응용 가능
- 알고리즘 파악 및 적용

(5) 영어 문장

영어 문장을 해석할 때 콤마, 문맥, 그리고 주요 단어들을 중심으로 문장을 분해하여 나눈 후 전체적인 관점에서 이해하고 해석한다.

영어 문장의 해석

콤마, 문맥 등을 고려하여 문장을
분석한 후 해석한다.
또한, 긴 문장인 경우 분해한 후
해석한다.

"To be, or not to be, that is the question"
"죽느냐, 사느냐, 그것이 문제로구나"

(셰익스피어의 햄릿에 나오는 명대사)

(6) 역사

역사 시간에 우리나라에서 일어난 특정 사건을 다룰 때 비슷한 시대에 일어난 세계 역사의 흐름을 병렬화로 함께 비교하며 분석하여 시간과 공간을 아우르는 입체적인 역사 교육이 되도록 한다.

역사의 흐름 분석

역사를 이해하기 위한 방법으로 시간대와 동서양의 사건들을 대비하여 분석하는 것이 매우 중요하다.

한국사	세계사
1392년 조선 건국 1446년 훈민정음 반포 1592년 임진왜란	1368년 명나라 건국 1492년 콜럼버스 신대륙 발견 1591년 갈릴레이 피사의 사탑 실험

(7) 음악

음악을 이해하거나 창작할 때 음악의 패턴을 파악하는 것은 필요하다. 특히 코드와 화성에 대한 분석과 패턴인식은 음악교육에 있어서 매우 중요한 요소 중 하나이다.

음악의 이해와 작곡

컴퓨팅 사고의 분석과 패턴인식과 밀접한 관계가 있으므로, 이를 활용하는 것이 효과적이다.

- 곡의 패턴 파악
- 코드의 변화
- 곡의 분석과 패턴인식
- 화성과 대위법 적용

(8) 생활에서의 줄서기

우리는 살아가면서 주어진 문제나 상황을 빠르고 적절하게 파악하고 분석하여 활용한다. 이것은 주로 컴퓨팅 사고의 분석에 해당하는 과정으로 볼 수 있다.

줄서기

- 대형 마트 계산대 줄서기
- 놀이공원 등 매표소 줄서기
- 가급적 줄이 짧으면서도 줄어드는 속도가 빠른 줄 선택
- 상황에 따라 줄 바꾸기

(9) 요리

요리를 할 때 어떤 음식을 먼저 요리해 놓은 후 다른 것을 요리하면 앞서 요리한 것이 식어서 곤란한 경우가 있다. 이런 경우에는 몇 가지 음식을 동시에 요리하면 좋은데, 이것이 윙 교수 모델에 나오는 병렬처리의 예이다.

요리

- 오븐에다 스테이크를 굽는다.
- 그 사이 야채를 썰고 프라이팬에서 요리한다.
- 틈을 내어 음료수를 준비한다.

(10) 인공지능

인공지능 분야의 머신러닝(machine learning)에도 컴퓨팅 사고가 활용된다. 빅데이터를 다루며 딥러닝(Deep learning) 알고리즘을 통하여 예측까지 할 수 있는 알고리즘을 적용하여 [그림 5.7]과 같이 이세돌 9단과의 세기적인 바둑시합에서 이긴 알파고(AlphaGo)의 예를 들 수 있다.

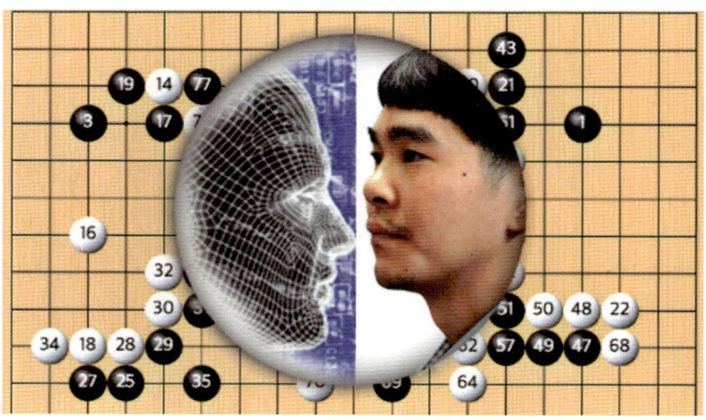

그림 5.7 알파고와 이세돌의 세기적인 대결

5.2.3 컴퓨팅 사고의 중요성과 코딩과의 관계

(1) 컴퓨팅 사고의 주요 사항

컴퓨팅 사고와 그것을 형성하는 개념은 원래부터 컴퓨터과학의 중요한 기반을 형성해 왔으며, 컴퓨터과학자들은 어떤 문제를 해결할 수 있는 가장 효율적인 방법을 찾는데 관심을 가져왔다. 그들은 주어진 문제를 해결할 수 있는 가장 빠르고 정확하며, 시간이나 메모리를 가장 적게 사용하는 최선의 방법을 찾아내기 위해 노력해왔다.

따라서 그들이 사고하는 방법을 활용하여 다양한 분야에서의 문제들을 해결하는 컴퓨팅 사고에서 고려해야 할 주요 사항들은 다음과 같다.

- 문제를 해결했을 경우에 정확한 답을 얻을 수 있는가?
- 그 문제를 가장 효율적인 방법으로 해결할 수 있는 방법인가?
- 가장 빠르고 논리적인 해결 방법인가?
- 시간이나 메모리 등 최소한의 자원을 사용하여 해결이 가능한가?
- 그 해결 방법이 다른 문제들을 해결하는데도 쓰일 수 있는가?

이러한 개념은 원래부터 컴퓨터과학을 전공하는 사람에게는 매우 기본적이고도 중요한 방법이었다. 윙 교수가 '컴퓨팅 사고'를 발표한 이후 이와 같은 사고 방법이 정보화 사회를 살아가는 현대인에게 매우 필요한 방법이란 점이 알려졌고, '컴퓨팅 사고'를 통한 방법이 다른 분야들에도 폭넓게 적용될 수 있다는 점에서 컴퓨팅 사고의 중요성이 점차 커지고 있다.

(2) 컴퓨팅 사고의 장점

일반적인 지식은 필요한 분야에만 사용이 한정되는 경우가 많으나, 컴퓨팅 사고에서는 일단 굳건한 사고의 틀(template)이 만들어지면 다양한 분야에 적용할 수 있는 장점을 가지고 있다.

가령 낚시의 예에서 볼 때 낚시의 효율적인 패턴을 익히면 언제 어디서나 물고기를 많이 잡을 수 있는 것과 같이, 우리가 컴퓨팅 사고의 틀을 익히면 여러 분야에서 활용할 수 있는 것과 같은 이치이다. 이러한 점은 '컴퓨팅 사고'의 가장 두드러진 장점이라 할 수 있다.

(3) 컴퓨팅 사고와 통상적 사고의 유사성

컴퓨팅 사고는 컴퓨터과학자나 소프트웨어 개발자들에게 익숙한 사고 방법의 일종이라 할 수 있다. 그러나 컴퓨터를 전문적으로 활용하지 않는 상당수 사람들도 이와 같은 방법으로 사고하는 경우가 많으며, 이러한 사고 과정과 접근 방법은 다양한 영역에서 매우 유용한 경우를 흔히 볼 수 있다.

예를 들어 소프트웨어 개발 프로젝트 팀이 새로운 컴퓨터 게임을 만들어낼 때 비디오 편집이나 오디오 플랫폼을 만들어 내는 방법은 우리가 학교에서 친구들끼리 팀을 만들어 토론하며 어떤 프로젝트를 공동으로 수행하는 것과 별로 다르지 않다. 또 다른 예로는 복잡한 문제를 여러 개의 작은 문제들로 나눈 후 그것을 수행하는 단계와 규칙들을 미리 정해 놓고 일을 추진하는 경우를 들 수 있다.

여기서 잠깐

컴퓨팅 사고란?

컴퓨팅 사고라고 해서 전혀 들어보지 못한 새로운 개념이 아니고 우리가 평소에도 흔히 실천하는 통상적 사고 과정을 컴퓨터과학자들이 사고하는 방식을 바탕으로 체계화한 것으로 다양한 문제해결에 도움이 되는 방법이다.

(4) 컴퓨팅 사고와 코딩

정부를 비롯한 많은 관계자들이 코딩 교육에 관심을 가지고 있으며, 코딩 교육이 미래를 이끌어갈 세대에게 반드시 제공해야 할 기본적인 교육이라는 점에 주목하고 있다. 일단 목표는 정해졌으나 구체적인 실천방안은 아직까지 미흡한 편이다. 먼저 일선 교육자들이 소프트웨어, 코딩, 컴퓨팅 사고, 알고리즘과의 관계를 명확하게 이해하고 가르치는 것이 필요하다.

컴퓨팅 사고는 [그림 5.8]과 같이 컴퓨터의 능력을 바탕으로 문제를 효율적으로 해결하기 위해 깊은 사고력을 융합하는 것이다. 따라서 문제를 효율적인 해결할 수 있는 방법을 찾아내기 위해 깊은 사고를 통해 문제를 분석하고, 분해하고, 패턴을 찾아내고, 추상화한 후 그것을 알고리즘으로 연결하는 것이다. 그 후 프로그래밍을 통해 컴퓨터를 작동시켜 구현하게 된다.

그림 5.8 컴퓨팅 사고의 발상

소프트웨어 교육은 코딩을 잘 할 수 있는 프로그래머의 육성이 아니라 컴퓨팅 사고를 갖춘 많은 인재들을 양성하는데 초점을 맞추어야 한다. 따라서 코딩을 지나치게 강조할 것이 아니라 코딩을 하기 전에 컴퓨팅 사고를 통해 문제를 효율적으로 해결할 수 있는 방법을 찾는 것이 매우 중요하다.

5.3 컴퓨팅 사고의 7단계 모델과 응용

효율적인 컴퓨팅 사고를 위해서는 컴퓨팅 사고의 7단계 모델과 다양한 응용 예를 찾아보는 것이 필요하다. 여기서는 컴퓨팅 사고의 7단계 모델, 윙과 구글 모델의 추가 설명과 문제해결, 그리고 컴퓨팅 사고의 7단계 핵심요소 응용 예 등을 살펴본다.

5.3.1 컴퓨팅 사고의 7단계 모델

(1) 컴퓨팅 사고의 모델

우리가 일상생활에서 문제를 만날 때 다음과 같은 컴퓨팅 사고의 7단계를 이용하는 것이 좋다. 컴퓨팅 사고 모델은 윙 교수의 모델과 CSTA 등의 모델 등 주장한 사람에 따라 여러 종류가 있으나, 핵심적인 면에서는 대동소이하다.

따라서 앞으로 컴퓨팅 사고를 설명하고 예제를 들 때에는 저자가 여러 모델들을 통합하여 보다 이해하기 쉽도록 재구성하여 만든 다음의 컴퓨팅 사고의 7단계 모델을 중심으로 그 개념과 응용에 중점을 두어 설명할 예정이다.

(2) 컴퓨팅 사고의 7단계 모델

[1] 문제 분석(Analysis) 단계

주어진 문제나 시스템에 대한 논리적 분석을 통하여 핵심적인 사항들을 구체적으로 점검하고 분석한다.

[2] 데이터 수집과 표현(Data Collection and Representation)

문제해결과 관련된 정보들을 컴퓨터를 통하여 수집하며, 데이터를 적절한 그래프, 차트, 단어, 영상 등의 형태로 표현한다.

[3] 분해(Decomposition) 단계

주어진 복잡한 문제를 보다 쉽게 다룰 수 있도록 여러 개의 작은 부분들로 쪼개어 분해한다.

[4] 패턴인식(Pattern Recognition) 단계

문제를 보다 효율적으로 해결하기 위해 유사성과 패턴들을 발견한다. 문제나 데이터 내에서의 패턴, 경향, 규칙성 등을 관찰하여 인식하거나 문제 사이에서의 유사성을 살펴 찾아낸다.

[5] 추상화(Abstraction) 단계

주어진 문제에서 필요 없는 부분들을 걸러내고 꼭 필요한 것만을 분리해내어 집중하는 과정이다. 따라서 복잡한 문제나 아이디어를 단순화하고 핵심적인 개념에 초점을 맞추어 일반적인 원리를 찾아낸다.

[6] 알고리즘(Algorithm) 단계

알고리즘은 주어진 문제 또는 그 문제와 유사한 문제들을 해결할 수 있는 일련의 논리적인 지시인데, 문제에 대한 단계적인 해결책, 설명, 지시사항들을 설계하게 된다.

[7] 평가(Evaluation) 단계

알고리즘이 제대로 작동할 수 있는지, 해답이 문제의 모든 조건들을 만족시키는지, 그리고 효율적으로 작동하는지 등을 최종적으로 점검한다.

평가 단계까지 완료된 후에는 구상해둔 알고리즘을 기반으로 적절한 프로그래밍 언어를 사용하여 코딩을 한 후 컴퓨터를 작동시켜 원하는 결과를 얻어내게 된다. [그림 5.9]는 컴퓨팅 사고의 7단계를 나타낸다.

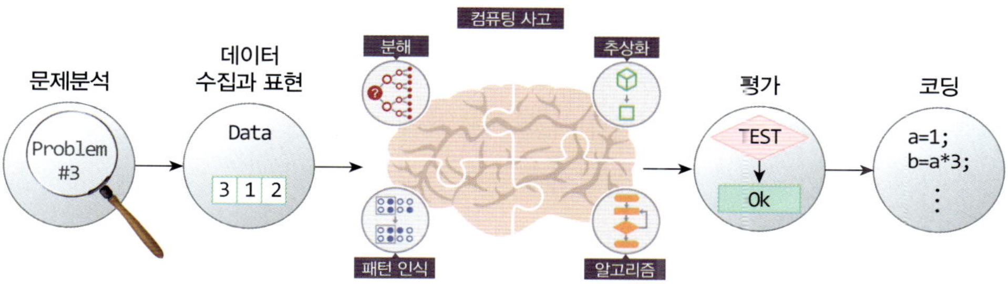

그림 5.9 컴퓨팅 사고의 7단계(출처: 가운데 부분 BBC)

여기서 [그림 5.10]와 같이 분해, 패턴인식, 추상화, 알고리즘의 네 가지 요소 모두 매우 중요하다. 따라서 이 네 가지 요소들을 정확하게 활용하는 기술이야말로 컴퓨팅 사고에 접근할 수 있는 지름길이 될 것이다.

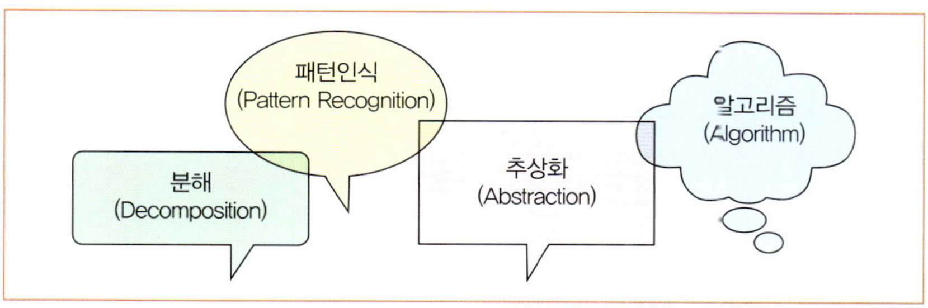

그림 5.10 분해, 패턴인식, 추상화, 알고리즘

여기서 유의할 점은 [그림 5.9]에서와 같이 분석 단계를 거친 모든 문제가 중간에 위치한 분해, 패턴인식, 추상화, 알고리즘의 모든 단계를 반드시 거치는 것은 아니라는 점이다. 어떤 문제는 위의 모든 단계들을 거치지만, 또 다른 문제들은 위의 단계 중 일부만 거치게 되는 경우가 많다.

5.3.2 윙과 구글 모델의 추가 설명과 문제해결

(1) 윙 교수와 구글 모델의 추가 설명

컴퓨팅 사고의 7단계 모델에 설명되지 않았던 윙 교수 모델의 독특한 개념에 관한 추가적인 설명은 다음과 같다. 이 모델의 특이한 점은 개념화인데 이것은 [그림 5.9]에서의 패턴인식 및 추상화에 대응되는 개념이고, 재귀적 사고는 일단 해법을 알게 되면 그것을 반복적으로 적용시키는 개념이다. 또한 바로 아래에서 설명되는 병렬화를 제외하고는 나머지 개념은 앞에서 설명한 7단계 모델과 큰 차이가 없다.

한편 구글 모델은 컴퓨팅 사고 개념인 데이터 수집과 표현, 문제 분석, 분해, 패턴인식, 추상화, 알고리즘과 같은 사고 과정은 [그림 5.9]의 컴퓨팅 사고의 7단계에서의 개념과 모두 같고, 그 외 시뮬레이션, 병렬화, 자동화 단계는 바로 밑에 간단하게 설명되어 있다.

이들 세 단계들도 중요한 요소이지만 컴퓨팅 사고에서 가장 핵심요소인 문제해결을 위한 '깊은 사고'와는 상대적으로 관계가 적으며, 주로 컴퓨터의 활용과 관계가 있다고 볼 수 있다.

- 시뮬레이션(Simulation)은 실제와 비슷한 모델을 만들어 모의로 실험한다. 따라서 미리 시뮬레이션해본 결과 문제점을 발견하여 수정할 수 있는 기회를 가질 수 있다.
- 병렬화(parallelism)는 하나의 일을 여러 개의 업무로 나누어 동시에 병렬로 처리한다. 예를 들어 특정 업무를 여러 그룹이나 컴퓨터에다 나누어 동시에 처리하게 함으로써 시간을 절약할 수 있다.
- 자동화(Automation)는 반복적인 일을 컴퓨터를 이용하여 자동적으로 신속하게 처리하도록 한다. 예를 들어 수능시험 채점과 같은 업무는 일단 정답을 주고난 후 자동적으로 채점하게 한다.

(2) 컴퓨팅 사고와 문제해결

최근 들어 전 세계적으로 불고 있는 소프트웨어 교육과 컴퓨팅 사고의 열풍으로 많은 학생들이 코딩이나 프로그래밍과 같은 '기술적 요소'를 습득할 수 있는 기회를 가질 수 있게 되었다. 그러나 그 중에서 가장 핵심적인 것은 '컴퓨팅 사고'를 할 수 있는 사고의 바탕을 확립하는 일이다.

컴퓨팅 사고의 좋은 예는 2009년 당시 어느 고등학생에 의해 처음으로 만들어진 '서울버스' 앱을 들 수 있다. 이 앱은 무작정 버스를 기다리는 불편함을 해소하기 위해 특정 노선의 버스 종점으로부터의 출발시각, 주행시간, 대기시간 등의 자료들을 수집하여 분석한 후 만든 것이다.

이는 복잡함을 단순하게 만들고 분해, 패턴인식, 추상화, 알고리즘 등의 과정을 거치면서 컴퓨팅 사고의 방법을 잘 적용한 것이라 볼 수 있다. 그 후 [그림 5.11]과 같은 앱은 큰 가치를 인정받았고 지금은 버스를 이용하는 사람들에게 IT 총아로 많은 사랑을 받고 있다.

그림 5.11 스마트폰에서의 서울버스 앱

컴퓨팅 사고의 장점 중 하나는 컴퓨팅 사고의 개념을 이해하게 되면 [그림 5.12]와 같이 문제해결 능력이 배양되고, 다양한 분야에의 응용에 효과가 매우 크다는 점이다. 즉 컴퓨팅 사고를 적용할 수 있는 능력은 어떠한 주제나 분야에도 중요하게 쓰일 수 있다.

그림 5.12 컴퓨팅 사고와 응용

컴퓨팅 사고는 [그림 5.13]과 같은 컴퓨터 분야의 콘텐츠(contents) 개발에도 필수적이지만 [그림 5.14]의 수학, 과학 및 다양한 공학 분야뿐만 아니라 문학을 비롯한 언어, 사회, 예술 등의 인문 영역 등 대부분의 분야에서 문제해결 과정에 큰 도움을 줄 수 있다.

또한 최근에는 바이오 분야에서의 유전자 치료를 비롯하여, 의료 분야에서 전자의료 정보의 치료에의 이용, 컴퓨터 분야에서의 유비쿼터스 컴퓨팅, 인문학에서 수많은 책을 분석하여 인류학의 변천에 대한 연구 등에도 적용되어 좋은 성과를 내기 시작하였다.

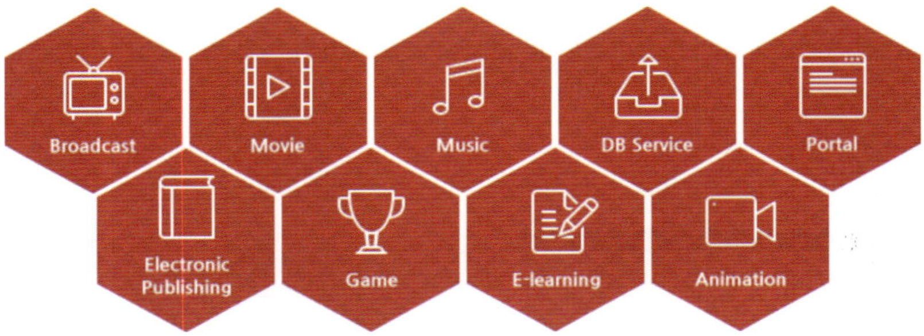

그림 5.13 컴퓨터 분야의 콘텐츠(contents) 개발

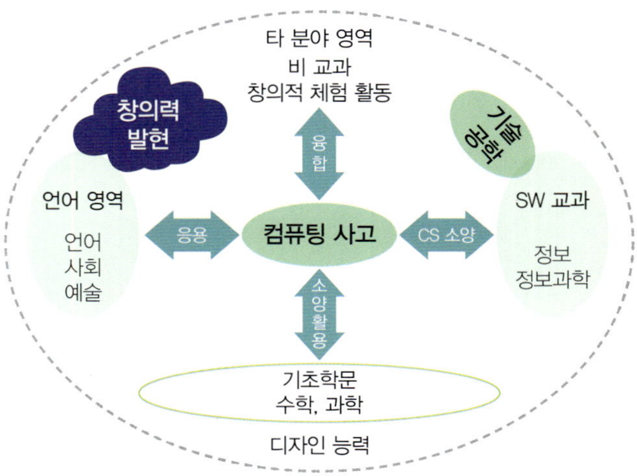

그림 5.14 컴퓨팅 사고의 교육적 응용(출처: 한선관 외)

5.3.3 컴퓨팅 사고의 7단계 핵심요소 응용의 예

컴퓨팅 사고에서의 4가지 핵심적인 개념 요소로 살펴본 미술, 문학, 경영학, 경제학, 수학, 화학, 생물학, 요리, 게임 등 여러 분야에 적용한 응용은 다음과 같다.

(1) 분해 – 미술, 문학, 앱 만들기

의미: 주어진 문제를 여러 개의 작은 크기나 과정들로 나눈다.

① 미술: 그림을 그리기 전에 아이디어 구상, 밑그림 그리기, 색칠하기, 마무리 칠하기 등의 작은 작업들로 분해하여 단계적으로 그림을 완성한다.

② 문학: 한 편의 시를 분석할 경우 그 시를 구조, 음율, 이미지, 어조, 의미 등의 다양한 영역으로 나누어 분석하는 것이 좋다.

나 보기가 역겨워
가실 때에는
말없이 고이
보내드리오리다.

영변의 약산 진달래꽃
…

다음과 같이 다각적인 영역으로 나누어 시를 분석한다.

구조/ 음률/ 이미지/ 어조/ 의미

③ 앱 만들기: 앱(App)을 만들어 본 경험이 없는 사람이 처음으로 스마트폰 앱을 만드는 작업은 매우 복잡한 문제로서 여러 가지 상황들을 고려해야 한다. 이 경우에는 다음과 같이 여러 가지 작은 문제들로 분해한 후 각 문제들을 해결하는 것이 좋다.

- 만들고자 하는 앱의 종류는 무엇인가?
- 앱의 핵심 기능은 무엇인가?
- 어떤 형태의 앱인가?
- 앱을 사용할 주된 대상은 누구인가?
- 앱을 만들기 위해 어떤 소프트웨어를 사용할까?
- 어떤 그래픽을 사용할까?
- 어떤 오디오를 포함시킬까?
- 사용자가 어떻게 앱을 사용할까?
- 앱을 어떤 방법으로 테스트할 것인가?
- 앱을 출시하여 어떤 방법으로 수익을 올릴까?

앱을 만드는 복잡한 문제를 여러 개의 작은 일이나 관점으로 분해하여 해결한다면 보다 명확하고 효율적으로 앱을 만들 수 있으며, 여러 사람들이 분해된 일을 나누어 병렬로 수행할 수 있는 장점을 가지고 있다. 즉 그래픽 부분은 친구에게 맡기고, 다른 팀원에게는 오디오나 테스트 부분을 맡길 수 있을 것이다.

(2) 패턴인식 – 경영학, 경제학, 수열

의미: 패턴(pattern)이나 경향을 발견하고 인식하여 적재적소에 활용한다. 참고로 패턴이란 일정한 특징, 양식, 유형, 틀 등을 말한다.

① 경영학: 특정 기업과 관련된 경영지표의 오르고 내리는 사이클의 경향을 발견하고 그 패턴을 인식하여 경영에 유용하게 활용한다.

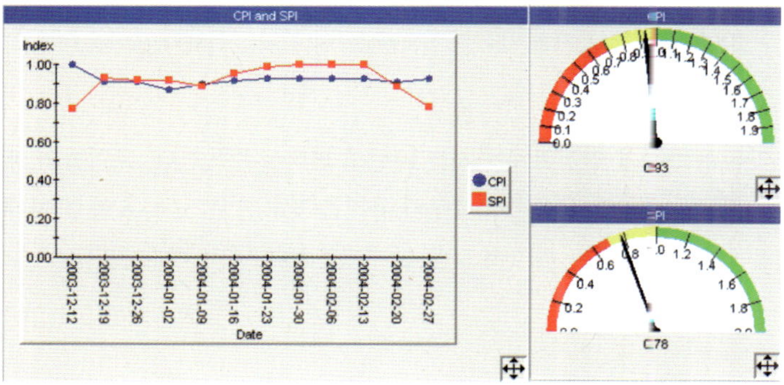

② 경제학: 주식거래에서의 오르고 내리는 패턴을 발견하고 그 패턴을 인식하여 실제 투자에 반영한다.

③ 일정한 규칙을 통한 패턴인식의 예

예제 5.1 수나 도형의 변화로부터 일정한 규칙을 찾아내어 패턴을 인식하는 것은 상당히 중요하면서도 흥미로운 일이다. 다음과 같은 규칙으로 진행될 때 패턴인식을 통하여 [5단계]에 올 조약돌의 개수를 알아보자.

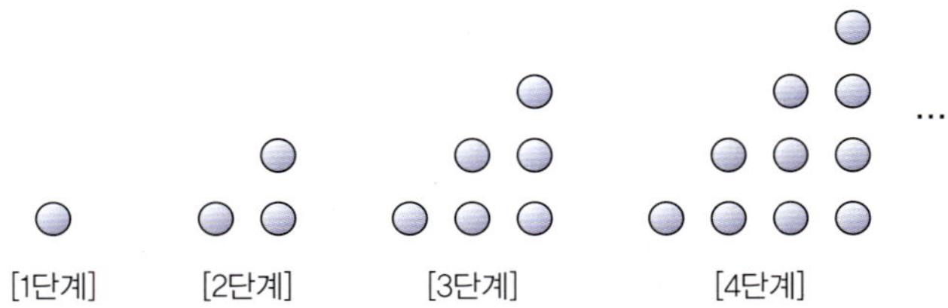

풀이 조약돌의 개수가 일정하게 커지는 패턴의 변화에 주목한다. 조약돌의 개수를 차례로 적으면 1, 3, 6, 10과 같다. 이것으로부터 규칙을 찾으면 2, 3, 4, 5 등 차이가 1씩 더 커지는 패턴을 인식할 수 있다. 따라서 다음 단계에는 10+5=15개가 된다.

(3) 추상화 – 화학, 생물, 도형

의미: 패턴과 경향을 규칙, 원리, 일반화, 통찰력을 통해 추상화한다.

① 화학: 서로 다른 물질들의 화학적 결합과 상호작용의 규칙을 결정한다. 즉 일정한 규칙을 찾아내는 것도 추상화에 속한다.

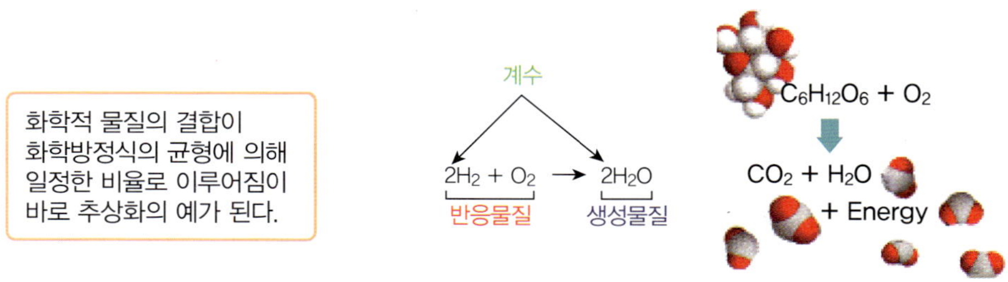

② 생물학: 멘델(Mendel)의 강낭콩 실험에서 유전자의 우성과 열성의 3:1 비율과 9:3:3:1 비율의 멘델의 법칙을 밝혀낸다. 즉 현상으로부터 일정한 규칙을 일반화하는 것도 추상화의 예가 된다.

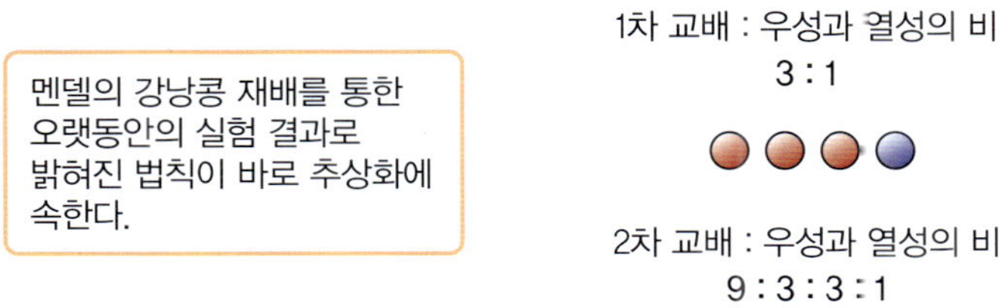

③ 특징추출을 통한 추상화의 예

예제 5.2 다음 도형들 중 특징추출을 통하여 서로 다른 한 가지를 찾아내고, 그 이유를 밝히시오.

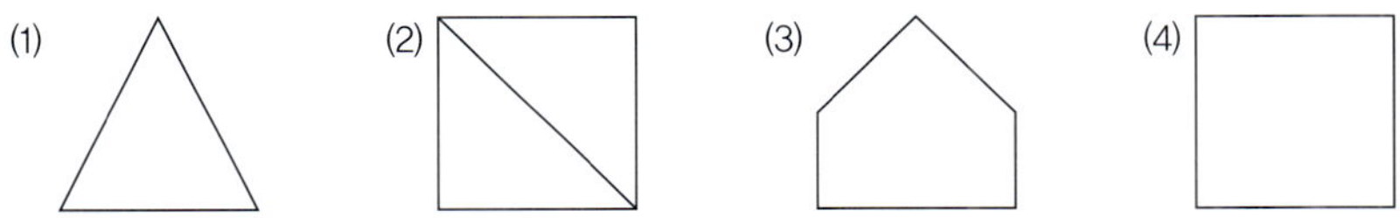

풀이 2번을 제외한 세 도형들은 면의 개수가 1개인 특징을 추출해낼 수 있다. 따라서 면의 개수가 2개인 2번이 정답이다.

특징추출 능력이란 주어진 여러 가지 중 공통된 특징 또는 차이가 있는 점을 찾아내는 능력을 말한다. 즉 주어진 패턴에서 공통된 특징을 추출해내는 것도 추상화에 속한다.

(4) 알고리즘 – 요리, 게임, 면적

의미: 문제를 해결하는 과정이나 어떤 업무처리 과정에서의 순서를 단계적으로 서술한다.

① 요리: 어떤 종류의 음식을 만드는 요리법을 순서에 입각하여 단계적으로 서술하는 것이 바로 요리 알고리즘이 될 수 있다.

② 게임: 게임에 있어서 목표지점까지 도달하기 위한 과정을 알아내어 차례로 표현하면 그것이 바로 알고리즘이다.

게임

(1) 출발한다.
(2) 목표지점을 향해 전진한다.
(3) 장애물을 피하면서 중앙에 있는 건물로 진입한다.
(4) 건물내의 목표지점에 도착한다.

③ 삼각형의 면적 구하기

예제 5.3 삼각형의 면적을 구하는 알고리즘

알고리즘이라고 해서 반드시 복잡한 것은 아니고 다음과 같이 간단한 경우도 있는데, 삼각형의 면적을 구하기 위한 알고리즘을 살펴보자.

풀이 다음과 같이 4단계를 차례로 거치면 바로 삼각형의 면적을 구하는 알고리즘이 된다.

삼각형 면적 구하기

(1) 면적 = 밑변×높이÷2인 공식 착안
(2) 밑변과 높이를 곱한다.
(3) 그 값을 2로 나눈다.
(4) 그 결과가 바로 면적이 된다.

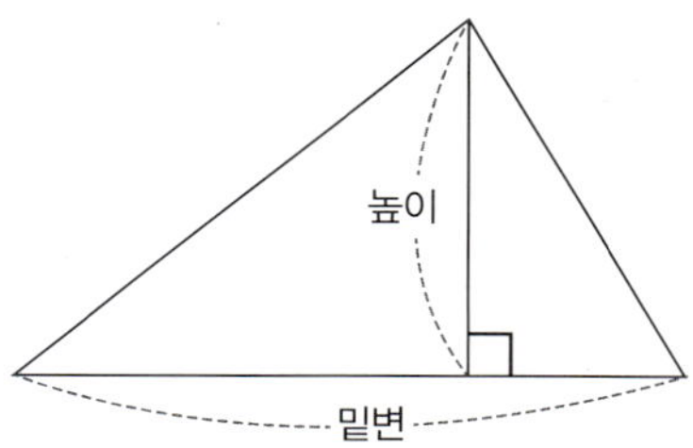

여기서 잠깐

컴퓨팅 사고의 핵심을 이해하는 것은 상당히 추상적이어서 누구라도 선뜻 이해하기가 쉽지 않다. 컴퓨팅 사고와 관련된 보다 자세한 설명과 여러 가지 컴퓨팅 사고가 융합된 다양한 예제들은 6장에서 다룬다.

참고문헌

- Kevin Cummins, Teaching Digital Technologies, e-book, 2016.
- D. Riley and K. Hunt, "Computational Thinking for the Modern Problem Solver", CRC Press, 2014.
- P. S. Wang, "From Computing to Computational Thinking", CRC, 2016.
- Jeannette M. Wing, 「Computational Thinking」, Communications of the ACM Viewpoint, March Vol. 49, No. 3, P. 33-35, 2006.
- Seymour Papert, 「Mindstorm: Children, computers」, and powerful ideas", Basic Books, Inc., 1980.
- 김대수, "창의수학 콘서트(개정판)", 리더스하우스, 2014.
- 김대수, "컴퓨터 개론(개정5판)", 생능출판사, 2016.
- 김강원, 김경애, 심여진, 「CT 역량을 키우는 한국형 소프트웨어 교육 과정의 개발」, 전국 대학(원)생 ICT 토론대회, 블로그.
- 이미란, 「SW교육 칼럼」, 마이크로소프트웨어, Nov 24 2015.
- 조선에듀, 「SW 중심 시대… 컴퓨팅 사고력 교육이 뜬다」, 2016. 3.25.
- 한선관, 류미영, "컴퓨팅 사고력을 위한 소프트웨어 교육", 생능출판사, 2016.
- http://www.formarhub.com/computational-thinking-for-educators/CT for Educators
- https://www.google.com/edu/resources/programs/exploring-computational-thinking/
- http://blog.stablekernel.com/an-introduction-to-the-internet-of-things
- http://m.post.naver.com/viewer/postView.nhn?volumeNo=4751633&memberNo=24803186&vType=VERTICAL
- https://www.cs.cmu.edu/~15110-s13/Wing06-ct.pdf
- http://ycsa.tistory.com/71
- http://research.microsoft.com/en-us/um/redmond/events/asiafacsum2012/day1/Jeannette_Wing.pdf
- http://ycsa.tistory.com/
- http://rewhel.tistory.com/1
- http://www.software.kr/um/um02/um0210/um0210View.do?postId=21587&
- www.barefootcas.org.uk

Chapter

06

컴퓨팅 사고의 7단계와 응용

6.1 컴퓨팅 사고 전(前) 단계들

6.2 컴퓨팅 사고의 7단계 중 '컴퓨팅 사고 단계들'

6.3 컴퓨팅 사고의 복합적 요소들이 적용되는 예

Chapter

06 컴퓨팅 사고의 7단계와 응용

6장에서는 컴퓨팅 사고의 7단계와 주요 응용을 중심으로 다양한 주제들을 다룬다. 컴퓨팅 사고의 7단계 중 컴퓨팅 사고 전 단계, 컴퓨팅 사고 단계, 그리고 컴퓨팅 사고의 여러 가지 요소들이 모두 포함된 복합적 요소들의 응용 등을 살펴본다.

6.1 컴퓨팅 사고 전(前) 단계들

컴퓨팅 사고(Computational Thinking)의 7단계를 [그림 6.1]과 같이 2가지로 크게 나누면 컴퓨팅 사고 전 단계들과 컴퓨팅 사고 단계들로 나눌 수 있다. 여기서는 '컴퓨팅 사고 전 단계들'인 문제 분석 단계, 데이터 수집과 표현 단계 등을 살펴본다.

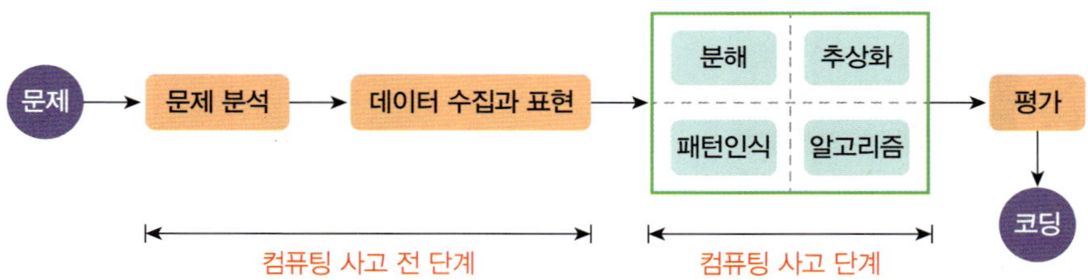

그림 6.1 컴퓨팅 사고 7단계의 개념도

6.1.1 문제 분석 단계

(1) 문제 분석 단계에서의 주요 점검 사항

이 단계의 주요 목적은 문제해결에 필요한 여러 가지 점검을 통하여 문제의 핵심이 무엇인지를 정확하게 분석한 후 해결 가능한 방법을 떠올릴 수 있는 바탕을 마련하는 일이다. [그림 6.2]는 문제 분석 단계의 개념도를 나타낸다.

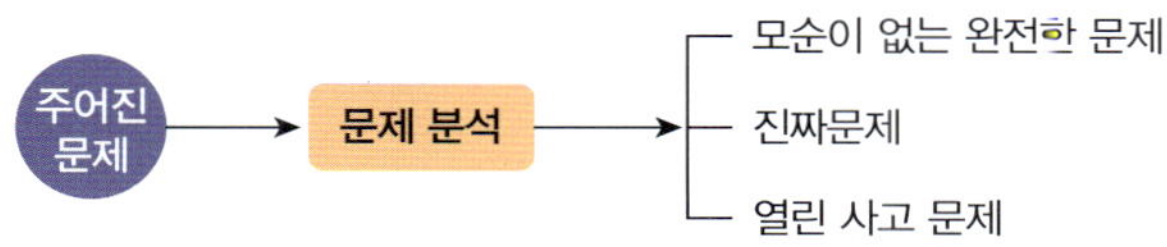

그림 6.2 문제 분석 단계의 개념도

문제 분석 단계에서 점검해야 할 몇 가지 사항들은 다음과 같다.

- 문제가 모순이 없이 완전한 것인가?
- 문제가 진짜문제이며 문제 정의가 정확한가?
- 일정한 규칙이 없는 열린 사고 문제 형태인가?
- 문제의 핵심은 무엇인가?
- 한 가지 또는 복합적인 사항에 관한 문제인가?
- 문제가 애매하지는 않는가?
- 문제의 해답이 한 가지인가 또는 여러 개일 수 있는가?
- 그 문제에 대한 유사한 해결법이 이미 존재하는가?

(2) 문제의 모순 없는 완전성

예제 6.1 문제가 모순 없이 완전한가의 여부

옛날 어떤 노인이 세상을 떠나면서 자식 세 명에게 17마리의 양을 유산으로 남겼다. 그는 유언에서 첫째는 양의 $\frac{1}{2}$을 가지고, 둘째는 양의 $\frac{1}{3}$, 셋째는 양의 $\frac{1}{9}$을 가지라고 하였다. 그러나 막상 유언에 따라 나누려고 하니 귀한 양을 몇 마리 죽이지 않고서는 나눌 수가 없어서 큰 고민에 빠졌다. 그들은 아버지의 유언을 제대로 지켰을까?

풀이 문제대로라면 첫째 자식은 8과 $\frac{1}{2}$마리, 둘째 자식은 5와 $\frac{2}{3}$마리, 셋째 자식은 1과 $\frac{8}{9}$마리로 각각 나누면 된다. 이 문제에서 우리는 분석 과정을 통하여 논리적 모순을 발견할 수 있다. $\frac{1}{2}+\frac{1}{3}+\frac{1}{9}$을 모두 더하면 $\frac{17}{18}$로서 1이 안되기 때문에 노인의 유언에 문제점이 있었다는 것을 알 수 있다. 즉 이 문제는 근본적인 문제점을 내포하고 있는 불완전한 문제였던 것이다.

| 지혜로운 해결책 | 마침 이 집 곁을 지나가던 지혜로운 나그네가 이 이야기를 듣고 자기가 데리고 가던 양 한 마리를 포함시켜 18마리가 된 양을 유언대로 나누니 첫째는 9마리, 둘째는 6마리, 셋째는 2마리를 가지고, 남은 한 마리는 나그네가 도로 가지고 길을 떠났다. 주어진 문제의 모순의 핵심을 간파하여 귀한 양들을 한 마리도 죽이지 않고 적절하게 나누는 지혜를 엿볼 수 있다.

(3) 진짜 문제

우리가 만나는 문제 중에는 제대로 정의된 '진짜 문제(real problem)'가 아닌 경우가 있다. 예를 들어 수천 년에 걸쳐 구리나 철을 귀한 금으로 바꾸기 위해 연구해온 연금술은 근본적으로 불가능한 것이었으며 원래부터 정의될 수 없는, 즉 진짜문제가 아닌 것이었다. 따라서 우리가 문제를 해결하기 전에 진짜문제인지의 여부를 점검해보는 것이 필요하다.

예제 6.2 **배가 아픈 진짜 이유**

중학교 2학년 아들이 배가 아프다며 학교에서 조퇴하여 집으로 돌아왔고, 그 다음날에도 배가 아프다고 했다. 놀란 가족들은 아들을 병원으로 데려가 진료를 받게 했으나 별 다른 이상 소견이 없었다고 한다. 이런 경우 배가 아픈 원인을 어떻게 파악할 수 있을까?

풀이 다방면에 걸쳐 배가 아픈 이유를 폭넓게 살펴보는 것이 필요하다. 이 학생의 경우에는 배가 아픈 의료적인 문제보다는 현재의 상황을 회피하려는 징후일 가능성이 크다. 아마도 이 학생이 학교생활에 염증을 느꼈거나, 친구와의 다툼이나 집단 따돌림을 당하고 있을 가능성에 맞추어 문제를 파악하는 것이 좋을 것이다.

(4) 열린 사고 문제

열린 사고(open-minded) 문제란 열린 마음과 창의적인 사고를 통해 문제를 해결하는 기법으로서, 문제의 해답이 여러 개일 경우도 있고, 정해진 해답이 없는 경우도 있으며, 상상의 나래를 통하여 해결할 수도 있는 문제들이다.

예제 6.3 **문제의 해답이 여러 개일 경우**

구구단에서 두 수를 곱한 결과의 끝자리 값이 7인 경우를 구하시오.

풀이 이 문제는 단 하나의 해답이 아닌 여러 개의 해답을 가지고 있다. 즉 3 × 9 = 27, 7 × 1 = 7, 9 × 3 = 27과 같은 3가지가 있다.

따라서 이와 같이 여러 개의 해답이 있을 수 있는 문제의 경우에는 문제 분석 단계에서 모든 경우의 수를 고려해야한다.

예제 6.4 **열린 사고 문제**

"만약 이 세상에 컴퓨터가 갑자기 없어진다면 어떤 일이 생길 것인가?"라는 문제에 대해 떠오르는 생각을 5개 정도 적어보자.

풀이 사람에 따라 다양한 생각들이 나올 수 있을 것이며, 정해진 정답이 따로 없는 것도 열린 사고의 특징이다. 예를 들면 다음과 같다.

- 모든 사전에서 '컴퓨터'나 'Computer' 등의 단어가 사라질 것이다.
- 각 대학에서 컴퓨터 관련 학과와 IT 기업들이 없어질 것이다.
- 워드프로세서가 없어서 문서작성에 어려움이 많을 것이다.
- 엄청난 계산을 필요로 하는 유전자 분석 등이 불가능해질 것이다.
- 항공기나 기차 등의 실시간 운행 현황의 파악과 처리가 불가능해질 것이다.

이런 유형의 문제들은 얼핏 보면 쉬워 보이지만 사실상 매우 어려운 편이다. 따라서 풍부한 상상력과 깊이 있는 사고를 통하여 열린 사고 유형의 문제해결 능력을 향상시킬 수 있을 것이다.

6.1.2 데이터 수집과 표현 단계

데이터 수집과 표현 단계는 [그림 6.3]과 같이 어떤 문제의 해결책을 찾는데 필요한 지식을 발견할 수 있도록 도와주는 단계이다. 과거에는 데이터 수집을 위해 관련 서적 등 출판물을 찾아보는 것이 빠르고 편리했으나 최근에는 컴퓨터를 통한 정보의 검색과 수집이 일반화되어 있다.

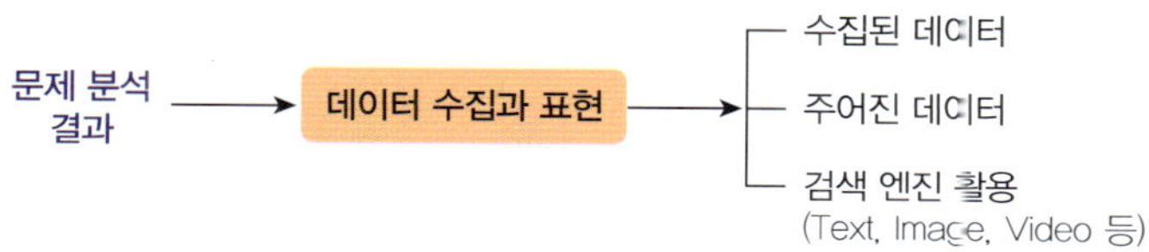

그림 6.3 데이터 수집과 표현 단계의 개념도

특히 인터넷에서는 다양한 출처로부터 수많은 자료들을 쉽고 빠르게 검색해볼 수 있는데, 대표적인 사이트로는 네이버(naver.com), 다음(daum.net), 그리고 구글(www.google.com) 등이 있다. 그러나 일부 검증되지 않은 내용도 포함하고 있다는 점도 항상 염두에 두어야 한다.

예제 6.5 **검색엔진에 의한 데이터 수집**

인터넷 검색엔진을 통하여 '컴퓨팅 사고'를 검색해보고 주요 메뉴들을 나열해 보시오.

풀이 그 결과 검색엔진에 따라 다소 다를 수 있지만 지식백과, 블로그, 사이트, 카페, 뉴스, 전문정보, 책, 이미지, 웹 문서 등의 정보가 나열되어 있다. 이때 메뉴의 상단을 보면 통합검색, 책, 이미지, 카페, 지식iN, 동영상, 더보기 등의 메뉴가 있다. [그림 6.4]는 네이버와 구글 검색엔진의 첫 페이지를 나타낸다.

그림 6.4 네이버와 구글 검색엔진

6.2 컴퓨팅 사고의 7단계 중 '컴퓨팅 사고 단계들'

컴퓨팅 사고의 7단계 중 '컴퓨팅 사고 단계들'에서는 본격적인 컴퓨팅 사고가 일어나게 된다. 이것은 복잡한 문제를 쪼개어 해결하는 분해, 패턴을 인식하는 패턴인식, 특징추출을 통한 추상화, 그리고 체계적인 방법론인 알고리즘과 평가 단계들로 이루어진다.

6.2.1 분해 단계

(1) 분해의 개념

우리는 살아가는 동안 다양한 문제들을 만나게 되는데, 복잡한 문제의 경우에는 그것을 여러 개의 작은 부분들로 나눈 후 하나씩 검토하면서 해결하는 방법이 좋은 경우가 많다. 이와 같이 복잡한 문제나 시스템을 여러 개의 작은 부분들로 쪼개어서 해결하는 개념이 소위 '분해(decomposition)'인데, 그 결과 문제를 다루기가 훨씬 쉬워지는 장점을 가지고 있다.

간단한 예로, 자전거의 작동을 보다 쉽게 이해하기 위해서는 자전거를 여러 부분으로 나눈 후, 각 부분들의 작동을 자세히 살펴보는 것이 보다 쉽고 명확한 이치와 같다. [그림 6.5]는 분해 단계의 개념도를 나타낸다.

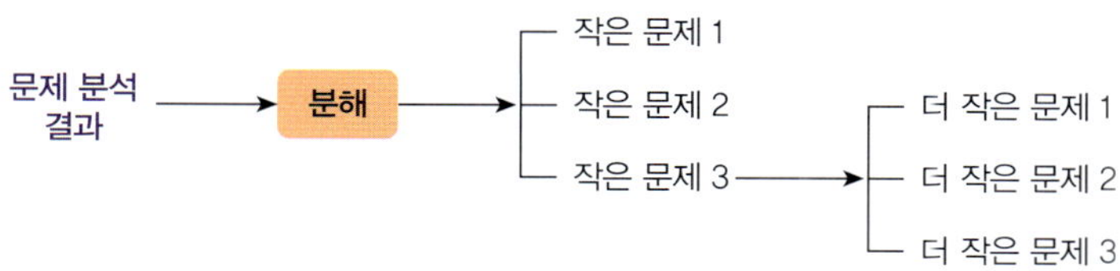

그림 6.5 분해 단계의 개념도

(2) 분해의 예

다음에서 분해와 관련된 몇 가지 예를 살펴보자.

예제 6.6 분해를 통한 효율적인 칫솔질

일상생활에서 행하는 일 중 하나는 이를 닦는 일인데, 효율적인 칫솔질을 위해서는 다음과 같이 세부적으로 분해하여 판단할 필요가 있다.

- 어떤 칫솔을 쓸 것인가?
- 얼마동안 칫솔질을 할 것인가?
- 얼마나 세게 이를 닦을 것인가?
- 어떤 치약을 사용할 것인가?

컴퓨팅 사고 중 '분해'를 통해 성공한 기업의 예로는 미국의 구강 전문용품 브랜드인 오랄비(Oral-B) 사례가 있다. 1950년에 설립된 오랄비는 칫솔모를 어떻게 배치하면 가장 깨끗하게 양치질할 수 있을까를 궁리했고, 앞에서 언급한 4가지 세부적인 관점으로 분해하여 연구하였다. 그 후 연구자들이 칫솔모를 서로 교차하게 만드는 최적의 칫솔모 배치 알고리즘을 고안하여 오랄비가 세계적 브랜드로 발돋움하는 계기가 되었다.

예제 6.7 아침식사를 공동으로 준비하기

분해의 다른 예로 서양식 아침을 준비할 때 해야 할 일을 다음과 같이 6개의 작은 일들로 분해하여 몇 사람이 나누어 처리한다면 훨씬 빠르고 효율적으로 수행할 수 있을 것이다.

- 빵을 토스터에 넣어 굽는 일
- 계란을 프라이 하는 일
- 포크와 나이프를 준비하는 일
- 약간의 샐러드를 준비하는 일
- 우유나 음료수를 컵에 담는 일
- 커피를 내려서 잔에 담는 일 등

예제 6.8 병렬처리 컴퓨터의 분해처리

현대의 디지털 컴퓨터는 그것을 작동시키는 중앙처리장치(CPU: Central Processing Unit)가 원칙적으로 한 개이다. 그러나 1985년 미국에서 처음으로 개발된 슈퍼병렬처리 컴퓨터인 NCUBE/10은 2^{10}인 1,024개의 프로세서들로 이루어져 있으며, 주어진 업무를 1,024개의 프로세서들이 나누어 처리할 수 있다.

가령 1,000억 개의 큰 자료를 처리할 경우 NCUBE/10을 사용하면 각 프로세서 당 1억 개 미만의 자료씩만 처리하여 그 결과를 통합하면 된다는 아이디어에 따라 이용되고 있다. 실제로 [그림 6.6]과 같은 연결 구조를 가진 NCUBE/10 병렬처리 컴퓨터를 사용해 본 경험에 따르면 분해처리의 효과가 컸었다. 그러나 분해하는 데이터의 종류, 처리하는 방법, 그리고 알고리즘에 따라 다소 영향을 받을 수 있다.

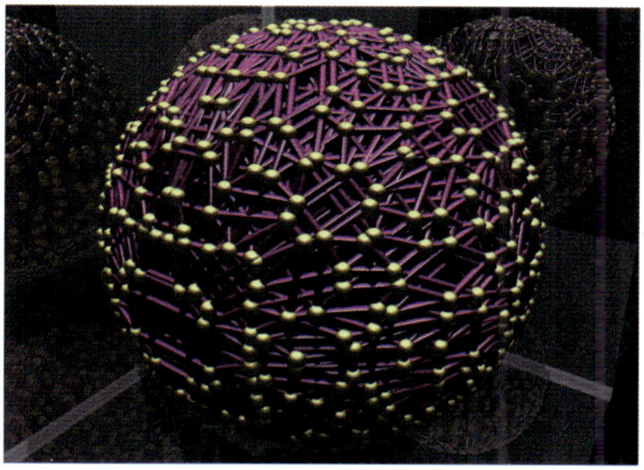

그림 6.6 NCUBE/10 병렬처리 컴퓨터의 연결 구조

예제 6.9 **최단거리 경로의 경우의 수 찾기**

어떤 경우에는 문제를 중간 결과들로 분해하고, 그림을 이용하여 통합하는 방법이 문제해결의 지름길인 경우가 있다. 다음 그림의 A지점에서 B지점까지 가는 가장 가까운 길은 몇 가지인가? 참고로 여기서 가장 가까운 길이란 같은 점을 두 번 지나지 않고 가는 길을 의미한다.

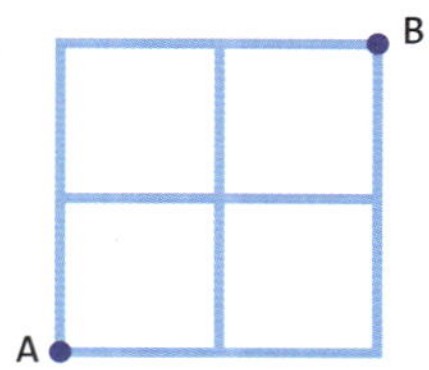

풀이 먼저 A지점에서 갈 수 있는 지점을 정하여 1을 적는다. 외길인 경우에는 그 숫자를 그대로 유지하고, B지점 방향으로 통합되는 교차로에서는 양쪽 방향의 숫자를 목적지인 B지점에 도달할 때까지 단계적으로 더해간다. 따라서 이 경우에는 6가지이다.

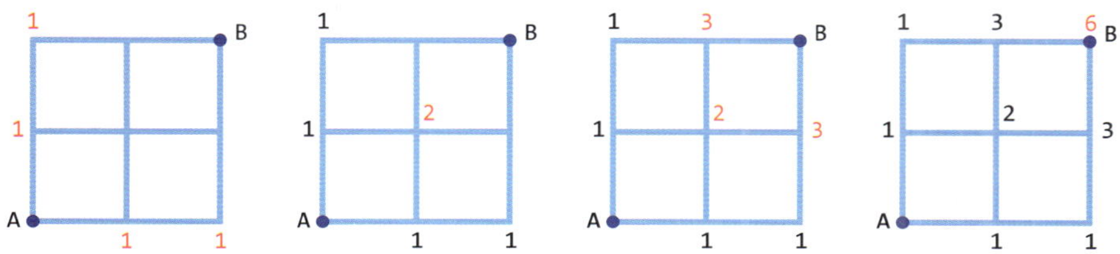

6.2.2 패턴인식 단계

(1) 패턴이란 무엇인가?

패턴(pattern)이란 어떤 집합이나 문제에서 공통적으로 가지고 있는 유사성이나 특징을 말한다. 패턴은 개별적인 문제 내에 존재할 수도 있고, 서로 다른 문제들 사이에도 존재할 수도 있기 때문에 다양한 관점으로 살펴보는 것이 중요하다.

가령 우리가 고양이를 그리려고 할 때 모든 고양이들이 가지고 있는 공통된 특징에 주목하게 된다. 고양이는 일반적으로 둥그런 얼굴, 4개의 다리, 반짝이는 눈, 기다란 꼬리, 부드러운 털을 가지고 있으며, 또한 야옹하는 소리를 내는 특징을 가지고 있다. 따라서 고양이를 그릴 때 야옹하는 소리를 제외하고 이러한 특징들의 패턴에 착안한다면 고양이다운 고양이를 그리기가 쉽다.

(2) 패턴을 찾으려는 이유는 무엇인가?

패턴은 여러 문제들을 보다 단순하게 파악할 수 있도록 해주기 때문에 패턴 찾기는 매우 중요하다. 가령 여러 마리의 고양이를 그릴 경우 고양이의 특성인 눈, 꼬리, 털의 패턴을 발견한다면 보다 쉽고 빠르게 고양이를 그릴 수 있을 것이다. 일단 우리가 어느 고양이를 묘사하는 방법을 안다면 다른 고양이들도 별 어려움 없이 이와 같은 패턴에 따라 묘사할 수 있을 것이다.

만약 우리가 이러한 패턴을 찾지 못한다면 고양이를 그릴 때마다 머뭇거리면서 고양이가 어떻게 생겼는지를 생각해봐야 한다. 이런 경우 시간도 오래 걸리고 효율성도 떨어지게 된다. 더군다나 패턴을 발견하지 못한 경우에는 그림을 그리고 난 후 고양이처럼 보이지 않는 경우도 발생할 수 있다.

(3) 패턴인식을 통한 문제해결

패턴인식(pattern recognition)이란 데이터로부터 중요한 특징이나 속성과 같은 패턴을 추출하여 데이터를 식별할 수 있도록 분류하는 것이다. 패턴인식에는 문자, 물체, 음성 등의 시각 및 청각 패턴들을 인식하는 감각적 인식과 수학 문제를 패턴인식으로 풀기 등 추상적인 항목을 인식하는 개념적 인식이 있다. [그림 6.7]은 패턴인식 단계의 개념도를 나타낸다.

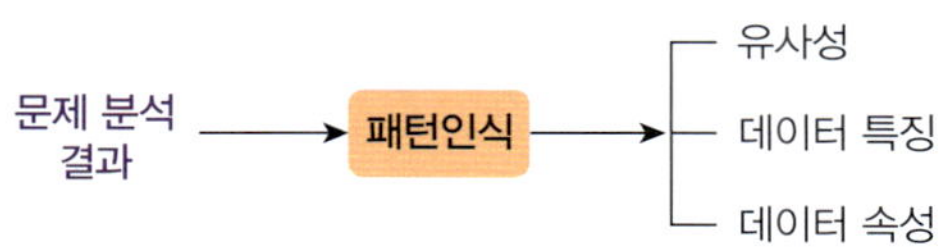

그림 6.7 패턴인식 단계의 개념도

우리는 세심한 관찰을 통해 공통의 특징들을 찾아내는 패턴인식을 하게 되는데, 여기서는 패턴인식의 몇 가지 예를 살펴본다.

예제 6.10 규칙의 발견을 통한 패턴인식 능력 향상

수나 도형의 변화로부터 일정한 규칙을 찾아내어 패턴을 인식하는 것은 중요하면서도 흥미로운 일이다. 다음과 같이 사각형의 개수가 늘어날 때 다음번에 나타날 도형에서 사각형의 칸은 몇 개일까?

풀이 우리는 변화를 관찰하고 일정한 패턴을 인식한다. 수가 1, 2, 3, 4와 같이 증가할 때 사각형의 개수는 1, 4, 9, 16 …과 같이 해당수의 제곱만큼 만들어진다. 따라서 5번째에는 5^2=25개의 사각형이 된다.

예제 6.11 **도형의 패턴인식**

다음 도형의 패턴을 살펴보고 물음표에 들어갈 적당한 도형을 고르시오.

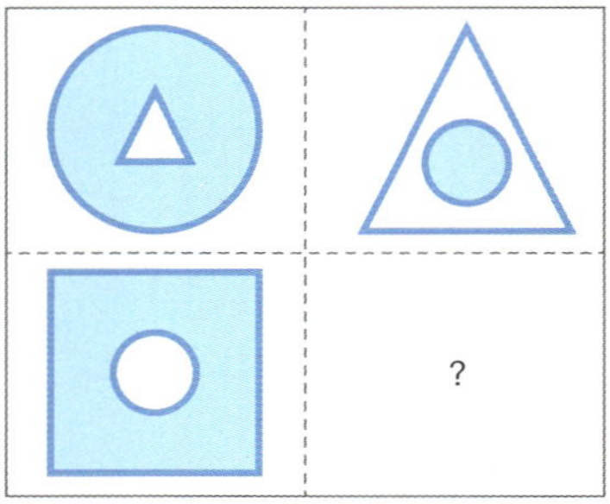

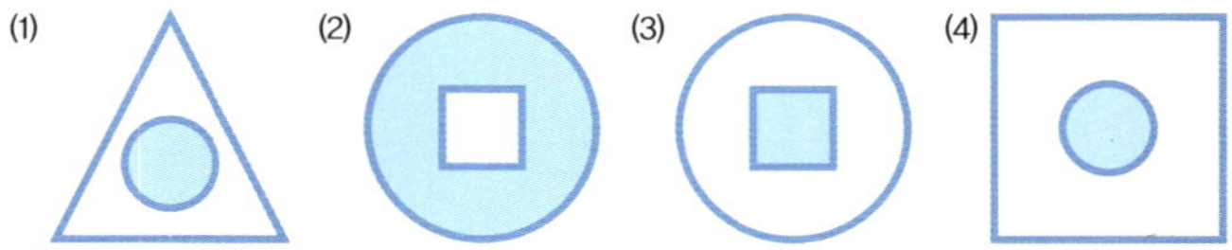

풀이 도형의 좌우 쌍을 보았을 때 안과 밖이 바뀌는 패턴이므로, 아래의 쌍은 (3)번이 된다.

예제 6.12 다음과 같은 규칙에 따라 변하는 패턴이 있다. 오른쪽 물음표에 올 네 번째 패턴은 어느 것인가?

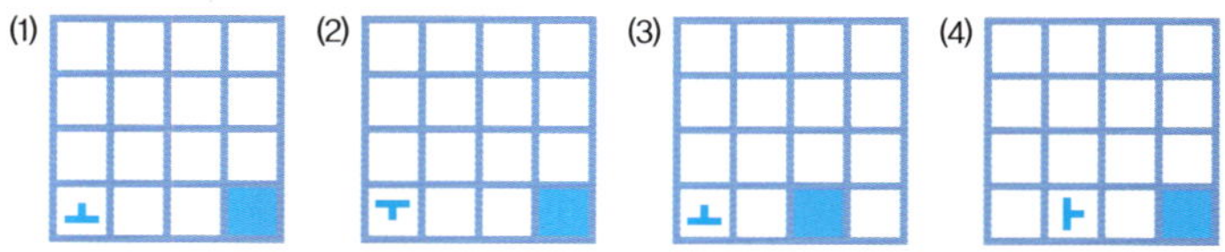

풀이 색칠한 칸은 오른쪽 대각선의 방향으로 이동하고, 나사못은 왼쪽 대각선 방향으로 −90도씩 회전한다. 따라서 (1)번임을 알 수 있다.

(4) 수학과 어학에 있어서의 패턴인식

예제 6.13 수학 문제 풀이에서의 패턴인식

우리가 수학 문제를 풀 때 즉석에서 원리를 파악하고 세심한 분석을 통하여 다양한 문제들을 풀기는 사실상 어렵다. 실제로 중고등학교에서의 수학 문제 풀이는 패턴인식에 의한 것이 많다.

예를 들어 인수분해의 경우 문제를 보는 순간 4~5개 정도의 패턴이 머릿속에 떠오르고, 그 중 가장 가능성이 큰 방법을 선택하게 된다. 이 방법은 특히 정해진 시간 내에 풀어야 하는 문제해결에 많이 쓰인다.

(1) $x^2+2xy+y^2=(x+y)^2$

(2) $x^2-(a+b)x+ab=(x-a)(x-b)$

(3) $x^2-y^2=(x+y)(x-y)$

(4) $abx^2+(ad+bc)x+cd=(ax+c)(bx+d)$

예제 6.14 어학에 있어서의 패턴인식

우리는 어학 학습에 있어서의 패턴인식에 유의할 필요가 있다. 우리나라 사람들이 초등학교 때부터 대학교에 이르기까지 수많은 시간을 할당하여 공부하나 영어의 TOEIC, TOEFL, TEPS 등의 성적은 비교적 부진한 편이다. 그 이유로는 [그림 6.8]과 같이 우리말이 영어와 어순이 다르다는 점이다. 이러한 점은 일본어도 우리와 비슷한 편이고, 중국인들은 영어와 비슷한 어순을 가지고 있다.

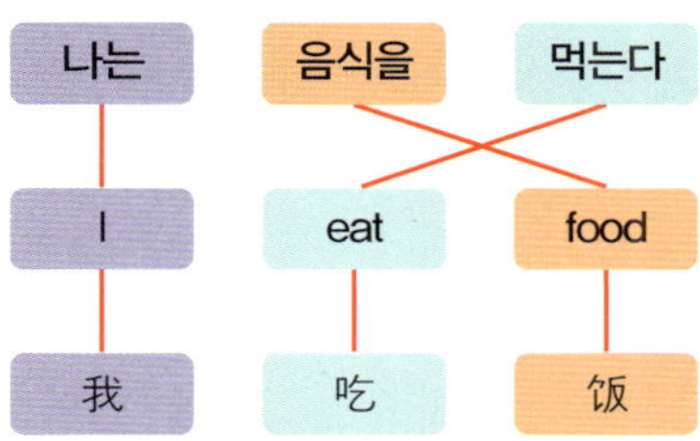

그림 6.8 우리말, 영어, 중국어의 어순 차이

예를 들어 "나는 음식을 먹는다."를 영어로 나타내면 "I eat food."가 되고 중국어로는 '워치판(我吃板)'이 된다. 즉 우리말은 '주어 + 목적어 + 동사'의 순서로 표현하지만 영어나 중국어는 '주어 + 동사 + 목적어'의 순서가 되는 것이다. 따라서 어학 학습에 있어서는 패턴의 근본적인 차이를 이해하고 이에 잘 적응하는 것이 필요할 것이다.
이러한 예는 특정 언어의 구성 패턴으로부터 추출된 개념이 일반화로 적용할 수 있기 때문에 패턴인식 외에 추상화로도 여겨질 수 있다.

6.2.3 추상화 단계

(1) 추상화의 개념

추상화(abstraction)는 다양한 분야에 활용될 수 있는 매우 중요한 개념인데, 복잡한 문제의 경우에도 [그림 6.9]와 같은 추상화 단계를 통하여 간략하게 이해할 수 있는 바탕이 된다.

추상화는 별로 필요 없는 특징들을 제거하고 핵심적인 특징을 추출해내는 것이다. 또한 어떤 것의 원리를 알게 되면 같거나 비슷한 유형의 문제에도 그 해결법을 적용할 수 있는 일반화 원리도 추상화에 속한다.

그림 6.9 추상화 단계의 개념도

우리는 앞부분에서 고양이는 일반적으로 둥그런 얼굴, 4개의 다리, 반짝이는 눈, 기다란 꼬리, 부드러운 털을 가지고 있으며, 또한 생선을 좋아하고 야옹하는 소리를 내는 특징을 가지고 있음을 살펴보았다. 따라서 이로부터의 추상화는 다음과 같다.

- 필요 없는 특징 제거
  고양이가 '야옹'하는 소리의 특성은 고양이 묘사에 불필요하므로 제거

• 핵심적 특징추출

얼굴 형태, 다리의 개수, 눈, 꼬리, 털 등의 특성을 찾아내는 것

• 같은 원리의 적용

이와 같은 일반화를 통하여 다른 고양이를 그리는데 적용할 수 있는 것

결론적으로 추상화의 주요 방법으로는 특징추출을 통한 방법, 관계 추론을 통한 방법, 일반화 방법 등이 있는데, 여기서는 추상화와 관련된 몇 가지 예제들을 차례로 살펴본다.

(2) 특징추출을 통한 추상화

추상화의 대표적인 방법은 특징추출인데, 특징추출 능력이란 주어진 여러 가지 단어, 문장, 그림들 중에서 공통된 특징이나 차이점을 찾아내는 능력을 말한다. 이러한 특징추출의 능력을 배양함으로써 빠르고 정확한 추상화 능력을 기를 수 있다. 쉬운 예를 들어 해, 보름달, 동전, 약병뚜껑, CD 등을 보고 둥근 원이라는 공통된 개념을 착안해내는 작업이다.

예제 6.15 다음 중 특징추출을 통하여 다른 것들과 형태상의 연관성이 가장 작은 것을 고르고, 그 이유를 밝히시오.

(1) 사과　　(2) 참외　　(3) 수박

(4) 복숭아　　(5) 포도　　(6) 배

풀이 포도를 제외한 과일들로부터 각각 독립된 형태인 특징을 추출할 수 있다. 그러나 포도는 여러 개의 송이 형태의 포도 알들로 이루어져 있으므로 (5)번이다.

예제 6.16 다음 도형들에서 추상화를 통해 나머지와 다른 한 가지를 찾아내시오.

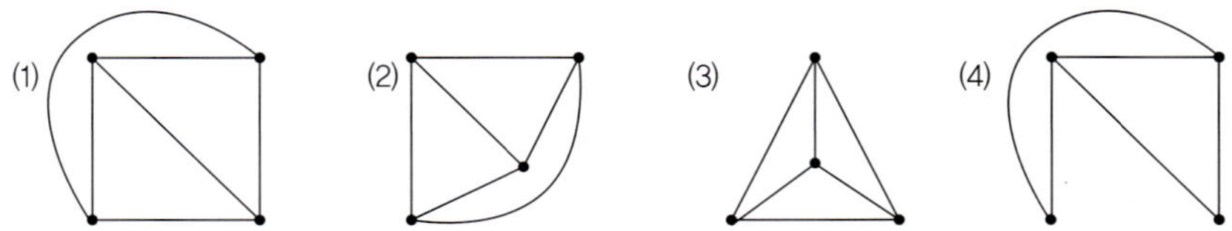

풀이 우선 각 도형이 직선으로만 이루어져 있는지 또는 곡선도 포함하고 있는지의 여부로 판정할 수 있다. 이 경우 직선으로만 이루어진 도형은 (3)번이다. 한편 (1), (2), (3)번의 경우에는 각 정점에서 다른 모든 점들로 직접 연결되어 있으나 (4)번은 그렇지 않다. 따라서 이 문제의 해답은 (3)번 또는 (4)번이 될 수 있다.
이 문제로부터 비교적 짧은 시간 내에 2가지의 특징추출을 해낼 수 있다면 특징추출을 통한 추상화에 상당한 재능이 있음을 짐작할 수 있다.

(3) 관계 추론을 통한 추상화

추상화의 또 다른 방법은 관계 추론인데, 관계 추론 능력이란 주어진 몇 가지 경우로부터 일정한 규칙을 추론하여 일반화하는 능력을 말한다.

예제 6.17 다음과 같은 문제에서 규칙을 추출하여 물음표에 적당한 숫자를 넣으시오.

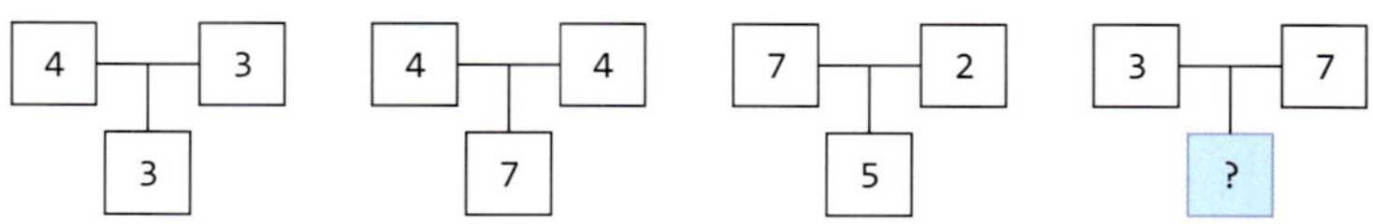

풀이 세 가지 경우로부터 다음과 같은 추론 규칙을 찾아낼 수 있다. 즉 위의 두 수를 곱한 값의 각 자리 수를 더한 값을 아래에 적는 규칙임을 알 수 있다. 즉 $4 \times 3 = 12$에서 $1 + 2 = 3$을 적은 것이며, $4 \times 4 = 16$에서 $1 + 6 = 7$, 그리고 $7 \times 2 = 14$에서 $1 + 4 = 5$이다. 따라서 $3 \times 7 = 21$에서 $2 + 1 = 3$이 들어간다.

6.2.4 알고리즘 단계와 평가 단계

(1) 알고리즘이란 무엇인가?

알고리즘(algorithm)이란 어떤 일을 수행할 수 있는 일련의 명령어 또는 규칙의 집합이다. 예를 들어 집에서 약속장소로 가는 가장 빠른 길을 찾을 경우, 가령 왼쪽으로 돌아 2블록을 직진한 후 오른쪽으로 돌아 한 블록을 가서 100미터 전방에 있는 약속장소에 도착할 수 있다. 이와 같이 선택된 목적지에 도달할 수 있는 일련의 명령어들을 '알고리즘'이라 할 수 있다.

[그림 6.10]은 알고리즘 단계의 개념도를 나타낸다.

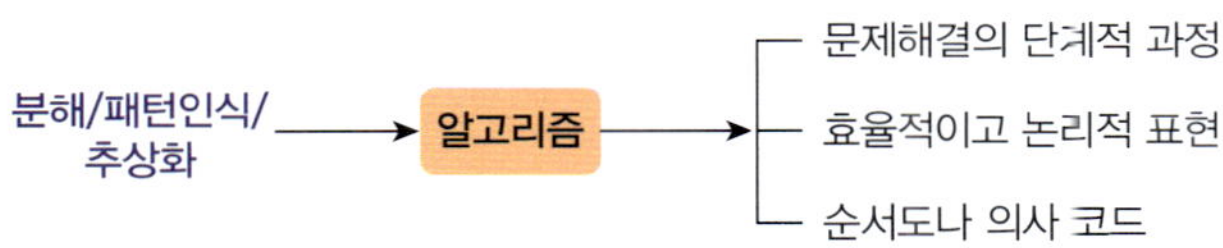

그림 6.10 알고리즘 단계의 개념도

알고리즘에는 이와 같이 목표를 수행하는 경우가 많은데, 가장 거리가 짧거나 또는 가장 빠르게 갈 수 있는 경로를 찾는 것, 또는 맛있는 요리를 만드는 과정 등도 포함될 수 있다. 다시 말해서 알고리즘은 우리 인간을 위해 만들어진 매우 체계적이고 효율적인 방법을 차례로 적어놓은 것을 말하는 셈이다.

가령 전기밥솥을 이용하여 밥을 짓는 매뉴얼(manual)을 개략적으로 나타내면 다음과 같다. 이 가운데 어느 과정이라도 빠지거나 순서가 바뀌면 정상적인 밥 짓기가 될 수 없으며, 이와 같은 일련의 과정도 알고리즘에 속한다.

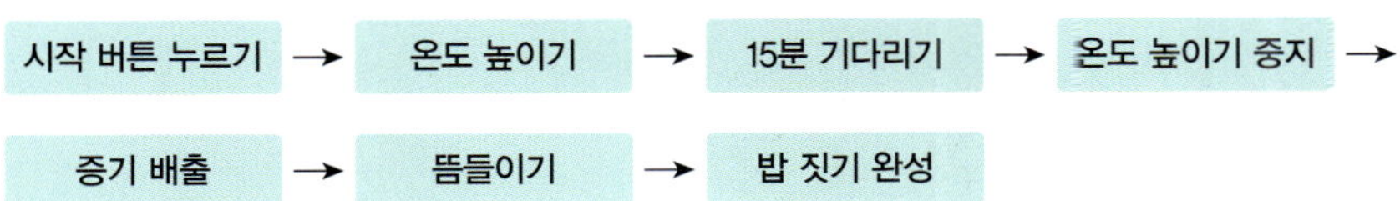

알고리즘은 타당하면서도 정확한 결과를 이끌어내기 위한 방법인데, 복잡하게 얽혀있는 일상생활에서 문제들을 효율적으로 해결하고 현명하게 살아가기 위한 강력한 도구이자 무기이다.

예를 들어 우리가 사용하는 전자레인지의 사용법이나, 엘리베이터로 이동 중 가동이 중단된 경우, 그리고 갑작스런 화재가 발생했을 경우 비상구로 탈출하는 매뉴얼 등도 알고리즘에 속한다.

(2) 단계적 과정으로 이루어지는 알고리즘

예제 6.18 **도토리묵 만들기 알고리즘**

도토리묵은 오래전부터 우리 민족이 만들어온 기호식품인데, 최근에는 다이어트에 좋은 건강식이라고 알려져 많은 사람들의 사랑을 받고 있다. 도토리묵을 만드는 방법, 즉 레시피(recipe)는 순서화된 알고리즘의 한 예이다.

(1) 냄비에 도토리 가루와 찬물을 약 1대 5.5 비율로 넣고 뭉치지 않도록 잘 섞는다.
(2) 냄비를 중불 수준으로 가열하면서 주걱으로 젓는다. 중간에 소금을 넣어 간을 맞춘다.
(3) 농도가 걸쭉해지며 색이 진해지기 시작하면 약한 불로 낮춘 상태에서 15분가량 주걱으로 한 방향으로만 젓는다.
(4) 용기에 묵을 옮겨 담는다.
(5) 식혀서 굳히면 묵이 된다.

이 알고리즘에 따라 다음과 같이 먹음직한 도토리묵을 만들 수 있다.

(3) 알고리즘과 문제해결

알고리즘이란 단어는 아직까지 일반인에게는 그리 친숙하지 않은데, 알고리즘을 한마디로 표현하면 '문제해결을 위한 합리적인 순서 단계'를 의미한다. 간단한 예로 사다리꼴의 면적 구하기도 알고리즘에 속한다.

예제 6.19 사다리꼴의 면적을 구하는 알고리즘

[그림 6.11]에 나타낸 사다리꼴의 면적을 구하는 공식은 다음과 같다.

$$\text{면적} = (\text{밑변} + \text{윗변}) \times \text{높이} / 2$$

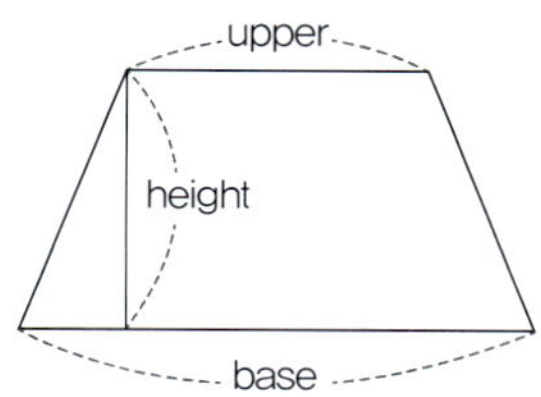

그림 6.11 사다리꼴

이것을 단계별 의사코드로 나타내면 다음과 같은데, 이것이 바로 알고리즘이다.

```
① base <- 20
② upper <- 10
③ height <- 8
④ area <- base + upper
⑤ area <- area × height
⑥ area <- area / 2
```

알고리즘과 관련된 추가적인 예는 8장 알고리즘을 통한 문제해결에서 많이 만날 수 있다.

(4) 평가 단계

컴퓨팅 사고를 거친 결과 도출된 해법인 알고리즘을 바탕으로 코딩이나 프로그래밍에 들어가기 전에 그 알고리즘이 주어진 문제에 대한 적절한 해답인지 그리고 효율적인 지를 확인하는 것은 매우 중요한데, 평가 단계(Evaluating solutions)에서 이루어진다.

평가란 컴퓨팅 사고에 의해 알고리즘이 만들어지면 그것이 원래 목적에 부합하는 지를 확인하는 과정이다. 평가는 주어진 문제에 대한 해답이 원래 의도한대로 제대로 잘 이루어졌는지를 알 수 있게 해주며, 프로그램하기 전에 목적에 적합한지를 판정해준다.

만약 평가 단계를 거치지 않는다면 알고리즘 상에서의 오류를 잡아낼 수 없으며, 그것에 바탕을 둔 프로그램은 정확한 해답을 얻을 수 없거나 효율적인 방법으로 해답을 얻기 힘들 것이다. [그림 6.12]는 평가 단계의 개념도를 나타낸다.

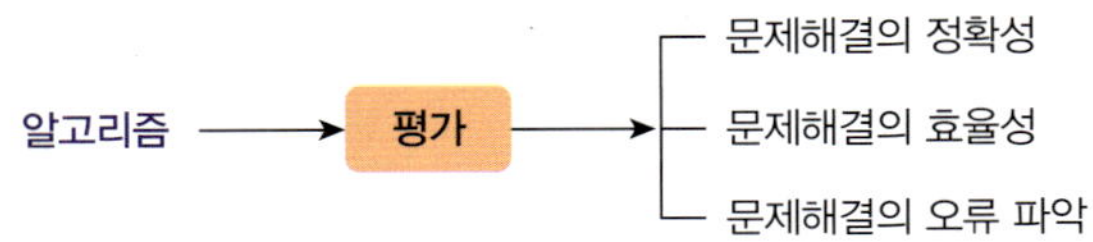

그림 6.12 평가 단계의 개념도

(5) 평가 단계에서의 점검 사항

이때 다음과 같은 알고리즘에 관한 사항들이 점검되어야 한다.

- 주어진 문제를 정확하게 해결하는가?
- 주어진 모든 조건들을 만족시키는가?
- 쉽게 이해되는가?
- 입력에 대해 예상되는 결과가 명확한가?
- 걸리는 시간 면에서 효율적인가?
- 메모리 사용면에서 효율적인가?
- 유한 번의 명령이 수행된 후에 반드시 끝나는가?
- 혹시 오류를 범할 가능성은 없는가?

만약 앞의 조건들을 모두 만족시킨다면 제대로 작동할 것이라 판단되므로 프로그래밍 단계로 넘어갈 수 있다.

6.3 컴퓨팅 사고의 복합적 요소들이 적용되는 예

컴퓨팅 사고의 복합적 요소들이 적용되는 예는 [그림 6.13]과 같은 주요 4가지 요소들이 모두 포함되고 적용되는 응용을 말한다. 여기서는 계산 문제에의 접근, 극장 대피로와 지카 바이러스, 그리고 애완견과 일기예보 등의 예제들을 살펴본다.

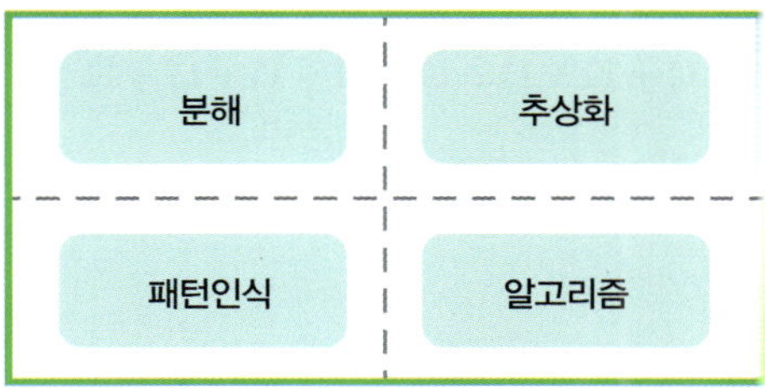

그림 6.13 복합적인 컴퓨팅 사고의 개념도

6.3.1 계산 문제에의 접근

(1) 창의적 발상의 가우스의 예

예제 6.20 **가우스의 덧셈 방법**

가우스의 덧셈 방법은 연속적인 수의 덧셈에 있어서 매우 유용한데, 다음과 같은 2가지 방법이 있다. 여기서는 먼저 1부터 10까지의 자연수를 더할 경우를 살펴보자.

풀이 다음과 같이 두 가지 방법으로 시도할 수 있다.

[방법 1] 처음 수와 마지막 수, 둘째 수와 마지막 바로 앞의 수 등과 같이 두 개씩 한 쌍으로 묶어서 더한 값에다 그 쌍의 개수를 곱한다.

이 경우에 합 11이 모두 5쌍이므로 총합 = 11 × 5 = 55이다.

1 + 2 + 3 + 4 + 5 + 6 + 7 + 8 + 9 + 10

[방법 2] 처음 수의 값에다 반대 순으로 나열된 값을 더한다. 이 값과 그 개수를 곱한 값을 2로 나누어 총합을 구한다.

이 경우의 총합은 11 × 10 ÷ 2 = 55이다.

```
   1 + 2 + 3 + 4 + 5 + 6 + 7 + 8 + 9 + 10
+) 10 + 9 + 8 + 7 + 6 + 5 + 4 + 3 + 2 + 1   (반대 순서로 나열)
   11 + 11 + 11 + 11 + 11 + 11 + 11 + 11 + 11 + 11

   11 × 10(개) ÷ 2 = 55
```

가우스의 이와 같은 방법은 숫자가 바뀌어도 그대로 적용될 수 있다. 즉 1부터 100까지의 자연수를 모두 더한 값을 구할 경우에 위의 방법을 적용하면 간편하게 구할 수 있다.

101

101

101

1 + 2 + 3 + ... + 98 + 99 + 100

101 × 50 = 5,050

이와 같은 가우스의 덧셈 방법은 수학 계산에 있어서 대표적인 창의적 방법으로 여겨지고 있다.

예제 6.21 1부터 19까지의 홀수를 모두 더하시오.

풀이 앞에서와 같은 원리와 방법을 적용하면, 양끝을 더한 쌍의 합이 20이고 그 개수가 5개이므로 총합은 20 × 5 = 100이 됨을 확인할 수 있다.
이와 같은 가우스의 덧셈 방법을 컴퓨팅 사고에 적용시켜볼 때 다음과 같은 요소들이 적용됨을 알 수 있다.

[분해] 처음 수와 마지막 수, 둘째 수와 마지막 바로 앞의 수 등과 같이 두 개씩 한 쌍으로 묶어서 분해한다.
[패턴인식] 묶은 각 쌍의 합이 모두 일정하게 같은 값임을 확인한다.
[추상화] 연속적인 수의 덧셈에 있어 매우 유용한 이러한 방법이 이와 유사한 예인 1부터 100이나 1000까지의 합을 구할 경우에도 이 방법이 그대로 적용될 수 있음을 볼 때 일반화를 통한 추상화와 관련이 있음을 알 수 있다.
[알고리즘] 이러한 방법을 적용할 경우의 알고리즘은 매우 간단하다. 즉 각 쌍의 합의 값에다 쌍의 개수를 곱하는 간단한 알고리즘이 적용됨을 알 수 있다.

따라서 이 문제는 분해, 패턴인식, 추상화, 알고리즘의 4가지 요소가 모두 적용되는 경우가 된다.

(2) 숫자의 규칙 분석의 예

예제 6.22 3을 20번 곱했을 때 일의 자리 수는 얼마인가?

풀이 이 문제를 다른 말로 표현하면, 3을 20번 곱하여 10으로 나누었을 경우의 나머지를 구하는 것과 같은 의미이다. 결론적으로 3을 20번 곱하여도 나머지는 1이다. 즉 $3^{20} = (3^4)^5$의 나머지는 1이다.

[분해] 3을 20번 곱하는 것은 3을 네 번 곱한 것을 5번 반복하는 것으로 분해할 수 있다.

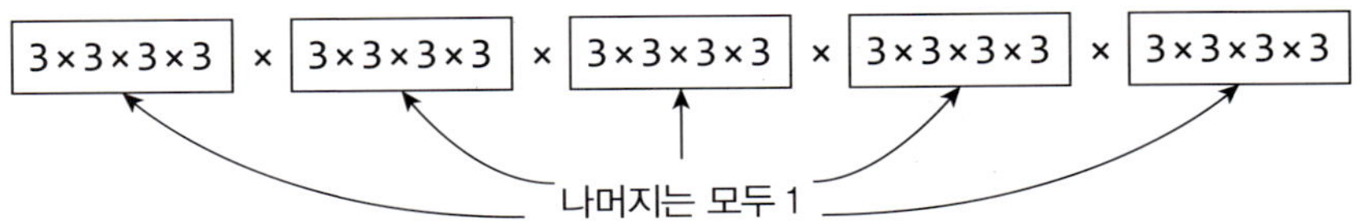

[패턴인식] 3을 거듭 곱하여 10으로 나누면 다음과 같은 규칙을 발견할 수 있다.

3 × 1 = 3	[나머지는 3]
3 × 3 = 9	[나머지는 9]
3 × 3 × 3 = 27	[나머지는 7]
3 × 3 × 3 × 3 = 81	[나머지는 1]
3 × 3 × 3 × 3 × 3 = 243	[나머지는 다시 3]

즉 3을 4번 곱하면 81이 되는데, 끝자리 수가 1인 수끼리는 여러 번 곱해도 끝자리 수가 1이 된다는 점에 착안한다. 즉 3을 4번 곱하면 1의 자리가 1이 되는 패턴을 인식한다.

[추상화] 이 문제에서 일정한 규칙을 이끌어내어 유사한 문제에도 적용시킬 수 있다. 가령 3을 100번 곱하는 경우의 문제에도 이와 같은 방법을 적용할 수 있다. 따라서 이 문제는 추상화와 관련이 있다.

[알고리즘] 먼저 4개씩 곱하여 일정한 패턴을 인식하고, 또 분해하는 과정을 거쳐 단계적으로 곱하여 결론을 유도해 내는 순서적 방법론인 알고리즘 또한 존재한다.

따라서 이 문제도 분해, 패턴인식, 추상화, 알고리즘의 4가지 요소가 모두 적용되는 경우가 된다.

6.3.2 극장 대피로와 메르스 바이러스

(1) 극장 비상대피로의 예

예제 6.23 여러 개의 영화를 상영하는 멀티플렉스 극장에서 화재나 지진 등의 긴급 상황이 발생했을 경우의 대처방법을 살펴보자.

풀이 상황을 빨리 파악하고 문제해결 방법을 찾아낸 뒤 알고리즘에 따라 [그림 6.14]와 같은 비상대피로를 통하여 신속하게 대피한다.

그림 6.14 극장의 비상대피로

[분해] 여러 개의 비상대피로를 확인하여 그 중 자기 상영관에 해당하는 대피로를 파악한다.

[패턴인식] 대피유도등의 패턴을 인식하여 긴급 상황에 대비한다.

[추상화] 화재나 지진과 같은 상황의 특징을 추출한다.

[알고리즘] 자기가 있는 위치에서 가장 적합한 길을 선택하여 정해진 대피유도등을 따라 신속히 대피한다.

(2) 메르스 바이러스의 예

예제 6.24 중동호흡기 질환인 메르스(MERS)가 발생하였다고 할 때 컴퓨팅 사고를 통해 문제를 해결하는 방법을 살펴보자.

풀이 다음과 같은 컴퓨팅 사고를 통해 보건당국에서는 메르스 바이러스와 같은 새로운 바이러스나 변형 바이러스를 빠르고 정확하게 찾아내어 알고리즘에 따라 [그림 6.15]와 같이 적절하게 대처한다.

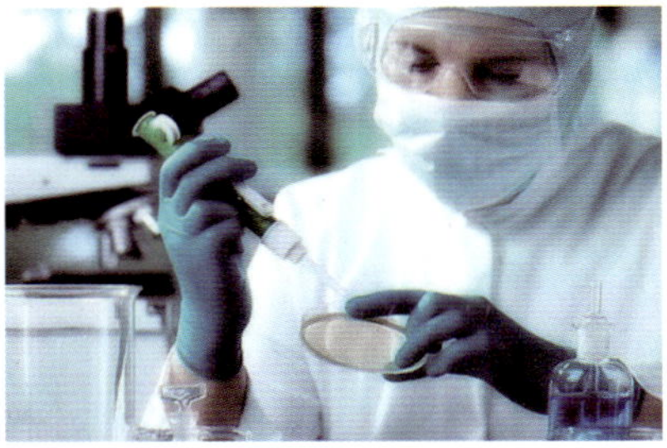

그림 6.15 메르스 바이러스와 대처 방법

[분해] 바이러스의 종류, 감염경로, 치사량, 감염자 발생 여부 등으로 분해하여 관련 정보를 조사한다.

[패턴인식] 중동 여행객 중 감염자 또는 중간 매개체 접촉의 가능성이 있는 사람들의 감기나 설사 증세의 징후를 파악하여 인식한다. 특히 고열, 기침, 근육통, 호흡 곤란, 설사, 구토, 탈수 증상 등으로부터 메르스 바이러스의 두드러진 특징들을 추출하고 피검사를 통해 확진한다.

[추상화] 메르스 증상을 보이는 환자의 피검사를 통해 바이러스를 추출한다. 기존의 바이러스인지 변형된 바이러스인지를 판단하여 치료 방법을 찾아낸다.

[알고리즘] 바이러스 퇴치 및 확산의 차단을 위한 매뉴얼에 따라 대처한다. 즉 격리병동 운영, 유사환자 신고 채널 가동, 보호 장비 지급, 치료약 확보, 감염경로 조사, 검역 강화, 위생 교육과 정보 제공 등을 수행한다.

6.3.3 애완견과 일기예보

(1) 애완견의 예

예제 6.25 **애완견의 심리치료**

요즘에는 국민의 상당수가 개와 고양이 등의 애완동물을 키우고 있으며, TV에서도 동물들의 특이한 현상을 다루는 '동물농장'이란 프로그램을 만나게 된다. 그 중에서 다소 비정상적인 개를 만나게 되는데, 한번 짖기 시작하면 그치지 않는다든가, 밤만 되면 짖는다든가, 무엇이든 난폭하게 물어뜯는 등의 행동을 보이는 경우이다. 이런 경우에는 어떤 방법으로 해결하는 것이 좋을까?

풀이 동물 전문가는 다음과 같은 과정을 통하여 문제를 해결하게 된다.

[분해] 이 개의 여러 가지 유별난 행동을 분해하여 찾아낸다.

[패턴인식] 개의 행동으로부터 특정 패턴을 찾아서 인식한다.

[추상화] 개가 짖는 두드러진 특징들을 추출한다.

[알고리즘] 전문가의 노하우를 접목하여 그에 대한 적절한 심리치료와 단계적 훈련을 실시한다.

얼마 후 우리는 그 개가 신통하게도 정상적으로 회복되는 것을 보고 깜짝 놀라게 된다. 따라서 이 문제는 분해, 패턴인식, 추상화, 알고리즘의 4가지 요소가 모두 적용되는 경우가 된다.

참고로 개가 비정상적으로 계속 짖는 경우의 유형, 대처방법, 해결 포인트의 일부는 〈표 6.1〉과 같다.

표 6.1 비정상적으로 짖는 개의 대처법

짖는 유형	대처 방법	해결 포인트
손님이 오면 현관 밖으로 뛰어나가서 짖는다.	펜스 등을 설치하여 현관문 밖으로 나가지 못하게 한다.	짖게 되는 원인을 제거한다.
주인의 관심을 끌기 위해 짖는다.	그냥 무시하다가 만약 짖는 것을 그치면 같이 놀아준다.	보상을 주지 않는다.
손님이나 택배원에게 끈질기게 짖는다.	손님이 돌아간 다음에 개를 계속 무시하고 현관을 떠난다.	보상을 주지 않는다.
산책을 조르면서 짖는다.	산책하는 시간을 따로 정하지 않는다.	습관을 무너뜨린다.
그냥 마구 짖는다.	욕구불만을 해소해준다.	개가 활동하는 환경을 넓혀준다.

(2) 일기예보의 예

예제 6.26 장마철의 일기예보

우리나라 장마철의 날씨는 갑작스런 폭우 등으로 인해 생명까지도 위험할 수 있으므로 장마철 일기예보는 정확성이 매우 중요하다. 여기서는 컴퓨팅 사고의 4가지 요소의 측면에서 장마철의 일기예보를 살펴본다.

풀이 [분해] 수십 년 동안 한국의 장마철 일기를 집중적으로 분석하며 분해한다. 주요 분해 요소로는 온도, 습도, 일조량, 강수량, 강수일, 자외선 강도 및 열대야 현상 등이다.

[패턴인식] 장마철 일기는 고온다습, 열대야 지속, 특정 지역의 집중호우, 강한 일조량, 2~3일 동안 지속적으로 비가 내리는 등의 패턴을 가지고 있다.

[추상화] 장마의 특징

- 북태평양 저기압이 발달하면 고온다습하고 비가 자주 온다.
- 오호츠크해 고기압이 발달하면 저온에다 강한 자외선으로 마른장다 현상이 일어난다.

[그림 6.16]과 같이 두 개의 기단이 한반도에서 장기간 머무를 경우 지역에 따라 집중호우가 내리거나 장기간 연속으로 비가 내리는 현상이 나타나게 된다.

그림 6.16 2개 기단과 장마전선

앞의 패턴인식으로부터 특징을 추출한 결과 우리나라 장마철의 이와 같은 기상현상을 장마라고 추론한다.

[알고리즘] 패턴인식과 추상화에 입각하여 매뉴얼에 따라 장마에 대비한다.

- 일기예보 관련 정보에 관심을 가진다.
- 태풍이 올 때는 창문을 잘 닫는다.
- 바람이 세차게 불 땐 창문에다 젖은 신문지를 붙인다.
- 하수도와 배수구를 점검한다.
- 쓰레기와 입간판 등을 정리한다.
- 행정기관에서는 하천을 정비하고 댐이나 저수지를 축조한다.

[그림 6.17]은 장마대비 요령과 장마로 인한 물바다를 나타낸다.

그림 6.17 장마대비와 물바다

따라서 이 문제도 컴퓨팅 사고의 분해, 패턴인식, 추상화, 알고리즘의 4가지 요소가 모두 적용되는 경우가 된다.

참고문헌

- Kevin Cummins, Teaching Digital Technologies, e-book, 2016.
- D. Riley and K. Hunt, "Computational Thinking for the Modern Problem Solver", CRC Press, 2014.
- P. S. Wang, "From Computing to Computational Thinking', CRC, 2016.
- 김대수, "창의수학 콘서트(개정판)", 리더스하우스, 2014.
- 김대수, "컴퓨터 개론(개정5판)", 생능출판사, 2016.
- 마나다카하시, 영진닷컴, "그림으로 배우는 알고리즘", 2016.
- 미와 요시코, 김대희 외 역, "가장 쉬운 알고리즘", 비제이퍼블릭, 2014.
- 스기우라 켄, 서재원 역, "그림으로 배우는 알고리즘", 영진닷컴, 2016.
- 한선관, 류미영, "컴퓨팅 사고력을 위한 소프트웨어 교육", 생능출판, 2016.
- http://www.bbc.co.uk/education/guides/zp92mp3/revision
- Jeannette M. Wing, "Computational Thinking", Communications of the ACM Viewpoint, March Vol. 49, No. 3, P. 33-35, 2006.
- http://research.microsoft.com/en-us/um/redmond/events/asiafacsum2012/day1/Jeannette_Wing.pdf
- https://www.google.com/edu/resources/programs/exploring-computational-thinking/
- https://www.cs.cmu.edu/~15110-s13/Wing06-ct.pdf
- http://ycsa.tistory.com/71
- http://research.microsoft.com/en-us/um/redmond/events/asiafacsum2012/day1/Jeannette_Wing.pdf
- https://computationalthinkingcourse.withgoogle.com/unit?lesson=8&unit=1
- https://ko.wikipedia.org/wiki/%EC%BB%B4%ED%93%A8%ED%8C%85_%EC%82%AC%EA%B3%A0
- http://cafe.naver.com/mindcenters/541
- http://cs.franklin.edu/~sieberth/ncube/ncube.htm ncube, 10
- https://www.youtube.com/watch?v=hN9xemJYwos)
- https://www.youtube.com/watch?v=qRMu1Z9yEi8
- http://www.playsw.or.kr/repo/material

Chapter

07

문제해결과 컴퓨팅 사고

7.1 문제해결의 방법

7.2 컴퓨팅 사고와 문제해결

7.3 창의적 문제해결

Chapter

07 문제해결과 컴퓨팅 사고

7장에서는 컴퓨팅 사고와 문제해결을 중심으로 다양한 주제와 응용들을 다룬다. 문제해결의 방법, 컴퓨팅 사고와 문제해결, 그리고 상상력과 창의성을 활용한 창의적 문제해결도 다룬다. 또한 이 세 가지 문제해결 방법과 관련된 다양한 예제들도 살펴본다.

7.1 문제해결의 방법

인간은 살아가는 동안 끊임없이 문제를 만나게 되는데, 컴퓨팅 사고의 궁극적인 목표는 주어진 문제를 효율적으로 해결하는 것이다. 여기서는 문제해결의 방안, 폴리아의 문제해결법, 문제해결의 실제 예 등을 살펴본다.

7.1.1 문제해결의 방안

(1) 문제해결과 해결 방법

우리는 살아가면서 다양한 문제(problem)들을 만나게 된다. 어떤 문제는 호기심 정도의 가벼운 문제들도 있지만, 어떤 문제는 우리가 반드시 해결해야만 하는 상당히 어렵고 중요한 문제일 수도 있다.

문제해결(problem solving)이란 통상 우리가 원하는 해답을 얻는 경우를 말하는데, 상당한 시간과 지적인 노력이 투입되어야 효율적이고 좋은 결과를 얻을 수 있다. 일반적인 경우에는 하나의 해답을 구하게 되지만 열린 사고 문제(open-ended problem)의 경우에는 여러 가지 해답을 얻는 경우도 있다.

문제해결에 있어 그것이 시험 문제이든, 교재에 나오는 문제이든, 또는 세상을 살아가는 동안 만나는 일상적인 문제이든 간에 현명하고 깔끔하게 문제를 해결하는 것이 좋을 것이다.

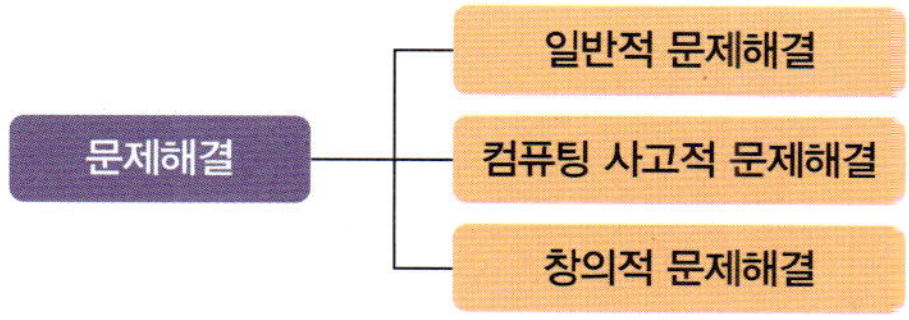

그림 7.1 문제해결의 3가지 방법

문제해결 방법은 [그림 7.1]과 같이 3개의 영역으로 나눌 수 있다. 일반적 문제해결 방법은 우리가 일상생활에서 통상 만나는 비교적 해결이 어렵지 않은 문제를 해결하는 방법이다. 한편 컴퓨팅 사고 문제해결 방법은 분해, 패턴인식, 추상화, 알고리즘 등의 컴퓨팅 사고 요소를 활용하여 문제를 해결하는 방법이며, 창의적 문제해결 방법은 인간이 가지고 있는 독특한 창의성을 적용하여 문제를 해결하는 방법이다.

(2) 문제해결의 핵심적인 방안

여기서는 문제해결에 있어 유의할 몇 가지 핵심적인 방안을 생각해본다.

1. 먼저 기본 개념과 원리를 생각하며 그 문제에다 적용해본다.
2. 이미 알고 있는 유형의 문제인 경우 같은 방법으로 적용해본다.
3. 의외로 쉽게 해결 방법을 찾을 수 있을 것이라는 자신감을 가진다.
4. 어렵게 보이는 문제를 단순화시킬 수 있는 지를 점검한다.
5. 한번 틀리고 난 후에는 그 원인을 철저히 분석하여 이해한다.
6. 복잡한 문제인 경우 여러 단계로 잘게 나누어 문제를 해결한다.
7. 다양한 관점으로 문제의 핵심에 접근해본다.
8. 틀을 벗어난 자유로운 생각으로 문제해결의 실마리를 끌어낸다.

또 다른 문제해결 전략은 다음과 같다.

1. 주어진 조건에 맞추어 다각도로 문제에 접근한다.
2. 문제를 철저히 분석한다.
3. 주어진 조건에 맞게 그림을 그리거나, 식을 만들거나, 또는 규칙을 찾는다.
4. 조건에 따라 거꾸로 생각해 본다.
5. 단계적으로 생각한다.

> 여기서 잠깐
>
> **문제해결 전략과 컴퓨팅 사고**
>
> 1~5번까지의 전략은 컴퓨팅 사고의 7단계와 관련이 있다. 즉 1~2번은 분석 단계, 3번은 분해, 패턴인식, 추상화와 관련이 있으며, 5번은 알고리즘과 관련이 있다.

7.1.2 폴리아의 문제해결법

(1) 폴리아의 4단계 문제해결법

폴리아의 4단계 문제해결법은 문제를 이해하고, 아이디어를 스케치하여 문제해결의 계획을 수립하는 과정을 통하여 대부분의 문제를 해결해나가는 매우 효율적이며 편리한 시스템적 접근 방법이다.

저명한 수학자이며 수학교육학자인 조지 폴리아(George Polya, 1887~1985)는 『어떻게 문제를 풀 것인가?(How to solve it)』라는 저서를 통하여 다음과 같은 4단계 문제해결법을 제시하였다. [그림 7.2]는 폴리아의 4단계 문제해결법을 나타낸다.

[1단계] 문제이해

문제의 뜻, 주어진 조건, 해결해야 할 목표, 상황 등을 파악하여 주어진 문제를 충분히 이해한다.

[2단계] 해결 계획 수립

그림으로 스케치하기, 경우의 수로 나누어 생각하기, 비슷한 문제 떠올리기, 다른 사람의 해결책 생각하기, 거꾸로 풀기, 단순화하기 등 모든 지식을 활용하여 해결 방법을 수립한다.

[3단계] 문제해결

수립한 계획대로 문제를 해결한다. 또한 다른 방법들도 가능한지를 살펴보고 적용해 보며 해결법이 타당한지를 점검한다.

[4단계] 검토와 최종 점검

풀이 과정과 해결법을 점검하고 검토하며, 첫 단계로 돌아가서 다른 해결 방법이 있는지도 검토한다.

그림 7.2 폴리아의 4단계 문제해결법

폴리아가 제시한 4단계 문제해결법은 단계적인 문제해결 과정을 통하여 주어진 문제를 체계적으로 해결하게 해주는 매우 유용한 방법이다. 따라서 대부분의 문제 풀이에 이 방법을 적용하면 정확성과 효율성이 매우 높을 것이다.

여기서 잠깐

폴리아의 문제해결법과 컴퓨팅 사고의 관계

폴리아의 4단계 문제해결법은 컴퓨팅 사고의 [1단계], [2단계], [4단계]와 관련이 깊다.

[1단계] 문제이해 단계 – 컴퓨팅 사고의 분석 단계
[2단계] 해결 계획 수립 단계 – 컴퓨팅 사고의 분해, 패턴인식, 추상화 단계
[4단계] 검토와 최종 점검 단계 – 컴퓨팅 사고의 평가 단계

(2) 폴리아의 4단계 문제해결법의 예

예제 7.1 오른쪽 그림은 같은 크기의 정사각형 12개로 이루어진 도형이다. 크고 작은 정사각형이 모두 몇 개인지 알아보자.

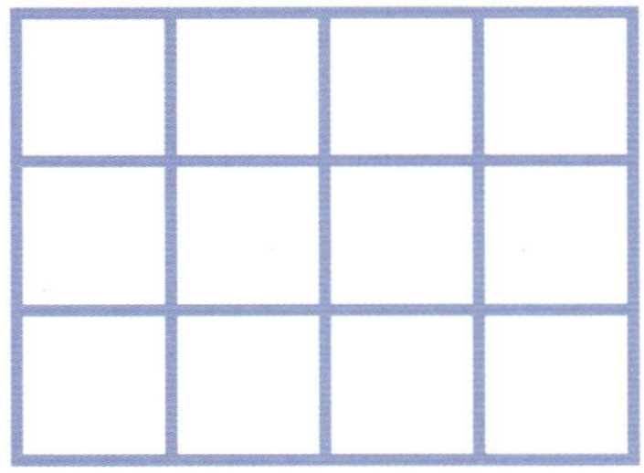

풀이 폴리아의 4단계 방법으로 문제를 풀어보자.

[1단계] 문제이해 – 문제의 뜻을 알아본다. 즉 구하려고 하는 것이 무엇인가? 또 이 문제를 푸는 데 주어진 조건은 무엇인가?

여러 가지 크기의 정사각형의 개수를 구하고자 한다. 크기가 같은 12개의 작은 정사각형으로 이루어져 있다.

[2단계] 해결 계획 수립 – 문제를 어떻게 풀 수 있을까?

여러 가지 경우의 수로 나누어 간단한 그림으로 스케치한다. 변의 길이에 따라 정사각형의 개수를 구한다. 한 변의 길이가 1인 경우, 2인 경우, 그리고 3인 경우로 나누어서 계산하면 된다.

[3단계] 문제해결 – 그림을 그려가며 여러 가지 경우에 따라 계산한다.

한 변의 길이가 1, 2, 3인 경우에 정사각형의 개수를 구하고 모두 합하면 된다.

[4단계] 검토와 최종 점검 – 풀이 방법이 유일한지, 또한 위의 셈에 틀린 점이 없는지 검토해 본다.

이 문제의 경우에는 정답 20개가 유일한 정답임을 확인하였다.

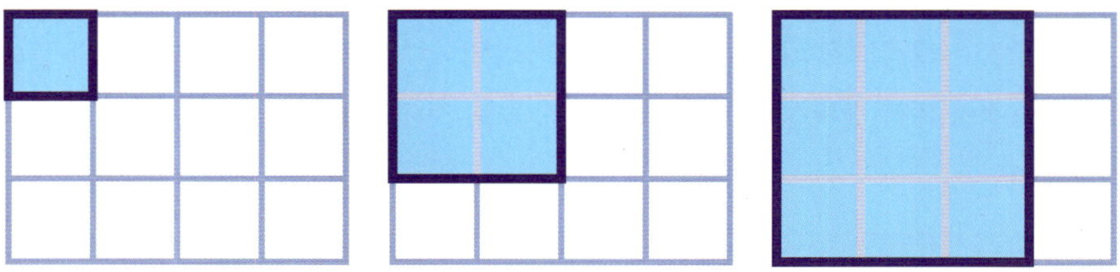

한 변의 길이가 1인 경우 정사각형의 개수는 $4 \times 3 = 12$

한 변의 길이가 2인 경우 정사각형의 개수는 $3 \times 2 = 6$

한 변의 길이가 3인 경우 정사각형의 개수는 $2 \times 1 = 2$

따라서 이 3가지 경우의 수를 모두 합하면 20개이다.

7.1.3 문제해결의 실제 예

(1) 융합을 통한 문제해결

예제 7.2 **와플콘 만들기**

어떤 사람이 다음과 같은 필요에 의해 문제를 해결하고 싶을 때 어떻게 하면 좋을까?

① 아이스크림을 먹는 용기에 담아 편리하게 먹을 수는 없을까?

② 아이스크림과 와플을 한손에 잡고 한꺼번에 먹고 싶다.

풀이 두 가지 요구사항을 [그림 7.3]과 같이 융합을 통해 동시에 해결하면 된다. 즉 와플의 모양을 변형하여 아이스크림을 담을 수 있는 형태로 만든 후 와플에다 아이스크림을 넣으면 와플콘을 만들 수 있다.

그림 7.3 와플콘 만들기

(2) 모순 제거를 통한 문제해결

예제 7.3 **구글(google)의 포털 사이트의 광고**

포털(portal) 사이트의 경우 고객들은 배너(banner)광고가 없기를 원하지만, 이를 운영하는 회사에서는 이윤을 확보하기 위해 배너광고가 꼭 필요하므로 상호 갈등과 모순이 존재한다. 구글은 그런 문제를 어떻게 해결했을까?

풀이 구글은 [그림 7.4]와 같이 포털의 초기화면에는 배너광고가 전혀 없이 만들었다. 그 결과 고객들은 방해받지 않은 단순한 화면에서 검색한 후 원하는 정보가 들어있는 화면으로 들어가게 되었다. 그러나 [그림 7.5]와 같이 실제 검색 화면에 들어가면 이용자는 자동적으로 광고에 접하게 되고, 구글은 이를 통해 상당한 광고비를 획득할 수 있게 되었다.

그림 7.4 구글의 초기 화면

그림 7.5 구글의 광고 노출 화면

(3) 분리를 활용한 문제해결

예제 7.4 다단계 로켓 추진체 문제

예전에 미국과 소련이 로켓을 우주괘도까지 진입시키려면 큰 연료통이 필요했다. 그러나 이로 인해 로켓이 무거워져서 우주궤도에 올라가지 못했다. 그들은 어떻게 이 문제를 해결했을까?

풀이 연료통을 가진 추진체를 몇 단계로 분리해보면 어떨까? 한 단계가 지나면 연소된 로켓 부분은 분리되어 나간다. 그 후 단계별로 로켓 추진체가 분리되며 가벼워진 몸체로 훨씬 더 멀리 날아갈 수 있다. [그림 7.6]은 다단계 로켓 발사와 단계별 분리를 나타낸다.

그림 7.6 다단계 로켓 발사와 단계별 분리

여기서 잠깐

문제해결의 실제 예와 컴퓨팅 사고

앞에서 살펴본 세 가지 예의 문제해결은 모두 컴퓨팅 사고와 관련이 있다.

(1) 융합을 통한 와플콘 만들기 – 컴퓨팅 사고의 분해를 거꾸로 적용하기
(2) 구글의 포털 사이트의 광고 – 컴퓨팅 사고의 분석과 분해
(3) 다단계 로켓 추진체 문제 – 컴퓨팅 사고의 분석과 분해

7.2 컴퓨팅 사고와 문제해결

컴퓨팅 사고에서는 효율적인 문제해결 능력이 매우 중요하며, 컴퓨팅 사고 방법은 쉽게 처리할 수 없는 문제해결에 도움을 준다. 여기서는 컴퓨팅 사고를 통한 문제해결, 문제해결을 위한 모델링, 다이어그램을 이용한 문제해결, 그리고 생활 속의 문제해결 등을 살펴본다.

7.2.1 컴퓨팅 사고를 통한 문제해결

(1) 컴퓨팅 사고와 문제해결

컴퓨팅 사고를 통한 문제해결은 일반적인 문제해결 방법과 차별성을 가지고 있다. 컴퓨팅 사고는 일반적으로 문제의 분석, 분해, 패턴인식, 추상화, 그리고 알고리즘을 거쳐 컴퓨터의 정확성과 신속성 등의 컴퓨팅 파워를 활용한 문제풀이가 주류를 이루기 때문이다.

우리가 컴퓨팅 사고를 통해 어떤 문제를 해결하려고 할 때 [그림 7.7]과 같이 컴퓨터가 우리에게 도움이 될 수 있는 방법을 찾아내게 된다. 그러나 컴퓨팅 사고를 통한 문제해결 방법이 어느 경우에나 적용되는 것은 아니다. 이 방법은 컴퓨터과학자들이 문제를 해결하려고 할 때 흔히 사용하는 기법으로서, 특히 분해, 패턴인식, 추상화, 그리고 알고리즘을 이끌어내기 위한 방법으로 매우 유용하다.

그림 7.7 컴퓨팅 사고에 의한 문제해결

(2) 컴퓨팅 사고에 의한 문제해결

예제 7.5 다음의 계산에서 일정한 패턴을 인식하여 괄호 안의 숫자를 추정해서 적으시오.

12345679 × 9 = 111, 111, 111
12345679 × 18 = 222, 222, 222
12345679 × 27 = 333, 333, 333
12345679 × ( ) = 444, 444, 444
12345679 × 45 = 555, 555, 555
( ) × 54 = 666, 666, 666
12345679 × 63 = 777, 777, 777
12345679 × 72 = ( )
12345679 × 81 = 999, 999, 999

풀이 이 문제는 컴퓨팅 사고의 패턴인식과 관련이 깊다. 전체적인 패턴을 왼쪽부터 살펴보면 1부터 9까지 숫자 중 8이 제외된 똑같은 수이고, 곱하는 수가 차례대로 9의 배수이며, 곱셈의 결과는 같은 숫자가 9개인 숫자 패턴임을 인식할 수 있다. 따라서 결과는 왼쪽부터 12345679, 36, 그리고 888, 888, 888이 된다. 혹시 궁금하면 계산기로 계산해 보면 된다.

예제 7.6 일정한 패턴이 있는 다음의 도표로부터 패턴을 인식하여 물음표에 들어갈 적합한 숫자를 넣으시오.

			1
		2	3
	1	3	6
3	4	7	?

풀이 이 경우에는 2차원적으로 사고하는 것이 필요하다. 패턴인식과 추상화를 통하여 중간에 있는 네모 칸의 값은 그것의 위 칸과 왼쪽 칸의 수를 더한 값이므로 6+7=13이다.

(3) 일상생활에서 컴퓨팅 사고를 통한 문제해결의 예

컴퓨팅 사고를 통한 문제해결의 예는 5장과 6장에서 다양한 예를 살펴보았는데, 그 외 일상생활에서 흔히 만날 수 있는 예는 다음과 같다.

- 지하철이나 버스 등 교통수단의 가장 빠른 환승
- 슈퍼마켓에서 적게 기다리는 줄에 줄서기
- 중요한 서류들을 순서대로 정렬하기
- 공간을 고려한 가구를 재배치하기

7.2.2 문제해결을 위한 모델링

(1) 모델링을 통한 문제해결

문제해결에는 일반적인 측면과 기술적인 측면이 있다. 일반적인 측면에서는 문제에 대한 명백한 해답이나 결론을 찾아내는 것에 치중한다. 반면에 기술적인 측면에서는 어떤 변화를 통해 현재보다 성능을 좀 더 개선시키거나 발전시키는 방안을 찾아내게 된다. [그림 7.8]은 모델링을 통한 4단계의 문제해결 방법을 나타낸다.

1단계에서는 주어진 문제를 해결하기 위한 아이디어를 다양한 방법으로 스케치한다. 만약 만족할만한 아이디어가 도출되면 그것을 바탕으로 2단계에서 추상적 모델을 구상하고, 3단계인 모델링으로 연결시킨다. 그 후 4단계에서 테스트와 적용을 거쳐 주어진 문제를 해결하게 된다.

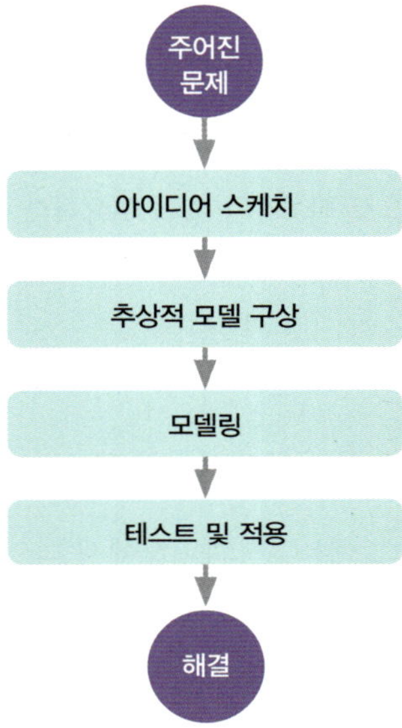

그림 7.8 모델링을 통한 문제해결 방법

예를 들어 소프트웨어 프로그래밍인 경우 다음과 같은 단계적 접근 방식이 매우 효과적이다. 먼저 아이디어를 스케치한 후 추상적 모델링과 모델링 과정에서 구체적인 방법론을 제시한다. 그 후 아이디어를 묶어서 블록 다이어그램(block diagram)으로 표현하거나, 프로그래밍의 경우 의사코드 단계까지 구체화하는 작업을 수행한 후 테스트와 적응을 통해 해결법을 얻게 된다.

(2) 시스템적 문제해결

한편 시스템적으로 문제를 해결할 수 있는 방법은 [그림 7.9]와 같이 5단계로 이루어져 있는데, 문제해결을 위한 매우 중요한 방법 중 하나이다.

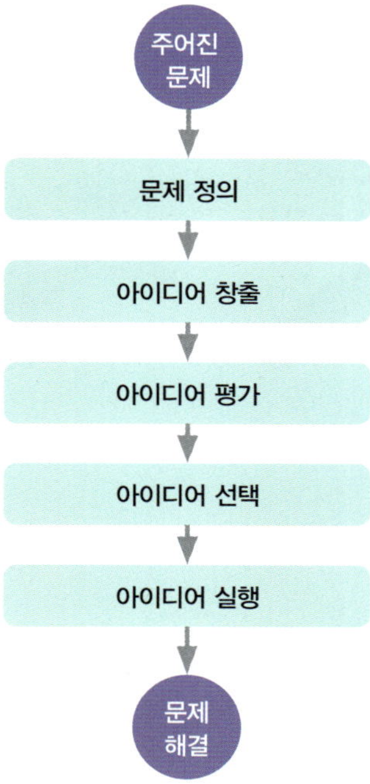

그림 7.9 5단계 문제해결 방법

① 문제 정의: 문제 정의 과정은 우리가 추구하는 진짜문제의 핵심을 찾는 과정으로서, 무엇보다 문제의 목표를 명확하게 정의하고 제약조건 등을 파악한다.

② 아이디어 창출: 여러 가지 아이디어 생성 기법을 사용하여 그 문제를 해결할 가능성이 높은 새롭고 창의적인 아이디어들을 최대한 많이 생성해 낸다. 이 경우 아이디어의 질보다는 양을 더 중요시하는데, 정제되지 않은 많은 아이디어가 산출된다.

③ 아이디어 평가: 생성된 여러 가지 아이디어들을 종합적인 분석 과정을 거쳐 철저히 평가한다. 그 결과 문제해결에 도움이 되는 몇 개의 실현 가능한 아이디어들을 선택한다.

④ 아이디어 선택: 이 과정에서는 선택된 몇 개의 아이디어 중 문제해결에 가장 적합한 아이디어 하나를 최종적으로 선택한다.

⑤ 아이디어 실행: 최종적으로 선택된 아이디어를 문제해결에 효율적으로 적용하여 실행함으로서 문제 정의에서의 목표에 부합하는 좋은 결과를 도출해낸다.

7.2.3 다이어그램을 이용한 문제해결

다이어그램을 이용하는 방법은 컴퓨팅 사고와 밀접한 관계에 있다. 이 방법은 우선 철저한 분석 과정을 거치고, 문제를 다이어그램을 통해 분해하고, 또한 패턴인식 과정을 거치게 된다. 그 후 다이어그램을 통해 완성된 추상화를 적용할 수 있고, 그 결과를 바탕으로 알고리즘을 구현할 수 있다. 따라서 컴퓨팅 사고의 4가지 주요 요소들과 상당한 관련이 있다.

여기서는 컴퓨팅 사고 중 '추상화'와 관련이 깊은 자판기의 설계와 배를 이용한 가족들의 강 건너기 문제를 다이어그램으로 해결하는 방법을 익힌다.

(1) 다이어그램을 이용한 문제해결

예제 7.7 다이어그램을 이용한 자판기의 설계

상당히 복잡한 문제를 해결하려고 할 때 다이어그램을 이용하면 머리 속에 떠오르는 수많은 생각들을 체계적으로 정리할 수 있다.

우리가 일상생활에서 흔히 만날 수 있는 이론적인 오토마타 자판기는 50원짜리와 100원짜리 동전을 넣을 수 있으며, 투입한 돈이 300원 또는 그 이상일 때 자판기는 커피나 음료수를 내주고, 거스름돈은 돌려주지 않는 단순한 모델이라고 가정하자.
이러한 상태 다이어그램에서는 [그림 7.10]과 같이 간단한 자판기 오토마타에서 투입되는 액수에 따라 상태가 변하게 된다. 먼저 시작 상태에서는 액수가 0원이며, 50원이 투입되면 50원 상태로 가고, 100원이 투입되면 100원 상태로 간다. 100원 상태에서 50원이 투입되면 150원 상태로 이동하고, 150원 상태에서 100원이 투입되면 250원 상태로 이동하고, 이와 같은 과정을 계속하여 300원이나 그 이상의 액수 상태가 되면 음료수를 출력한다.

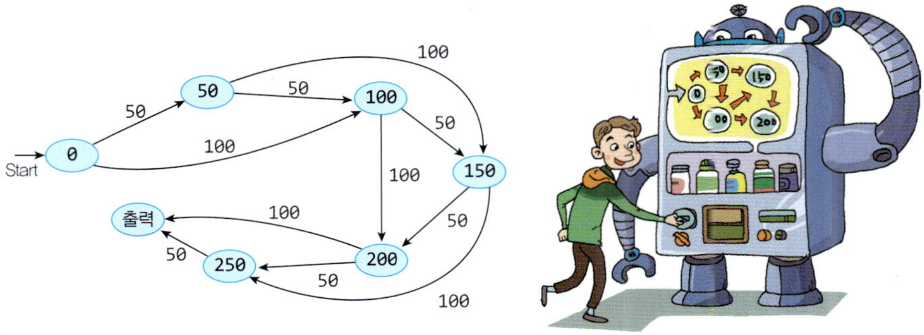

그림 7.10 간단한 자판기 오토마타

> **여기서 잠깐**
>
> **오토마타**
>
> 오토마타(automata)란 '자동기계 장치'란 뜻을 가진 이론적인 모델이다. 단순한 형태의 오토다타는 물시계나 모래시계를 포함하는데, 대부분의 기계 장치, 엘리베이터, TV 등의 가전제품이 모두 정해진 오토마타의 원리에 따라 작동된다고 볼 수 있다.
>
> 이러한 오토마타를 다이어그램으로 그려서 핵심적인 것을 추출하고, 그것을 바탕으로 모델링하는 것은 매우 유용한 방법이다. 그 후 그것을 전자회로로 구현하여 전자장치들을 만들게 된다. 오토마타를 이용한 문제해결 방법은 추상화에 속한다.

(2) 다이어그램을 이용한 문제해결의 예

예제 7.8 전이 다이어그램을 이용한 문제해결

어느 가족이 강을 건너려고 한다. 배에는 한꺼번에 100kg 이상을 태울 수가 없으며 가족 누구나 배를 이용하여 강을 건널 수 있다고 한다. 아빠(F)의 몸무게는 70kg, 엄마(M)는 50kg, 아들(S)은 40kg이라고 할 때 이들 모두는 몇 단계를 거쳐 강을 건널 수 있을까요? 또한 이것을 전이 다이어그램으로 그리시오.

풀이 다음과 같은 5단계를 통해 모두 강을 건널 수 있다.

1. 먼저 엄마와 아들이 함께 배를 타고 강을 건넌다.
2. 엄마나 아들 중 한 사람(엄마)이 도로 강을 건넌다.
3. 아빠가 혼자서 강을 건넌다.
4. 아들이 강을 건넌다.
5. 엄마와 아들이 함께 강을 건너다.

이것을 추상화의 한 방법인 전이 다이어그램으로 나타내면 [그림 7.11]과 같다.

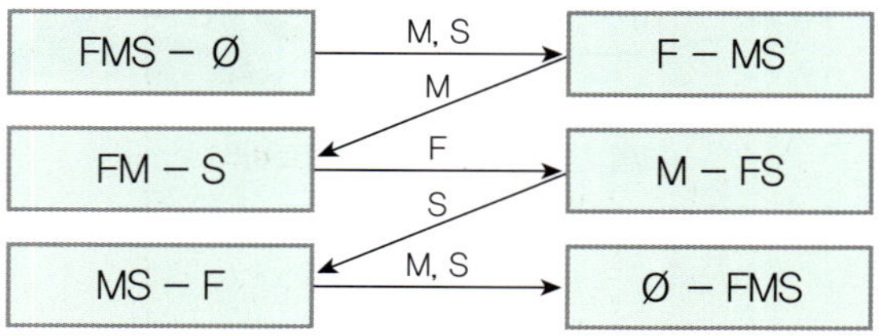

그림 7.11 전이 다이어그램

7.2.4 생활 속의 문제해결

(1) 지하철 노선 선택 문제해결

예제 7.9 K군이 P양을 가장 빨리 만날 수 있는 경로 찾기

K군이 A역에서 출발하여 P양이 있는 D역에 도착하려고 할 때 가장 빠른 경로는 무엇인가? [그림 7.12]의 지하철 노선도에서 지하철 한 구간에 평균 3분이 걸리고, 환승 시간은 평균 5분이라고 한다.

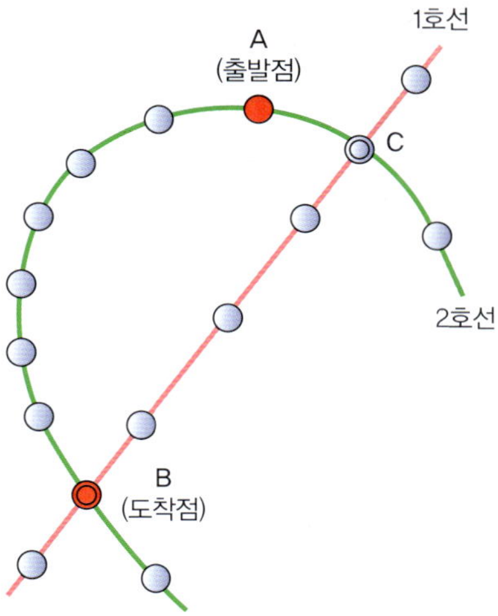

그림 7.12 지하철 노선도

풀이 A역에서 2호선을 이용하여 B역으로 직접 가는 경우에는 7구간 × 3분 = 21분이 걸린다. 한편 A역에서 C역으로 가서 1호선으로 환승하여 가는 경우에는 5구간 × 3분 + 5분(환승 시간) = 20분이 걸린다. 따라서 C역으로 가서 1호선으로 환승하는 경우가 1분 덜 걸린다.

(2) 아이디어를 통한 문제해결

예제 7.10 와인 병을 따서 마시는 방법

와인 병은 대개 코르크 마개로 봉해져 있다. 윤아 아버지는 어느 날 따개로 와인 병을 따다가 코르크가 완전히 뭉개져 버렸다. 이때 송곳이나 다른 뾰족한 것으로 빼내려 해도 잘 빠지지 않는 경우 어떻게 포도주를 마실 수 있을까?

풀이 이 경우에는 칼이나 송곳 같은 날카로운 물체로 빼내려 해도 매우 어렵다. 따라서 송곳으로 코르크 마개를 병 안쪽으로 밀어넣은 후 포도주를 따루어 가시면 된다. 코르크 부스러기가 생길 경우에는 거름종이에 거르면 깨끗한 포도주를 마실 수 있다.

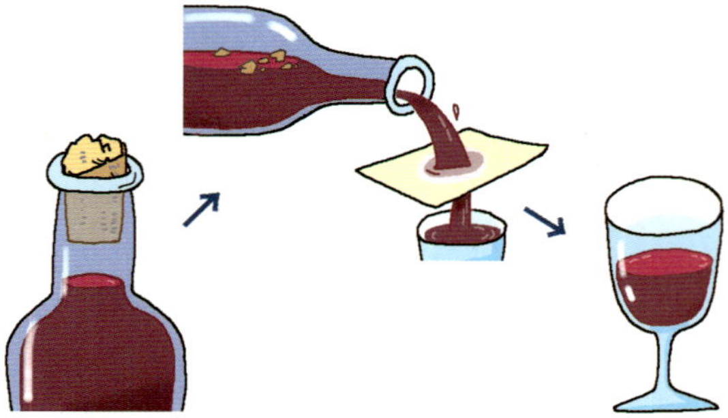

7.3 창의적 문제해결

일반적 문제해결 방법과 컴퓨팅 사고 방법을 통해 많은 문제들을 해결할 수 있으나 상상력, 창의성, 열린 사고를 통한 문제해결 또한 매우 중요하다. 여기서는 문제해결 방안에서의 상상력과 창의성, 역발상과 발상의 전환을 통한 문제해결 방안, 그리고 열린 사고와 창의적 문제해결 등을 살펴본다.

7.3.1 문제해결 방안의 상상력과 창의성

(1) 상상력, 창의성, 그리고 문제해결 방법

상대성 이론으로 유명한 아인슈타인의 "한 숟가락의 상상력이 한 트럭의 지식보다 낫다."란 말과 같이 문제해결과 창의성에 못지않은 것이 상상력일 것이다.

상상력, 창의성, 문제해결, 반사 작용의 4가지 능력은 [그림 7.13]과 같은 계층적 관계를 가진다고 한다. 가장 아래 단계에 있는 반사작용은 외부 자극에 대한 본능적이고 즉각적인 반응을 나타내는데, 문제해결 능력은 현실적 상황에 국한된 창의적 실행이라고 판단된다.

창의성은 제한되고 응용된 상상력의 구현으로서, 우리가 문제를 해결하려 할 때 창의성이 자주 발현되기를 바라지만, 창의적 발상은 매우 드물게 우리에게 다가올 뿐이다. 한편 상상력은 제한 조건이 전혀 없는 순수한 생각으로부터 나온다.

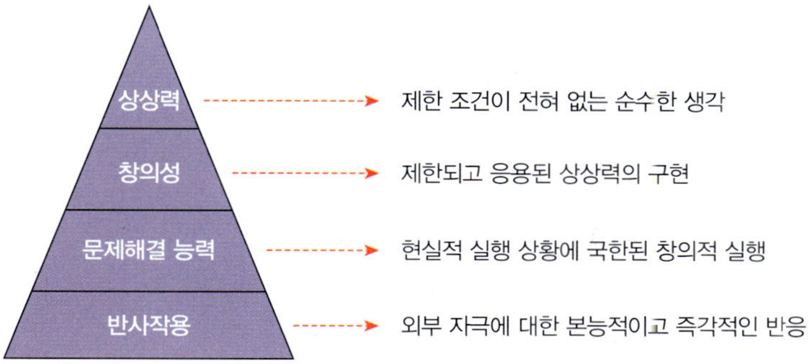

그림 7.13 상상력, 창의성, 문제해결의 계층 관계

(2) 상상력과 문제해결

상상력(imagination, 想像力)은 감각, 정서, 의미 등을 융합하여 자연계에서 볼 수 없는 새로운 것을 만들어낼 수 있게 한다. 상상력은 아무런 제한조건이 없고 응용과는 거의 관계가 없는 순수한 생각이다. 따라서 상상력 단계에서 아무런 제한조건 없이 상상하는 것이야말로 창의성에 다가가는 지름길이 될 것이다.

상상력은 눈에 보이지 않는 것을 눈에 보이게 만들며, 잘 알려져 있는 것을 이용하여 잘 모르는 것을 유추할 수 있게 한다. 또한 자기 분야의 여러 요소들을 타 분야의 요소들과 결합시켜 봄으로써 다른 사람들이 생각하지 못했던 새로운 것과 연관 지을 수 있는데, 우리는 이것을 '창의적 융합'이라 칭한다.

상상력은 문제해결에 있어 매우 중요한 역할을 담당하는데, 특히 통상의 아이디어로는 해결될 수 없는 문제에 있어서 반짝이는 아이디어로 문제를 해결할 경우가 많다. [그림 7.14]는 아인슈타인과 바콜의 말과 같이 상상력의 중요성을 나타낸다.

"상상력은 가장 높이 날 수 있는 연(kite)이다."

– Lauren Bacall(1924~2014)
미국의 저명한 영화배우

"지식보다 중요한 것은 상상력이다."

– Albert Einstein(1879~1955)
미국의 물리학자

그림 7.14 상상력의 중요성

(3) 상상력을 이용한 문제해결

예제 7.11 유리병 안의 배와 포도

다음 그림과 같이 입구가 좁은 유리병 안에 잘 익은 배와 포도가 들어 있다. 어떤 방법으로 배와 포도가 유리병 안으로 들어갈 수 있었을까?

풀이 이 문제의 경우 상상력을 활용해보자. 배나 포도 열매가 조그마할 때 어린 배나 포도의 꼭지를 유리병 안에 넣어 유리병을 매달아 두고, 배나 포도가 익었을 때 꼭지를 살며시 분리시키면 배나 포도가 유리병 안에 들어가 있게 된다.

예제 7.12 **물잔 정렬 방법**

다음과 같이 6개의 물잔이 줄지어 놓여 있다. 왼쪽의 물잔 3개에는 물이 들어 있고, 나머지 3개의 물잔은 비어있다. 단 하나의 물잔만을 움직임으로써 1, 3, 5번째 물잔에는 물이 들어 있고, 나머지 2, 4, 6번째 물잔에는 비어있게 할 수 있을까?

풀이 물잔만 이동해야 할까? 물만 이동하는 발상은 어떨까? 단 하나의 물잔만을 움직여야 하므로 두 번째 물잔과 다섯 번째 물잔을 교환해서는 안된다. 따라서 두 번째 물잔의 물을 다섯 번째 물잔에 모두 따르면 된다.

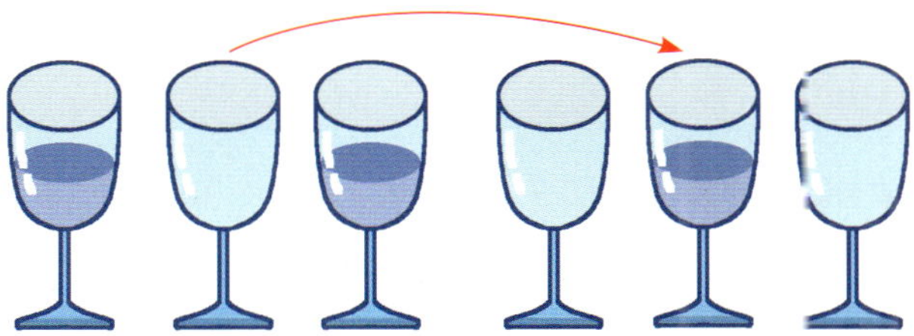

7.3.2 역발상과 발상의 전환을 통한 문제해결

(1) 역발상을 통한 문제해결

예제 7.13 **역발상을 통한 러닝머신**

역발상은 기존 상식에 반대되는 개념을 도입하는 것으로 [그림 7.15]와 같은 러닝머신을 예로 들 수 있다. 러닝머신은 달리기 운동을 하기 위해 사람이 앞으로 뛰며 이동해야 된다는 상식을 뒤집은 발상으로, 사람은 제자리에서 뛰고 기계가 거꾸로 회전을 통해 이동하는 원리를 적용한 것이다.

그림 7.15 기계가 이동하는 러닝머신

예제 7.14 **역발상을 통한 회전초밥**

여러 가지 음식 중 먹고 싶은 음식을 돌아다니면서 골라먹는 뷔페의 역발상으로 탄생한 음식점이 바로 회전초밥 가게이다. 회전초밥 가게에 가면 우리가 음식을 가지러 움직일 필요 없이, [그림 7.16]과 같이 먹고 싶은 음식이 눈앞에 왔을 때 음식이 담겨있는 접시를 내 테이블로 옮기면 된다.

그림 7.16 초밥이 이동하는 회전초밥

(2) 발상의 전환을 통한 문제해결

예제 7.15 **장독에 빠진 사과 꺼내먹기**

어떤 아이가 긴 고무호수가 있는 수돗가에서 자기 눈높이만큼 크고 무거운 장독에 사과를 빠뜨렸는데 주위 사람들의 도움 없이 혼자서 사과를 꺼내 먹을 수 있는 방법은 무엇일까?

풀이 장독을 넘어뜨린다거나 장독을 깨는 방법은 너무 극단적이다. 따라서 이 경우에는 발상의 전환을 활용하는 것이 좋다. 고무호수를 통해 장독에 물을 채우면 사과는 물보다 비중이 낮아 장독 위로 뜨게 되는데, 이때 사과를 건지면 된다.

7.3.3 열린 사고와 창의적 문제해결

(1) 열린 사고 문제

열린 사고 문제(open－ended problem)란 사람에 따라 다양한 생각이나 답들이 나올 수 있으며, 하나의 답 또는 예/아니오로 답할 수 없는, 좀 더 깊은 사고 과정이 필요한 문제를 말한다.

따라서 대부분의 열린 사고 문제는 [그림 7.17]과 같이 기존의 틀에 박힌 계산이나 풀이 방법을 뛰어넘어 여러 가지 가능성이나 조건들을 동시에 깊이 생각해야 풀 수 있는 매우 중요한 특징을 가지고 있다.

그림 7.17 여러 가지 가능성을 고려한 문제해결

열린 사고 문제는 통상 어떻게 생각하느냐?(how) 또는 왜 그렇게 생각하느냐?(why) 등의 질문을 통하여 문제해결을 위해 보다 깊이 생각하고 탐구하게 만드는 문제들이다. 따라서 어떤 열린 사고력 문제는 답이 여러 가지인 경우도 있고, 정해진 답이 따로 없을 수도 있으며, 심지어 아무도 해답을 모를 수도 있다.

누구나 자유롭게 상상하고, 깊이 생각하며 거꾸로 생각해 보기도 하면서 열린 문제를 풀기위해 노력하다 보면 자신도 모르게 창의적 사고의 폭이 넓어질 것이다.

(2) 열린 사고 향상 방법

그러면 열린 사고를 향상시킬 수 있는 발상의 방법은 무엇일까? 다음과 같이 자신에게 스스로 질문하면서 아이디어를 떠올리면 좋을 것이다.

1. 다른 방법은 없을까?
2. 다른 용도에 적용한다면 어떨까?
3. 확대 또는 축소한다면 어떨까?
4. 다른 것과 결합하면 어떨까?
5. 거꾸로 생각한다면 어떨까?
6. 주어진 조건을 변경하면 어떨까?

(3) 열린 사고 향상 문제

여기서는 열린 사고를 향상시킬 수 있는 두 가지 방법을 살펴본다.

예제 7.16 **동전을 바깥으로 옮기는 방법**

다음과 같이 쓰레받기 안에 500원짜리 동전이 들어있다. 단 2개의 성냥개비를 옮겨 동전을 밖으로 나갈 수 있게 할 방법은 무엇일까?

풀이 동전은 그대로 둔 채 공간적인 상황을 변경한다. 이 문제는 공간적인 사고를 필요로 하며, 다양한 발상으로 동전이 바깥에 놓이도록 이리 저리 상상해보는 것이 좋다. 이런 형태의 문제는 일단 풀고 나면 너무나 간단하지만, 착안하는데 다소 시간이 걸릴 수도 있다.

수평으로 놓여 있는 성냥개비를 길이의 절반 정도 오른쪽으로 이동시킨 후, 가장 왼쪽에 서 있는 성냥개비를 오른쪽 아래로 옮기면 동전이 밖으로 나오게 된다. 물론 위의 방법과 반대 방향으로의 이동도 가능하다.

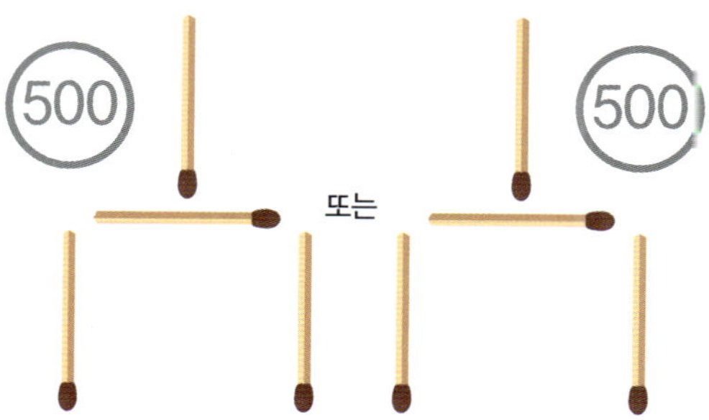

예제 7.17 **물고기의 진행 방향을 바꾸는 방법**

다음과 같이 병어처럼 생긴 물고기가 현재 왼쪽을 향하고 있다. 성냥개비 2개를 옮겨 물고기가 위의 방향으로 향하도록 만드는 방법은 무엇일까?

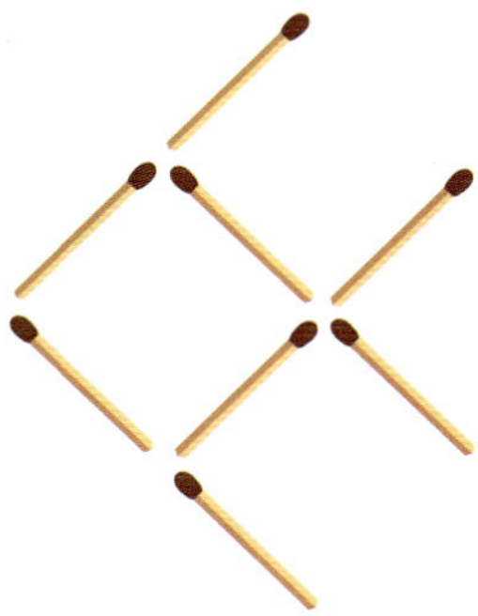

풀이 성냥개비 2개를 다음과 같이 옮기면 물고기가 위를 향하게 된다.

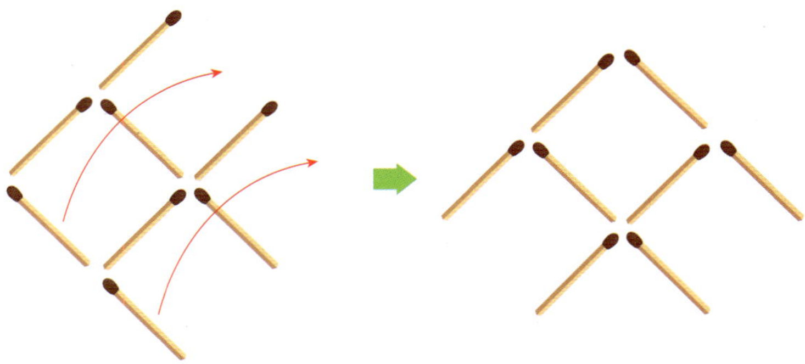

여기서 잠깐

열린 사고와 창의성

다음의 두 이야기에서 중식당 주인과 비행기 옆 좌석의 승객 중 누구의 아이디어가 더 창의적 발상일까?

(1) 명수는 집에서 동네 어느 중식당으로부터 배달 주문한 자장면을 먹다가 깜짝 놀랐다. 그릇 안에 바둑돌 하나가 들어있었기 때문이다. 당장 전화를 하여 위생 불량과 안전 문제를 거론하며 항의하자 주인양반은 즉각 "축하드립니다. 탕수육에 당첨되셨습니다."라고 답하는 것이 아닌가? 연이어 "저희 집은 가끔 바둑돌로 사은행사를 하는데 오늘 탕수육에 당첨되신 겁니다. 지금 곧 탕수육을 경품으로 배달해 드리겠습니다."란 주인양반의 창의적인 재치에 명수는 기분이 풀려 지금까지 줄곧 그 중식당의 단골이 되었다.

(2) 시골에 사는 할머니가 버스를 타고 서울 인근에 사는 시집간 딸집에 왔다. 딸의 집에 며칠 동안 머물다가 원래의 집으로 돌아가게 되었는데, 딸은 친정어머니께 비행기 티켓을 준비해 드렸다. 난생 처음 비행기를 타보는 할머니는 비행기에 오르자마자 앞쪽의 쾌적한 비즈니스 자리에 얼른 앉았다.

비행기가 이륙한 후 스튜어디스는 원래 발권된 일반석 자리로 가서 앉아주길 여러 번 부탁했지만 할머니는 "내가 먼저 빈자리를 맡았는데 왜 자리를 옮기라 하느냐."며 막무가내였다. 그러자 그 옆 좌석의 승객 한명이 "할머니 그 자리는 일본 가는 거예요."라고 말했더니 할머니는 "어이쿠! 큰일 날 뻔했네!"라며 얼른 일반석 자기 자리로 옮겼다.

참고문헌

- Kevin Cummins, Teaching Digital Technologies, e-book, 2016.
- D. Riley and K. Hunt, "Computational Thinking for the Modern Problem Solver", CRC Press, 2014.
- P. S. Wang, "From Computing to Computational Thinking", CRC, 2016.
- 김대수, "창의수학 콘서트", 리더스하우스, 2013.
- 김대수, "창의수학 콘서트(개정판)", 리더스하우스, 2014.
- 김대수, "컴퓨터 개론(개정5판)", 생능출판사, 2016.
- 김대수, "오토마타와 계산이론", 생능출판사, 2014.
- http://blog.readytomanage.com/what-is-a-good-problem-solving-assessment/
- http://www.bbc.co.uk/education/guides/zp92mp3/revision
- https://en.wikipedia.org/wiki/George_P%C3%B3lya
- https://math.berkeley.edu/~gmelvin/polya.pdf
- https://en.wikipedia.org/wiki/Problem_solving
- https://www.mindtools.com/pages/article/newTMC_00.htm
- http://www.innovationmanagement.se/imtool-articles/creative-problem-solving-technique-become-the-problem/
- https://www.google.co.kr/search?q=problem+solving&biw=960&bih=504&tbm=isch&tbo=u&source=univ&sa=X&ved=0ahUKEwjF_5zprrDQAhVHw7wKHXHEDdQQsAQIPA&dpr=1.75#imgrc=6f6yCVbCUXhdTM%3A
- https://en.wikipedia.org/wiki/Lauren_Bacall
- https://en.wikipedia.org/wiki/Albert_Einstein
- http://www.biography.com/people/albert-einstein-9285408
- http://einstein.biz/
- https://www.google.co.kr/search?q=problem+solving&biw=960&bih=504&source=lnms&tbm=isch&sa=X&ved=0ahUKEwiJ_YbesrDQAhXHy7wKHYolB-8Q_AUIBigB#imgrc=U_ZDuKRVmdcszM%3A solution
- http://www.imdb.com/name/nm0000002/bio

Chapter

08

알고리즘을 통한 문제해결

8.1 알고리즘이란 무엇인가?

8.2 알고리즘의 탐구

8.3 생활 속의 알고리즘 탐구

Chapter

08 알고리즘을 통한 문제해결

8장에서는 알고리즘을 통한 문제해결을 중심으로 다양한 주제들을 다룬다. 이를 위해 알고리즘의 정의와 알고리즘을 통한 문제해결, 알고리즘의 탐구에서 소수 및 유클리드 알고리즘, 그리고 19단 암산 및 탐색과 정렬 등 생활 속의 알고리즘 등을 살펴본다.

8.1 알고리즘이란 무엇인가?

문제해결에 있어서 그 문제를 빠르고 정확하게 해결할 수 있는 알고리즘의 기초 개념을 이해하는 것은 매우 중요하다. 여기서는 알고리즘의 정의, 알고리즘과 문제해결, 그리고 컴퓨터와 알고리즘을 통한 문제해결 등을 살펴본다.

8.1.1 컴퓨터와 알고리즘을 통한 문제 해결

(1) 알고리즘의 정립

수학에서는 문제를 풀기 위해 정의나 정리들을 활용하는데 비해 컴퓨터에서는 알고리즘(algorithm)을 이용한다. 이때 문제를 철저하게 분석하여 알고리즘을 컴퓨터의 입력에 적합하도록 표현하는 것이 추후 프로그램으로 작성하는데 있어 매우 중요하다.

알고리즘과 관련된 본격적인 개념은 1830년 영국의 바베지(Babbage)와 러브레이스(Lovelace)에 의해 처음으로 제기되었다. 그 후 많은 컴퓨터과학자들의 노력을 거쳐 크누스(D. Knuth)에 의해 체계적으로 정립되기 시작하였다.

(2) 알고리즘 개념의 확립자 크누스

크누스(Donald Ervin Knuth, 1938~)는 미국 출신의 컴퓨터과학자이며, 일생에 걸쳐 「The Art of Computer Programming」 시리즈를 저술한 알고리즘의 대가로서 음악에도 조예가 깊다. [그림 8.1]은 크누스와 그의 저서인데 1968년에 첫 권이 출판되었으며, 지금까지 이 시리즈는 7권까지 출간되었다. 그는 1974년 컴퓨터 분야의 노벨상으로도 불리는 튜링상(Turing Award)를 수상하였다. 또한 초기의 문서편집용 소프트웨어인 TeX를 개발하였다.

그림 8.1 크누스와 그의 알고리즘 관련 저서

(3) 알고리즘을 구현한 최초의 프로그래머

러브레이스(Ada Lovelace, 1815~1852)는 인류 최초의 컴퓨터 프로그래머로 일컬어지는데, 영국의 유명한 낭만파 시인 바이런의 딸이며 19세기 초기 컴퓨터 모델인 분석 엔진(Analytic Engine)을 고안한 찰스 베비지(Charles Babbage, 1791~1871)의 후원자이자 동료였다.

[그림 8.2]의 러브레이스는 대부분의 프로그래밍 언어에서 필수적으로 쓰이는 루프(loop), 서브루틴(subroutine) 개념과 IF 구문을 고안하여 알고리즘을 구현하는 현대적 프로그래밍의 개념을 만들었기 때문에 많은 사람들이 그녀를 인류 최초의 프로그래머로 여기고 있다. 그녀의 선구자적 업적은 1974년 미국 국방성이 만든 프로그래밍 언어인 ADA란 이름에 의해 기념되고 있다.

그림 8.2 최초의 프로그래머 러브레이스

(4) 알고리즘의 표현 방법

알고리즘은 순서도(flowchart), 유사 코드(pseudo code), 언어(language) 등 여러 가지 방법으로 표현될 수 있는데, 누구나 이해할 수 있도록 명확하게 기술하는 것이 매우 중요하다. 이 부분은 4장에서 자세하게 설명한 바 있다.

8.1.2 알고리즘의 정의와 특성

(1) 생활 속의 알고리즘

우리는 일상생활에서 의식적이든 무의식적이든 다양한 분야에서 알고리즘을 이용하여 살아가게 되는데, 몇 가지 생활 속의 알고리즘의 예를 살펴보면 다음과 같다.

- 아침에 눈을 떠서 학교에 가려고 할 때 언제 일어나서 식사를 하고 버스나 지하철을 이용하여 정해진 시간에 학교에 도착할 수 있을지를 계획하는 일
- 초등학교 시절부터 덧셈과 곱셈을 하는 방법, 최대공약수를 구하는 방법, 소수를 구하는 방법 등의 기초적인 수학의 연산
- 전자레인지 등 전자제품의 사용 설명서에 나타난 사용 방법
- 라면을 맛있게 끓이고자 할 때 물의 양, 불의 세기, 끓이는 시간, 스프를 넣는 시기 등의 단계적 음식 조리법
- 바둑이나 게임을 잘 할 수 있는 알파고와 같이 생각하는 방법론

- 어떤 목적지로 이동하려고 할 때 어느 지하철역에서 환승하는 것이 더 효율적인지 등

그 외에도 우리가 생활 속에서 알고리즘을 이용하는 경우는 우리 생활 주변에 너무나 많다.

(2) 알고리즘의 주요 특성

알고리즘이란 주어진 문제를 해결하기 위해 필요한 여러 가지 단계들을 체계적으로 명시해 놓은 것인데, 알고리즘의 사전적 의미는 '어떤 문제를 해결하는 한 방법의 상세한 특징을 기술하는 것'이다. 알고리즘의 어원은 9세기의 과학자 코레즈미(Al Khorezmi)의 이름으로부터 유래한다.

알고리즘은 다음과 같은 7가지 주요 특성을 만족해야 한다.

- 입력(input): 문제를 풀기 위한 입력이 있어야 한다.
- 출력(output): 문제를 해결했을 때 그 결과인 해답이 나와야 한다.
- 유한성(finiteness): 유한 번의 명령이 수행된 후에는 반드시 끝나야 한다.
- 정확성(correctness): 주어진 문제를 정확하게 해결해야 한다
- 확정성(definiteness): 각 단계가 실행된 후에는 결과가 확정되어야 한다.
- 일반성(generality): 같은 유형의 문제에 모두 적용될 수 있어야 한다.
- 효율성(effectiveness): 모든 명령은 명확하면서도 효율적이어야 한다.

8.1.3 알고리즘과 문제해결

(1) 문제해결을 위한 알고리즘

알고리즘은 사람의 두뇌로 문제를 해결할 것인지 또는 컴퓨터로 해결할 것인지에 관계없이 적용된다. 간단한 수학 문제의 경우에는 두뇌로 해결할 수 있으나 문제의 복잡성에 따라 컴퓨터 프로그램을 통해 문제를 해결하는 경우도 있다.

이런 경우 알고리즘은 컴퓨터 프로그램을 작성하는 바탕이 된다. 컴퓨터를 이용할 경우 어떻게 입력하고, 입력된 정보를 어떻게 처리하며, 구해진 결과를 어떤 형태로 표시하거나 출력하는지를 명확히 나타내는 것이 알고리즘의 중요한 요소이다.

가령 $ax^2+bx+c=0$와 같은 대표적인 이차방정식의 일반적인 해(solution)를 구하는 알고리즘의 해답은 다음과 같다.

$$x=\frac{-b\pm\sqrt{b^2-4ac}}{2a}$$

따라서 $x^2+3x+2=0$이란 이차방정식의 경우 위의 공식 또는 알고리즘에다 대입시키면 x = −1 또는 x = −2란 해를 얻을 수 있다. 이러한 문제는 수학 방정식을 이용하여 풀 수도 있으며, 만약 계산이 복잡한 경우에는 컴퓨터 프로그램으로 해결할 수도 있다.

(2) 알고리즘을 통한 구현

알고리즘이란 우리가 어떤 문제를 만났을 때 그 문제를 해결하기 위한 체계적이고 순서적인 절차를 말한다. [그림 8.3]과 같이 알고리즘을 논리적 표현으로 변환하면 의사코드로 표현하거나 순서도를 그리게 되는데, 이것을 해당 프로그래밍 언어로 변환하면 컴퓨터 프로그램이 되는 것이다.

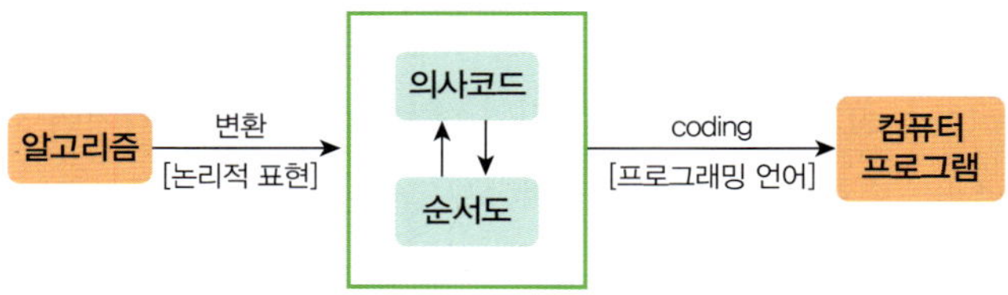

그림 8.3 알고리즘의 구현 과정

또한 [그림 8.4]와 같이 문제해결이라는 측면에서 살펴보면 앞부분에 주어진 문제에 대해 문제해결의 아이디어를 만들어 알고리즘을 만들고, 뒷부분에 컴퓨터 프로그램을 실행하여 결과를 얻는다.

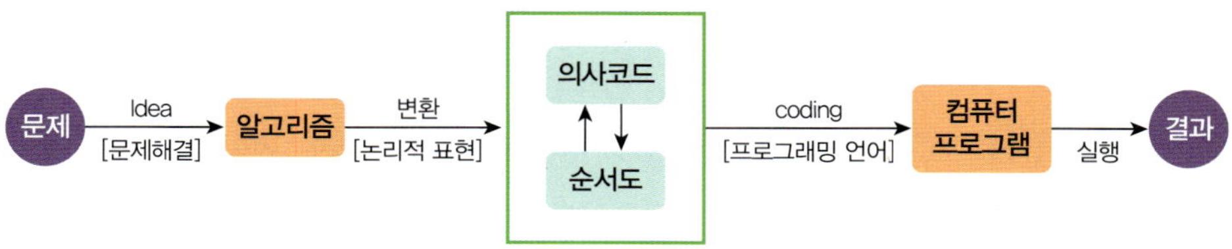

그림 8.4 알고리즘을 통한 문제해결의 구현 과정

8.2 알고리즘의 탐구

알고리즘의 개념을 이해한 후에는 알고리즘의 몇 가지 대표적인 예를 탐구해 보는 것도 중요하다. 여기서는 수 교환과 소수 구하기 알고리즘, 덧셈 알고리즘과 유클리드 알고리즘, 그리고 재귀적 알고리즘 등을 살펴본다.

8.2.1 수 교환과 소수 구하기 알고리즘

(1) 수 교환하기

예제 8.1 **두 수를 교환하기**

A = 11, B = 22 일 때 두 수를 교환하는 방법을 생각해보자.

풀이 먼저 A의 값을 임시 저장장소인 Temp란 곳에 이동시킨다. 그리고는 B의 값을 A의 값에다 이동시킨다. 그 후 Temp에 있는 값을 B로 이동시키면 된다.

이것을 의사코드로 나타내면 다음과 같다.

```
Temp <-- A;
A <-- B;
B <-- Temp;
```

이 문제에서의 변화를 단계적으로 나타내면 다음과 같다.

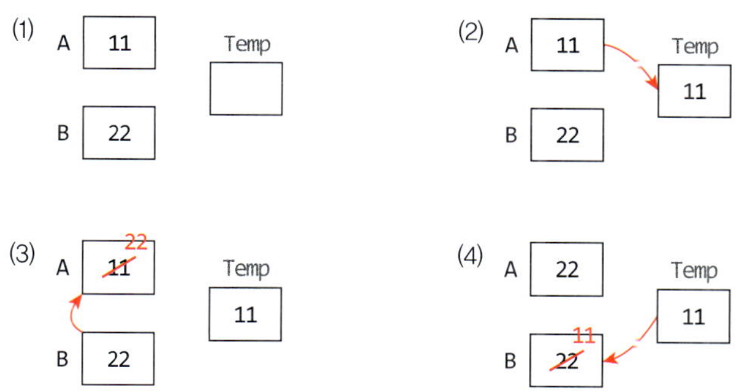

그 결과 A와 B의 값이 교환된 결과를 볼 수 있다.

여기서 잠깐

두 수의 이동과 임시 저장장소

A <-- B이면 B의 내용은 그대로 있고 A의 내용이 B의 내용으로 덮어씌워지게 되어 그 값을 잃게 된다. 따라서 임시 저장장소인 temp를 사용해야 된다.

예제 8.2 세 수를 차례로 교환하기

A = 111, B = 222, C = 333 일 때 세 수를 A = 222, B = 333, C = 111과 같이 교환하는 방법을 생각해보자.

풀이 먼저 A의 값을 임시 저장장소인 Temp란 곳에 이동시킨다. 그리고 B의 값을 A의 값에다 이동시킨다. 그리고는 C의 값을 B의 값에다 이동시킨다. 마지막으로 Temp에 있는 값을 C로 이동시키면 된다.

이것을 의사코드로 나타내면 다음과 같다.

```
Temp <-- A;
A <-- B;
B <-- C;
C <-- Temp;
```

그 결과 A = 222, B = 333, C = 111로 교환되었음을 알 수 있다.

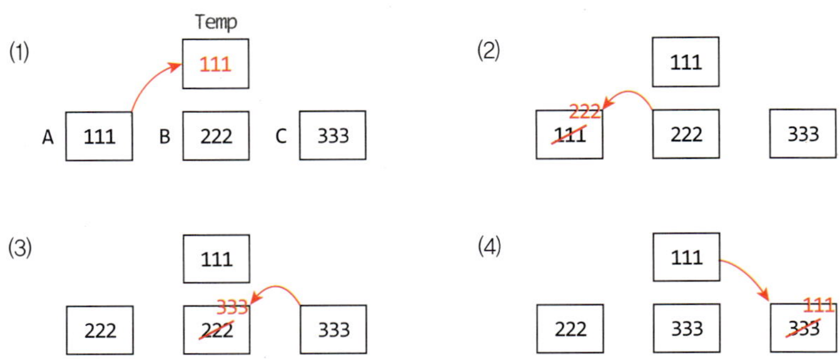

(2) 소수 구하기

예제 8.3 **소수를 구하는 알고리즘**

1부터 50까지의 소수를 구해보자.

풀이 소수(prime number)란 1과 자신만으로 나누어떨어지는 1보다 큰 자연수인 2, 3, 5, 7, 11, 13, … 등을 말하는데, 다음과 같은 과정을 거쳐 소수를 구할 수 있다.

(1) 정의에 따라 1은 소수가 아니니까 제외하고, 먼저 2를 소수로 정하고 2의 배수들을 모두 줄을 긋는다.

	②	3	~~4~~	5	~~6~~	7	~~8~~	9	~~10~~
11	~~12~~	13	~~14~~	15	~~16~~	17	~~18~~	19	~~20~~
21	~~22~~	23	~~24~~	25	~~26~~	27	~~28~~	29	~~30~~
31	~~32~~	33	~~34~~	35	~~36~~	37	~~38~~	39	~~40~~
41	~~42~~	43	~~44~~	45	~~46~~	47	~~48~~	49	~~50~~

(2) 3을 소수로 정하고 3의 배수들을 모두 줄을 긋는다. 이미 줄이 그어진 것은 그대로 둔다.

	②	③	~~4~~	5	~~6~~	7	~~8~~	~~9~~	~~10~~
11	~~12~~	13	~~14~~	~~15~~	~~16~~	17	~~18~~	19	~~20~~
~~21~~	~~22~~	23	~~24~~	25	~~26~~	27	~~28~~	29	~~30~~
31	~~32~~	~~33~~	~~34~~	35	~~36~~	37	~~38~~	~~39~~	~~40~~
41	~~42~~	43	~~44~~	~~45~~	~~46~~	47	~~48~~	49	~~50~~

(3) 5를 소수로 정하고 줄이 그어지지 않은 5의 배수들을 모두 줄을 긋는다.

	②	③	~~4~~	⑤	~~6~~	7	~~8~~	~~9~~	~~10~~
11	~~12~~	13	~~14~~	~~15~~	~~16~~	17	~~18~~	19	~~20~~
~~21~~	~~22~~	23	~~24~~	~~25~~	~~26~~	~~27~~	~~28~~	29	~~30~~
31	~~32~~	~~33~~	~~34~~	~~35~~	~~36~~	37	~~38~~	~~39~~	~~40~~
41	~~42~~	43	~~44~~	~~45~~	~~46~~	47	~~48~~	49	~~50~~

(4) 다음에는 남은 7, 11, 13, 17, 19, 23, 29, 31, 37, 41, 43, 47을 소수로 정하고 그 수의 배수를 모두 줄을 긋는다. 그 후 1부터 50까지의 자연수 중 최종적인 소수를 구하

면 줄이 그어지지 않은 2, 3, 5, 7, 11, 13, 17, 19, 23, 29, 31, 37, 41, 43, 47이 된다.

	②	③	~~4~~	⑤	~~6~~	⑦	~~8~~	~~9~~	~~10~~
11	~~12~~	13	~~14~~	~~15~~	~~16~~	17	~~18~~	19	~~20~~
~~21~~	~~22~~	23	~~24~~	~~25~~	~~26~~	~~27~~	~~28~~	29	~~30~~
31	~~32~~	~~33~~	~~34~~	~~35~~	~~36~~	37	~~38~~	~~39~~	~~40~~
41	~~42~~	43	~~44~~	~~45~~	~~46~~	47	~~48~~	~~49~~	~~50~~

여기서 잠깐

에라토스테네스의 체

소수를 구하는 이와 같은 체계적인 방법을 에라토스테네스의 체(Sieve of Eratosthenes)라고 하는데, B. C 3세기 그리스의 천문학자이자 수학자인 에라토스테네스의 이름에서 유래되었다. [그림 8.5]와 같이 소수에 대한 최초의 기록은 고대 이집트의 종이 파피루스에 기록되어 있으며, 기원전 300년 전에 《유클리드 원론》에 이미 소수의 개수가 무한히 많다는 것이 증명되어 있다.

그림 8.5 소수와 파피루스

8.2.2 덧셈 알고리즘과 유클리드 알고리즘

(1) 덧셈 알고리즘

예제 8.4 덧셈 알고리즘

1부터 100까지의 자연수를 모두 합한 값을 구해보자.

풀이 만약 1부터 5까지의 합을 구하는 간단한 문제라면 그냥 암산으로도 가능하다. 즉 1 + 2 + 3 + 4 + 5 = 15이다. 그러나 1부터 100까지의 수를 모두 더한 값을 구하라면 상황이 달라진다.

1부터 100까지를 합하기 위해서는 먼저 합한 중간값을 저장할 sum을 0으로 놓고, 자연수인 num을 1로 놓는다. 그 후 num의 값이 100보다 작거나 같으면 sum에다 sum + num을 넣고, num 값을 1 증가시킨다. 만약 num 값이 100보다 크면 sum을 출력하면 된다. 이 값을 구하는 알고리즘을 개략 순서도와 상세 순서도로 나타내면 [그림 8.6]과 같다.

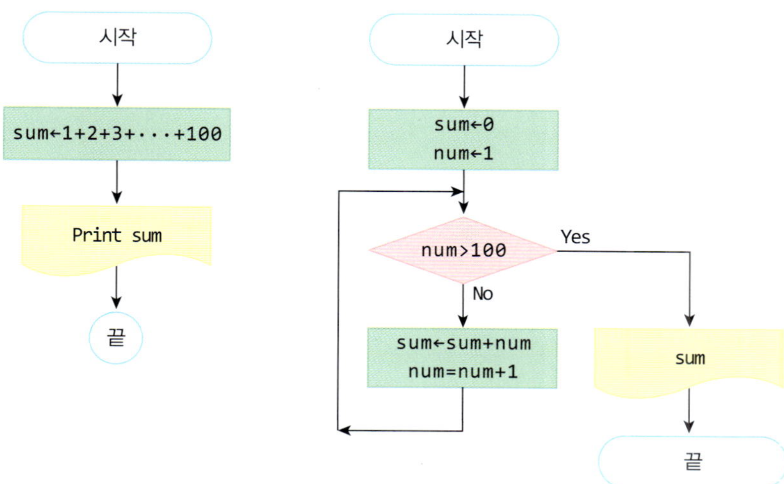

그림 8.6 개략 순서도와 상세 순서도

알고리즘 문제는 우리가 실생활에서 자주 접하며 해결해 온 문제들이나 막상 이것을 직접 프로그래밍 하기는 그리 쉽지 않다. 따라서 다음과 같이 의사코드나 순서도를 이용하여 알고리즘을 더욱 구체화한 후 프로그래밍 하는 것이 좋다.

알고리즘(의사코드)

[1] 변수 sum에 0을, 변수 num에 1을 저장한다.

[2] 만약 num > 100이면 [5]로 이동한다.

[3] sum의 값에다 num 값을 더하여 sum의 값에 넣는다.

[4] num의 값을 1 증가시키고 [2]로 이동한다.

[5] sum의 값을 출력하고 종료한다.

[풀이] 처음 사이클에서는 다음과 같이 진행된다.

[1] sum = 0, 변수 num = 1

[2][3] sum = 1, 변수 num = 1

[4] sum = 1, 변수 num = 2

그 다음 사이클에서는 다시 [2] 단계에서 다음과 같이 진행되고 num이 100이 될 때까지 모두 합해지고, num이 101이 되면 [2] 단계에서 [5] 단계로 가서 결과를 프린트하고 종료된다.

단계	합의 값	수의 값
[1]	sum = 0	num = 1
[2][3]	sum = 1	
[4]		num = 2
[2][3]	sum = 3	
[4]		num = 3
[2][3]	sum = 6	
[4]	....	....
		num = 99
[2][3]	sum = 4,950	
[4]		num = 100
[2][3]	sum = 5,050	
[4]		num = 101
[2][5]	sum = 5,050	Print sum and STOP

그 결과 sum = 5,050이 프린트되고 종료한다.

예제 8.5 **가우스의 암산이 가능한 덧셈 알고리즘**

1부터 100까지의 자연수를 모두 더한 값을 구해보자.

풀이 가우스의 덧셈 알고리즘은 5장에서 컴퓨팅 사고의 방법으로 소개된 바 있는데, 여기서는 알고리즘 측면에서 간단하게 살펴본다.

가우스는 어릴 적부터 창의적이고 독특한 덧셈법으로 선생님을 깜짝 놀라게 하였는데, 이것이 바로 가우스의 덧셈법이다. 그는 아홉 살 때 초등학교 산수 시간에 1 + 2 + 3 ··· + 99 + 100을 계산하라는 문제를 보고, 앞의 숫자와 뒤의 숫자를 더하면 모든 쌍의 합이 101이 나오며, 그 개수는 전체 개수의 절반인 50개가 된다는 점에 착안하였다. 따라서 그는 구하고자 하는 합이 101 × 50 = 5,050인 것을 즉석에서 암산으로 계산해냈다고 한다.

```
              101
    ┌--------------------------┐
              101
    |   ┌------------------┐   |
              101
    |   |   ┌---------┐    |   |
    1 + 2 + 3 +  ··· + 98 + 99 + 100

101 × 50 = 5,050
```

이와 같은 기발한 알고리즘을 아무나 쉽게 떠올릴 수는 없으며, 주어진 문제의 본질을 깊이 통찰하는 능력과 자유분방한 상상력을 갖추고 있을 때 비로소 가능할 것이다.

(2) 유클리드 알고리즘

예제 8.6 **유클리드 알고리즘으로 최대공약수를 구하는 법**

유클리드 호제법(Euclidean algorithm)은 기원전 300년 경 고대 그리스의 수학자 유클리드(Euclid)가 개발한 것으로 알려져 있는데, 두 자연수의 최대공약수를 간단하고 재빠르게 찾아낼 수 있는 알고리즘이다. 예를 들어 12와 36의 최대공약수는 12이고, 8과 20의 최대공약수는 4이다.

풀이 이것을 유클리드 알고리즘적인 방법으로 나타내면 다음과 같다.

[단계 1] 두 수 a, b에서 큰 수를 a라 하고 작은 수를 b라 한다.

[단계 2] a가 b보다 클 때 a를 b로 나눈다.

[단계 3] 만약 나머지 r = 0이면 b가 최대공약수로 결정되고 끝낸다.

만약 나머지 r ≠ 0이면 b는 a가 되고, 나머지 r이 b가 된다.

[단계 4] [단계 2]로 가서 반복한다.

예를 들어 매우 간단한 예인 78, 36의 경우를 살펴본다. 이것을 통상 순서쌍인 (78, 36)으로 표현한다.

[단계 1]에서 a = 78, b = 36이 된다.

[단계 2]에서 78 / 36의 결과 나머지 r = 6이 된다.

[단계 3]에서 나머지 r ≠ 0이므로 b가 새로운 a가 되고, 나머지 r이 새로운 b가 된다.

그 결과 기존의 36이었던 b가 a 자리로 이동하고, 나머지 6인 r이 b의 자리로 간다. 즉 새로운 쌍은 a = 36, b = 6이 되는 셈이다.

[단계 2]로 가서 36을 6으로 나눈다.

[단계 3] 나머지가 0이므로 b = 6이 최대공약수가 된다.

이것을 표로 생각해보면 더 명확할 것이다. 78을 36으로 나누면 나머지가 6이 된다.

a(큰 수)	b(작은 수)	r(나머지)
78	36	6

[단계 3]에서 나머지 r이 0이 아니므로 a = 36, b = 6이 된다.

a(큰 수)	b(작은 수)	r(나머지)
78	36	6
36	6	0

그 결과 나머지가 0이 되었으므로 최대공약수는 b의 값인 6이 된다.

| 다른 풀이 방법 | 최대공약수를 구하는 유클리드 알고리즘을 변형하여 간편하게 만든 방법이 바로 우리가 중학교 때 익힌 다음과 같은 알고리즘이다. 이 경우의 최대공약수는 2 × 3 = 6이 된다.

```
2 ) 78   36
3 ) 39   18
    13    6
```

8.2.3 재귀적 알고리즘

(1) 팩토리얼과 피보나치 수

예제 8.7 팩토리얼(Factorial) 구하기

다음과 같은 n!의 재귀적 정의에 따라 n=5일 때 n!의 값을 구해보자.

$$n! = \begin{cases} 1 & \text{if } n = 0, 1 \\ n \times (n-1)! & \text{otherwise} \end{cases}$$

풀이 $5! = 5 \times 4!$

$= 5 \times 4 \times 3!$

$= 5 \times 4 \times 3 \times 2!$

$= 5 \times 4 \times 3 \times 2 \times 1!$

$= 5 \times 4 \times 3 \times 2 \times 1$

$= 120$

이와 같은 함수의 계산 방법을 재귀적recursive 알고리즘이라 하는데 컴퓨팅 사고의 선구자 윙 교수가 주장한 주요 요소 중의 하나이다.

예제 8.8 피보나치 수

피보나치 수(Fibonacci numbers)는 다음과 같이 재귀적 관계식으로 정의된다.

(1) f(0) = 0, f(1) = 1

(2) f(n) = f(n−1) + f(n−2)

이것은 시작 수를 1로 하고, 바로 앞의 두 수를 더하여 그 다음 수가 되는 규칙을 가지고 있다. 위의 정의에 따라 피보나치 수를 구하면 다음과 같다.

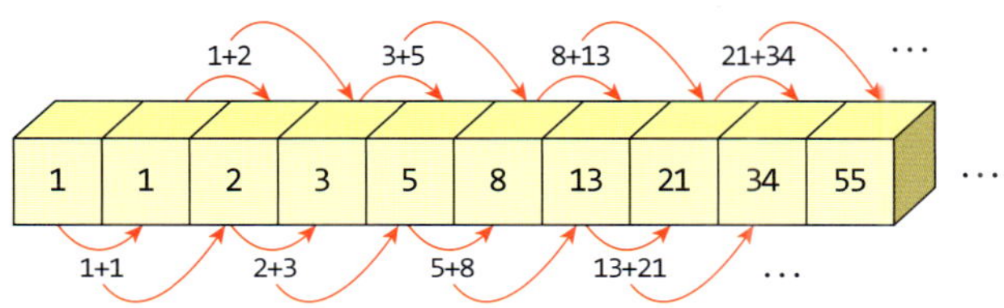

따라서 수열은 1, 1, 2, 3, 5, 8, ...이 된다.

예제 8.9 다음에서 공통된 규칙을 찾아 괄호에 들어갈 알맞은 수를 넣으시오.

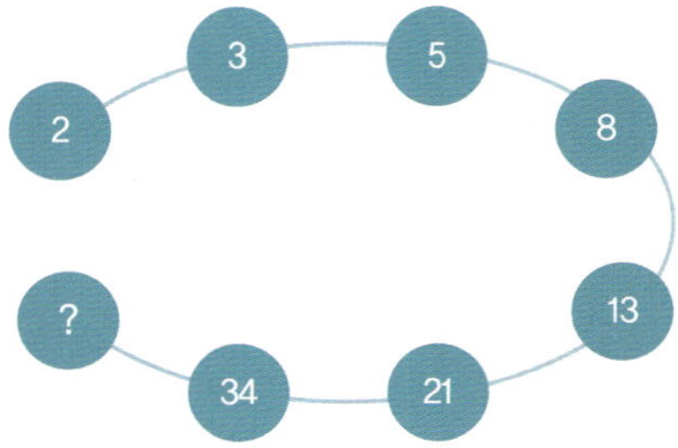

풀이 이 문제에서 패턴을 찾아내기는 쉽지는 않은데, 바로 앞의 두 수를 더하여 그 다음 수가 되는 피보나치 수열이다. 즉 2 + 3 = 5, 3 + 5 = 8, 5 + 8 = 13, ⋯, 21 + 34 = 55이다.

여기서 잠깐

피보나치 수

레오나르도 피보나치(Leonardo Fibonacci, 1170년~1250년)는 이탈리아의 수학자로 피보나치 수에 대한 연구로 유명하다. 그는 일찍이 아라비아를 여행하여 아라비아 수 체계를 유럽에 처음으로 소개하기도 했으며, 자연 속에서 피보나치 수열과 비슷한 패턴을 찾아내었다. [그림 8.7]과 같이 해바라기 꽃의 나선형, 솔방울의 비늘 수, 파인애플의 껍질에 있는 다이아몬드 무늬, 그 밖에 나선형의 은하수와 허리케인 등도 모두 피보나치 수열과 매우 유사하다.

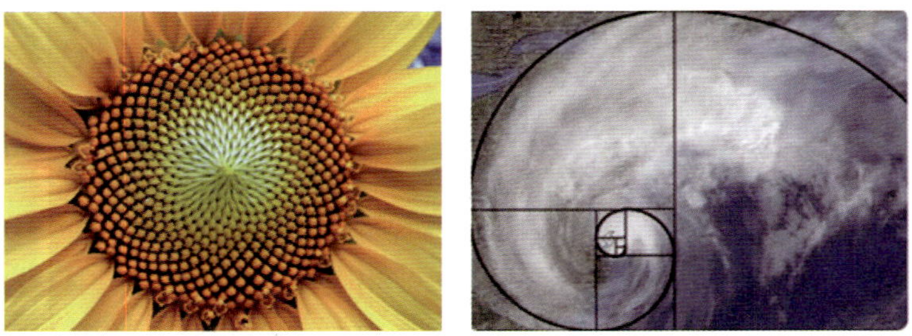

그림 8.7 피보나치 수를 따르는 해바라기 꽃과 허리케인

(2) 하노이 탑 문제

예제 8.10 **하노이 탑 문제**

하노이 탑(Tower of Hanoi)은 서로 다른 크기의 원반들과 판 위에 세워진 3 개의 막대로 구성된다. 이 원반들은 처음에 바닥에 가장 큰 원반이 있는 크기순으로 놓여있다. 하노이 탑 문제의 규칙은 원반들이 한 막대에서 다른 막대로 한 번에 하나씩 이동할 수 있으며 작은 원반 위에 큰 것이 놓일 수 없도록 한다. 물론 중간의 막대를 임시적으로 이용할 수 있으나 위의 규칙을 지켜야 한다.

하노이 탑의 문제해결은 가장 큰 원반이 바닥에 있는 순서로 A에 쌓여있는 세 개의 원반을 세 번째 막대 C로 옮기는 것인데, [그림 8.8]과 같은 과정을 거친다. 컴퓨터 프로그램을 이용한 하노이 탑 문제의 결과는 [그림 8.9]와 같다.

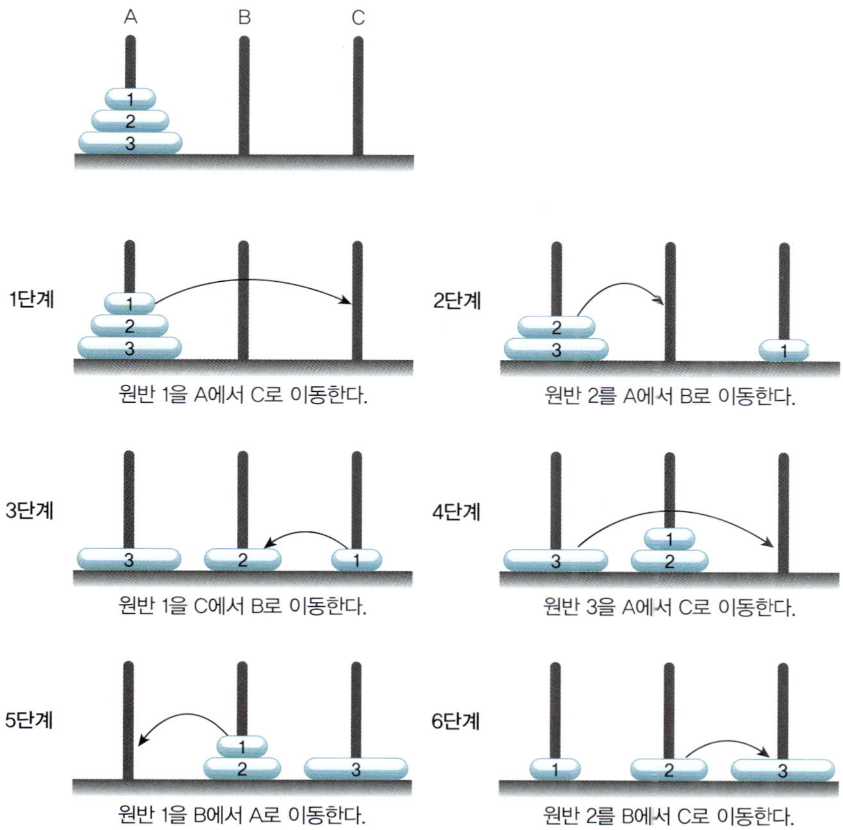

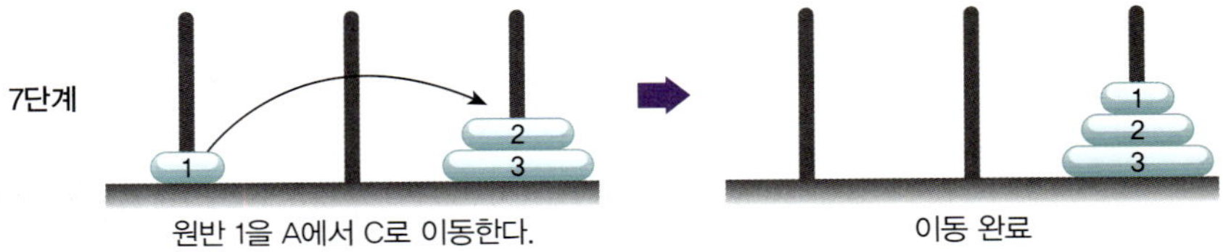

그림 8.8 3개의 원반을 가진 하노이 탑의 이동

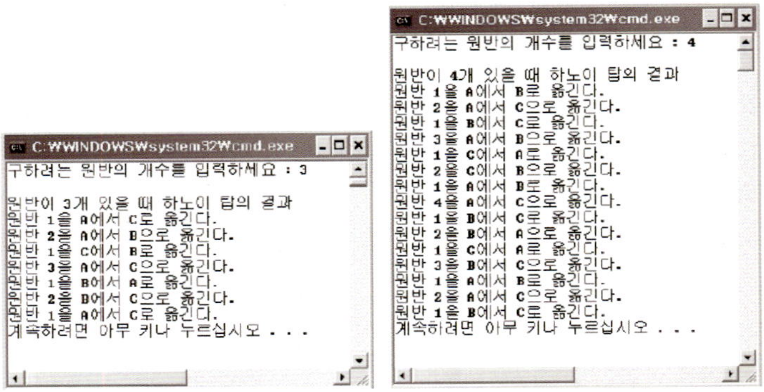

그림 8.9 하노이 탑 문제의 결과

여기서 잠깐

하노이 탑의 전설

하노이 탑은 고대 인도의 승려들이 수련하기 위한 전설의 탑이었다고 한다. 만약 서로 다른 원반이 64개이고 원반 1개를 옮기는데 1초가 걸린다고 가정하면 무려 5,845억년의 시간이 걸린다. 하노이 탑 문제는 19세기 초 프랑스의 수학자인 루카스에 의해 제기되어 1만 프랑(약 5천만원)의 현상금이 붙었던 문제이다.

8.3 생활 속의 알고리즘 탐구

알고리즘이란 용어는 어렵게 들리지만 우리는 생활 속의 다양한 영역에서 자신도 모르게 알고리즘을 응용하여 사용하고 있다. 여기서는 도토리묵 만들기, 원하는 수 찾기, 19단 암산, 이진 탐색과 버블 정렬 등을 살펴본다.

8.3.1 토마토 스파게티 만들기와 원하는 수 찾기

(1) 토마토 스파게티를 만드는 알고리즘

예제 8.11 토마토 스파게티를 만드는 알고리즘

이탈리아의 대중적인 메뉴인 토마토 스파게티(Spaghetti al pomodoro)를 요리하는 레시피(recipe)를 살펴보면 통상 다음과 같은 8단계의 알고리즘으로 이루어지는데 그 과정은 [그림 8.10]과 같다.

1. 물에다 소금과 올리브유를 넣고 팔팔 끓인다.

2. 스파게티 면을 넣고 끓인다.

3. 그 사이 햄을 원하는 크기로 썰어놓는다.

4. 9분 정도 삶아진 면을 물에 헹구지 말고 옆에 둔다.

5. 팬에다 올리브유, 다진 마늘, 준비한 햄을 넣고 볶아준다.

6. 삶아진 스파게티 면을 넣고 토마토소스를 뿌리고 섞으면서 볶아준다.

7. 치즈를 얹어 볶다가 후추와 바질을 약간씩 뿌려준다.

8. 앞뒤로 흔들며 잘 섞어 접시에 담아 완성한다.

그림 8.10 스파게티 요리의 과정

(2) 원하는 수 찾기

수들을 차례대로 비교하여 원하는 수를 찾아내는 방법을 선형탐색(linear search) 알고리즘이라 한다.

예제 8.12 다음 숫자들 중에서 가장 큰 수를 찾아보자.

3, 13, 17, 14, 7

풀이 먼저 첫 번째 수를 가장 큰 수인 max라 가정하고 나머지 숫자들과 차례로 비교해 나간다. 만약 max보다 더 큰 수가 있으면 max에다 그 숫자를 넣는다. 끝까지 비교한 후의 max값이 가장 큰 수가 된다.

[1] max = 3

[2] max = 3과 13을 비교하여 max = 13

[3] max = 13과 17을 비교하여 max =17

[4] max = 17과 14를 비교하여 max = 17

[5] max = 17과 7을 비교하여 max = 17

따라서 가장 큰 수는 max = 17이 된다.

8.3.2 19단 암산과 섭씨를 화씨로의 변환 알고리즘

(1) 19단 암산의 원리

예제 8.13 **19단 암산 알고리즘**

수학 강국인 인도에서는 어릴 적부터 19단까지 외우는 등 수학 교육에 상당한 노력을 기울이고 있다. 그런데 19단을 꼭 외워야 하는 걸까? 여기서는 외우는 대신에 순식간에 19단을 암산할 수 있는 원리와 암산 방법을 소개한다.

19단 암산법의 2가지 전제 조건은 다음과 같다.
(1) 두 자리 숫자끼리의 곱셈이어야 한다.
(2) 둘 다 11에서 19까지 곱셈이어야 한다.
즉, 1□ × 1△ 형태의 곱셈이어야 한다.

풀이 19단 암산법에 따라 다음의 곱셈을 암산해보자. 기본적인 원리를 이해하고 그 방법을 익히고 응용하면 앞으로의 곱셈에 큰 도움이 될 것이다. 이것을 한번에 암산하는 방법과 원리는 다음과 같다.

1의 자리 숫자끼리 곱한 값의 1의 자리 숫자를, 구하고자 하는 값의 1의 자리에 적고, 10의 자리 숫자 중 하나를 제외하고 더한 값에다 일의 자리로부터의 올림수가 있으면 그것을 더한 값을 10의 자리에 맞추어 적는다.

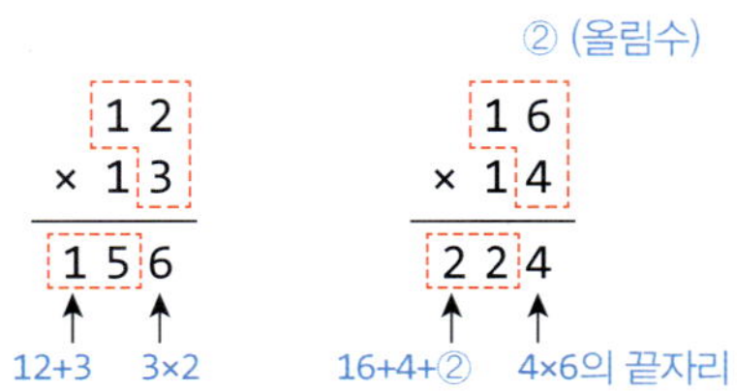

이것을 연속 작업으로 암산하면 다음과 같다.

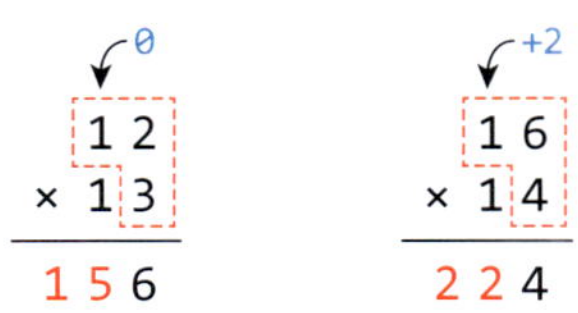

예제 8.14 다음과 같은 19단 곱셈을 암산한 결과는 무엇일까?

$$(1)\quad \begin{array}{r} 15 \\ \times\ 14 \\ \hline \end{array} \qquad (2)\quad \begin{array}{r} 18 \\ \times\ 17 \\ \hline \end{array}$$

풀이 앞에서 설명한 알고리즘대로 암산하면 다음과 같다.

(1) 210 (2) 306

예제 8.15 **섭씨를 화씨로 변환하는 알고리즘**

섭씨온도를 화씨온도로 변환하는 공식은 다음과 같다.

$$\text{whasi} = \frac{\text{supsi} \times 9}{5} + 32$$

풀이 섭씨온도가 25도라 할 때 단계별 의사코드로 나타내면 다음과 같으며, 순서도는 [그림 8.11]과 같다.

① supsi = 25

섭씨온도를 25도로 한다.

② whasi = supsi × 9

섭씨온도에다 9를 곱하여 화씨온도가 225도가 된다.

③ whasi = whasi / 5

현재의 화씨온도를 5로 나누어 화씨온도가 45도가 된다.

④ whasi = whasi + 32

최종 화씨온도는 77도가 된다.

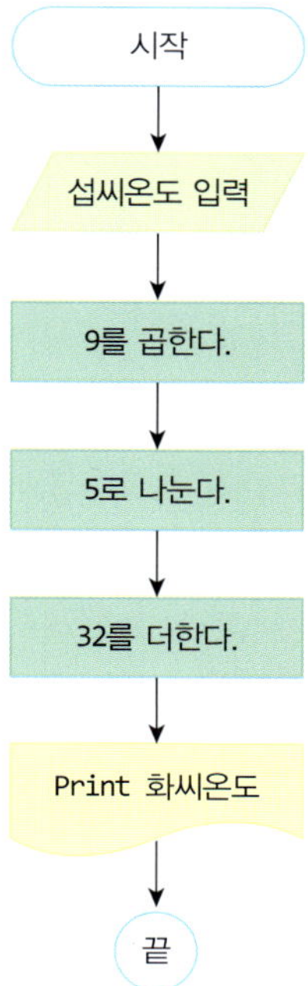

그림 8.11 섭씨를 화씨로 변환하는 순서도

8.3.3 탐색과 정렬

(1) 이진 탐색 알고리즘

이진 탐색(binary search)은 차례대로 정렬된 데이터 집합에 대해 이분화하면서 탐색하는 방법이다.

정해진 구간 내에 있는 모르는 자연수를 빠르게 맞출 방법은 없을까? 답변자는 구간내의 하나의 값을 미리 정하고, 질문자가 어떤 수를 기준으로 물을 때 답변자는 그 수가 자기가 미리 정해 놓은 답보다 큰지, 작은지, 또는 같은지를 말한다. 만약 같은 경우에는 그 수가 바로 정답이 된다.

예제 8.16 **모르는 수를 빠르게 찾아내는 이진탐색 알고리즘**

1부터 32까지의 수 중 정해진 모르는 값을 가장 빨리 알기 위해서는 최대 몇 번이 질문이 필요한가?

풀이 다음과 같은 질의응답을 살펴보자.

A: (마음속으로) 나는 7을 정해 두었어.

B: 16?

A: 작아요.

B: 8?

A: 작아요.

B: 4?

A: 커요.

B: 6?

A: 커요.

B: 7?

A: 정답!

다섯 번의 질문으로 답을 맞추었다.

이것의 원리는 다음과 같으며, [그림 8.12]와 같이 나타낼 수 있다.

먼저 32의 중간 값을 추정하여 16보다 작으므로 다음의 선택은 1~15 사이가 된다. 따라서 1과 15의 중간 값인 8로 추정한다. 그런데 8보다는 작으므로 다음의 가능성은 1에서 7까지로 추정된다. 따라서 중간 값은 4가 된다. 그리고는 4와 7 사이로 추정되므로 6으로 추정한다. 6보다 크다고 하므로 7로 추정하여 정답을 맞히면서 게임이 끝난다.

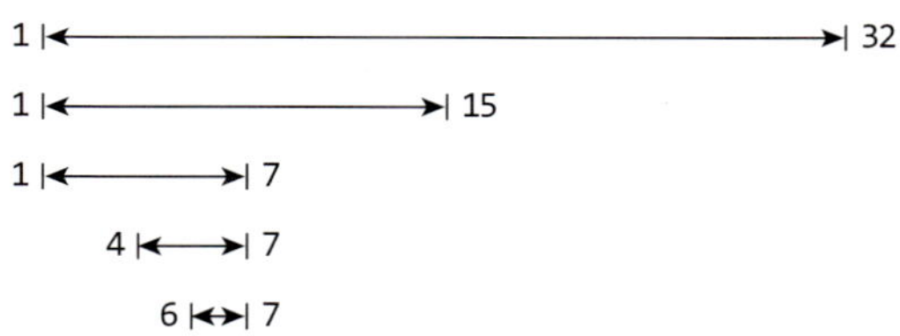

그림 8.12 절반씩 줄어드는 이진 탐색 알고리즘

여기서 잠깐

어떤 수가 어느 간격에 속하는지를 머리 속에서 잘 추적하며 기억해야 한다. 일반적으로 중간 값이라고 해서 꼭 2로 나누어떨어지는 것은 아니다. 만약 7.5가 나온다면 인근의 값인 7이나 8 중 하나를 택하여 간격을 정해도 된다.

(2) 주어진 수를 순서대로 정렬하기

정렬(sorting)이란 주어진 수들을 크기 순서대로 작은 것부터 또는 큰 것부터 차례대로 나열하는 것을 말한다. 정렬에는 버블 정렬, 병합 정렬, 힙 정렬, 퀵 정렬 등이 있는데, 여기서는 가장 간단한 버블정렬 알고리즘을 살펴본다.

예제 8.17 주어진 수들을 순서대로 정렬하기

다음의 숫자들을 버블 정렬 알고리즘을 이용하여 작은 것부터 큰 것의 순서로 정렬해보자.

10, 7, 19, 5, 16

풀이 버블 정렬(Bubble sorting)의 기본 원리는 특정 상태에서의 가장 큰 숫자가 밑으로 내려가도록 반복적으로 교환하게 되는데, 이 경우에는 다음과 같은 네 단계를 거쳐 정렬될 수 있다. 그림에서 화살표가 있는 경우에는 교환을 하고, 화살표가 없는 경우에는 교환할 필요가 없다.

[1단계] 가장 위로부터 계속 수를 교환하여 가장 큰 수(19)를 가장 아래에 놓는다.

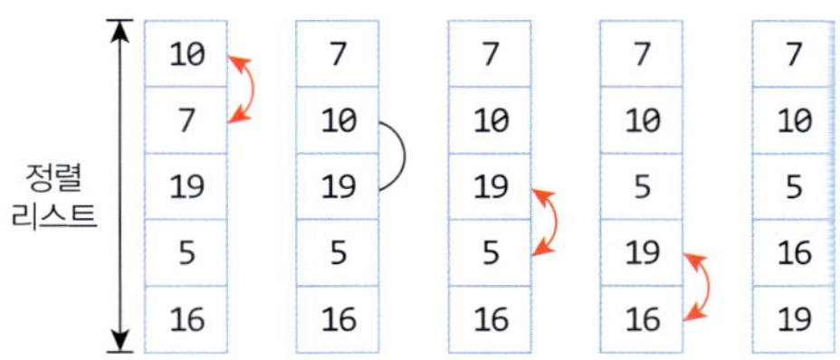

[2단계] 가장 위로부터 계속 수를 교환하여 그 다음 큰 수(16)를 그 다음 아래에 놓는다.

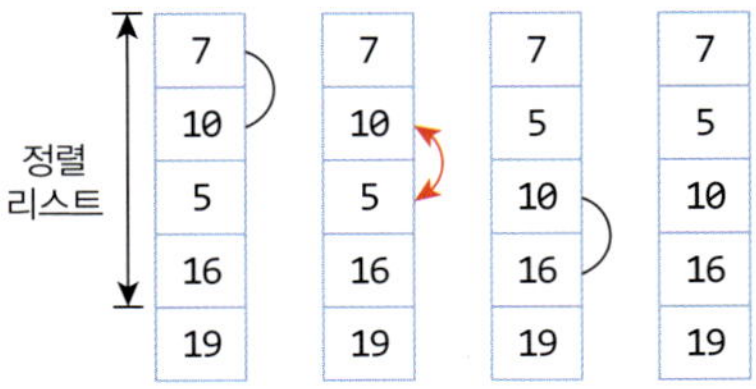

[3단계] 같은 방법으로 10과 7을 그 다음에 위치시킨다.

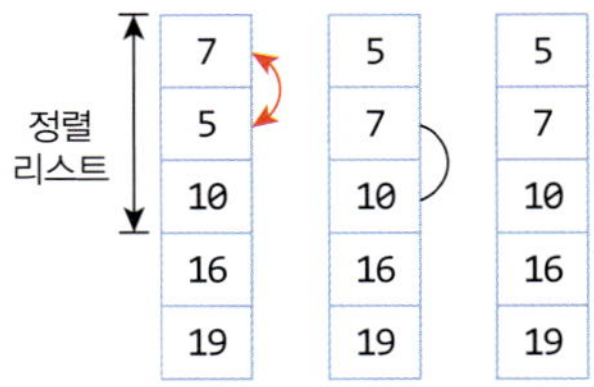

[4단계] 더 이상 변화가 없으므로 정렬과정을 마친다.

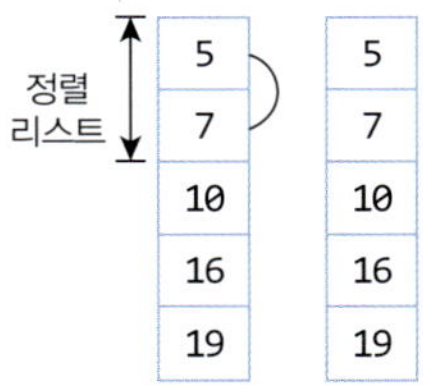

참고문헌

- Kevin Cummins, Teaching Digital Technologies, e-book, 2016.
- 구종만, "프로그래밍 대회에서 배우는 알고리즘 문제해결 전략 1권과 2권, 인사이트, 2016.
- 김대수, "창의수학 콘서트(개정판)", 리더스하우스, 2014.
- 김대수, "컴퓨터 개론(개정5판)", 생능출판사, 2016.
- 김대수, "이산수학 Express", 생능출판사, 2011.
- 김득수, "1~100을 이용한 알고리즘의 이해(2)", 21세기사, 2011.
- 김학성, "스크래치 알고리즘", 디지털북스, 2016.
- 마나다카하시, "그림으로 배우는 알고리즘", 영진닷컴, 2016.
- 마시모 디 피에르, 안성준 역, "파이썬으로 배우는 실전 알고리즘", 프리렉, 2015.
- 황인욱, 김용혁, "문제로 풀어보는 알고리즘", 인사이트, 2015.
- 미와 요시코, 김대희 외 역, "가장 쉬운 알고리즘", 비제이퍼블릭, 2014.
- 스기우라 켄, 서재원 역, "그림으로 배우는 알고리즘", 영진닷컴, 2016.
- 안나 체라솔리, 황지민 역, "알고리즘을 요리하는 쫄깃한 수학교실", 길벗어린이, 2015.
- 유키 히로시, 안동현 역, "프로그래머, 수학으로 생각하라", 프리렉, 2014.
- http://blog.naver.com/isensor/20053594028
- https://www.youtube.com/watch?v=qRMu1Z9yEi8
- https://www.khanacademy.org/partner-content/dartmouth-college/dartmouth-algorithms/v/what-are-algorithms
- https://en.wikipedia.org/wiki/Algorithm
- https://www.youtube.com/watch?v=5_6nsViVM00
- https://www.youtube.com/watch?v=rVPuzFYlfYE
- https://en.wikipedia.org/wiki/Fibonacci_number
- http://www.livescience.com/37470-fibonacci-sequence.html
- https://en.wikipedia.org/wiki/Ada_Lovelace
- http://www.computerhistory.org/babbage/adalovelace/
- https://ko.wikipedia.org/wiki/%EC%9D%B4%EC%A7%84_%EA%B2%80%EC%83%89_%EC%95%8C%EA%B3%A0%EB%A6%AC%EC%A6%98

부록

01

스크래치로의 안내

1. 스크래치 설치와 회원 가입

2. 스크래치 명령 블록

3. 본문 내용의 스크래치 프로그래밍

부록

01 스크래치로의 안내

최근 들어 소프트웨어와 코딩, 그리고 컴퓨팅 사고에 대한 관심이 급증하고 있다. 이에 따라 두뇌에서 구상한 것을 실제로 프로그래밍 하는 코딩(coding)의 필요성도 커지고 있다. 이를 통하여 컴퓨팅 사고, 논리 추론, 협업 능력, 문제해결 능력 등을 기를 수 있다.

스크래치(Scratch)는 코딩용으로 많이 쓰이는 프로그래밍 언어인데, 2007년 미국 MIT에서 프로그래밍 초보자를 위해 개발한 시각적 교육용 프로그래밍 언어로서 누구나 무료로 사용할 수 있는 소프트웨어이다.

스크래치는 현재 우리나라를 비롯한 전 세계 청소년들이 코딩 개념을 배우는데 가장 많이 이용되고 있는데, 누구나 간편한 방법으로 레고 블록을 끼워 맞추듯 자신의 생각을 스크래치를 통하여 표현할 수 있다.

스크래치는 코드를 작성하지 않고도 작은 명령 단위인 블록 조각을 서로 조립하여 프로그래밍 할 수 있는데, 소리, 동작, 대사, 이미지 제어, 형태, 연산, 변수 등 8개 그룹에 있는 1백여 개의 블록들을 마우스로 끌어다 연결해가면서 그림, 애니메이션, 사운드 등 다양한 형식의 프로그램을 만들 수 있다.

여기서는 스크래치의 설치와 회원가입, 스크래치 명령 블록 중 동작 블록을 비롯한 9가지 블록들과 5가지 [실습예제]들을 다룬다. 또한 3절에서는 두 수의 교환 등 본문 내용의 3가지 스크래치 프로그래밍 [본문예제실습]들을 살펴본다.

다음은 스크래치를 소개하는 간단한 동영상인데 아래의 URL로 연결하면 시청할 수 있다.

Scratch 2.0 Overview Video
(https://www.youtube.com/watch?v=-SjuiawRMU4)

1. 스크래치 설치와 회원 가입

스크래치를 사용하기 위해서는 먼저 두 가지 방법 중 하나로 스크래치 소프트웨어를 설치해야 한다. 또한 스크래치를 효율적으로 사용하기 위해서는 회원 가입을 하는 것이 좋다.

1.1 스크래치 사용하기

스크래치는 웹(온라인)에서 사용하는 방법과 내 PC(오프라인)에서 사용하는 방법이 있다.

(1) 웹에서 스크래치 사용하기

스크래치는 인터넷 접속이 가능한 환경에서는 무료로 언제 어디서나 쉽게 프로그래밍 할 수 있는 환경을 제공한다. 컴퓨터에서 웹 브라우저를 열고 주소창에 http://

scratch.mit.edu를 입력하여 접속하면 아래의 화면이 나타난다. 스크래치 화면에서 만들기 메뉴를 선택하여 사용한다. 만약 스크래치 프로그램이 실행되지 않을 경우에는 어도비 플래시 플레이어(Adobe Flash Player)를 설치한 후 사용한다.

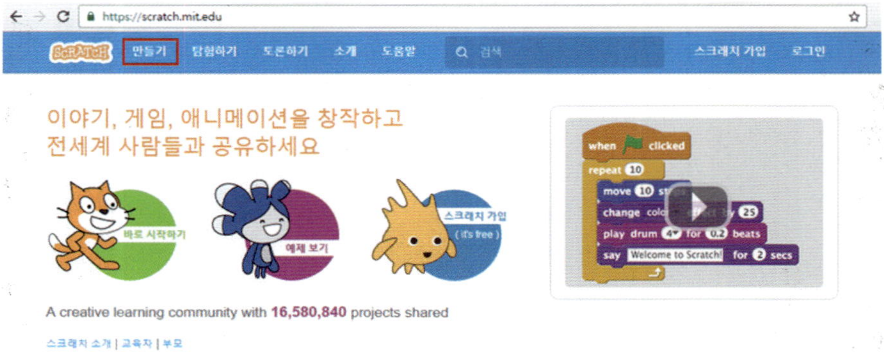

(2) 내 PC에서 스크래치 사용하기

스크래치는 웹에서 접속하지 않고 내 컴퓨터(오프라인 상)에서도 스크래치 프로그래밍을 할 수 있다. 웹 브라우저 주소창에 http://scratch.mit.edu를 입력한 후 도움말 메뉴를 선택하거나 http://scratch.mit.edu/scratch2download 사이트 접속한다. Scratch 2 오프라인 에디터를 설치하기 위해서 Adobe Air를 설치한 후, Scratch 2.0 installer를 통해 설치가 가능하다.

화면 오른쪽 Resources 항목에 아래에 있는 Scratch 2 Offline Editor를 선택한다.

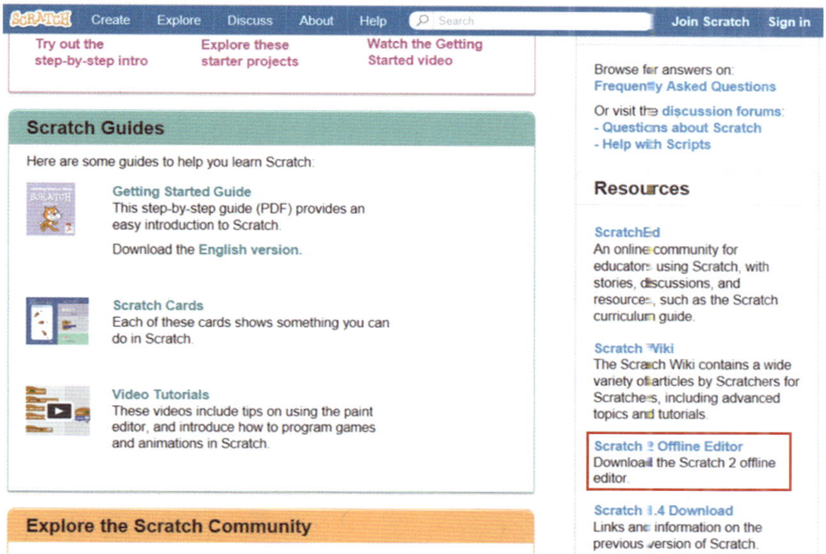

어도비 AIR(Adobe AIR)를 먼저 설치하고, 스크래치 2 오프라인 에디터를 다운로드 한다.

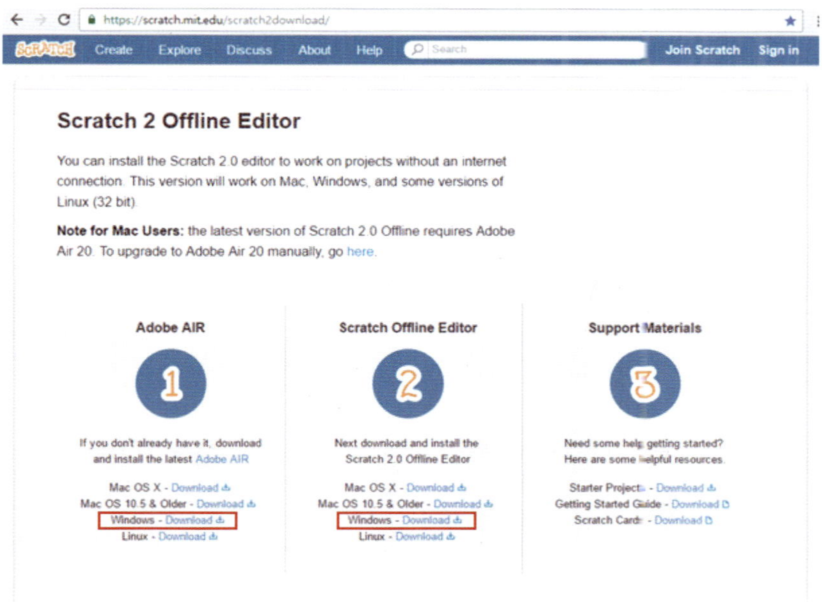

그 결과 바탕 화면에 scratch 2 아이콘이 만들어지게 된다. 그 후 언제든지 scratch 2 아이콘을 더블클릭하면 실행 화면이 나온다.

1.2 회원 가입

온라인상에서 스크래치 프로그래밍을 실습하고 다른 사용자와 공유하기 위해 회원 가입을 한다. 오른쪽 상단에 스크래치 가입 버튼을 선택하면 회원 가입을 할 수 있는 새로운 창이 나타난다.

① 스크래치 계정과 비밀번호를 만든 후 [다음] 버튼을 누른다.

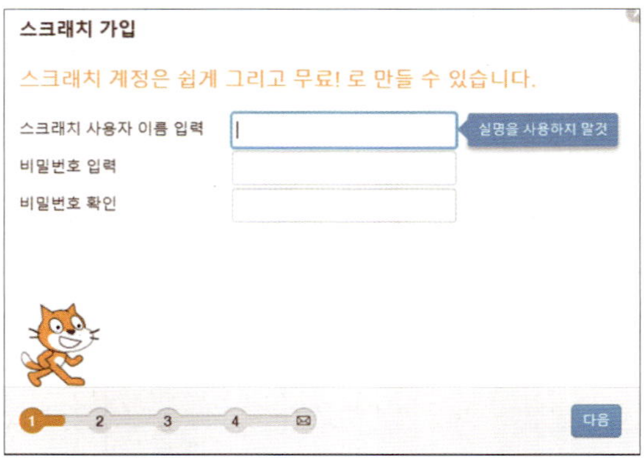

② 생년월일, 성별, 국가를 입력한 후 [다음] 버튼을 누른다.

③ 이메일 주소를 입력한 후 [다음] 버튼을 누른다.

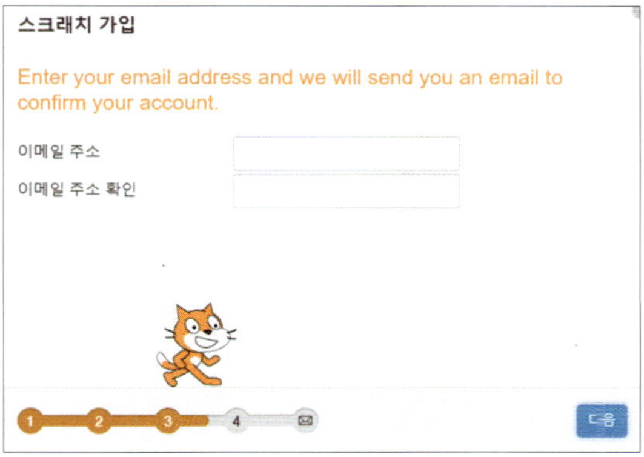

④ 가입한 아이디 "yhj1009"가 나타나면 가입이 완료된다.

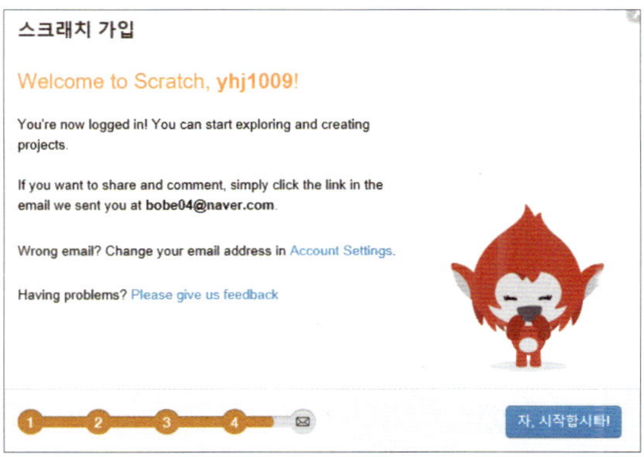

⑤ 자, 시작합시다! 버튼을 누르거나 로그인 후 화면 위쪽에 만들기 버튼을 누르면 스크래치 프로그램을 만들 수 있는 화면이 나타난다.

1.3 스크래치 화면과 주요 메뉴 사용법

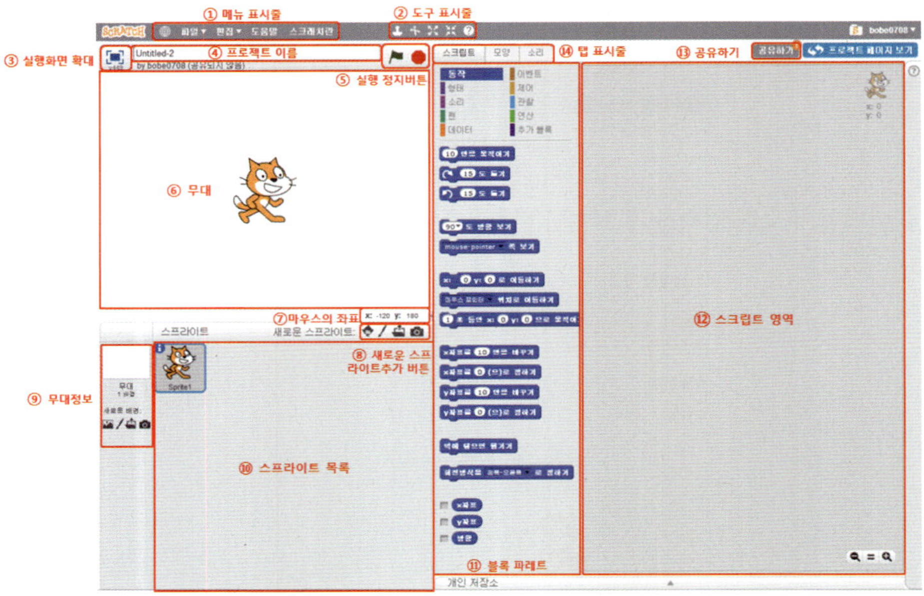

① 메뉴 표시줄 SCRATCH 파일▾ 편집▾ 도움말 스크래치란

프로그램을 사용하기 위한 설정, 파일 관리, 편집, 스크래치에 관한 소개로 구성되어 있다.

- SCRATCH 스크래치 사이트로 이동한다.
- 스크래치에서 사용할 언어를 각 나라 언어로 변경할 수 있다.
- 파일▾ 스크래치 파일을 관리할 수 있다. [파일] 메뉴에서 [내 컴퓨터에서 프로젝트 다운로드하기]를 누르면 작업한 프로젝트 파일을 컴퓨터에 저장할 수 있고 [내 컴퓨터에서 프로젝트 업로드하기]를 누르면 컴퓨터에 저장된 프로젝트 파일을 불러들일 수 있다.

• 편집▼ 스크립트를 편집할 수 있다.

② 도구 표시줄

복사, 삭제, 확대, 축소, 블록 도움말 기능으로 구성되어 있다.

• 스프라이트를 복사한다.
• 스프라이트를 삭제한다.
• 확대 아이콘을 선택한 후 스프라이트를 한번 씩 클릭할 때마다 확대된다.
• 축소 아이콘을 선택한 후 스프라이트를 한번 씩 클릭할 때마다 축소된다.
• 블록 도움말 아이콘을 선택한 후 설명이 필요한 블록에서 선택하면 오른쪽에 해당 블록에 대한 도움말 창이 뜬다.

③ 버튼을 선택하면 화면이 모니터 전체 크기만큼 커지게 된다.

④ 프로젝트 이름을 정하는 곳이다.

⑤ 버튼을 선택하면 프로젝트를 시작하고 버튼을 선탄하면 프로젝트를 종료할 때 사용하는 버튼이다.

⑥ 무대: 프로그램을 실행한 결과를 보여 주는 창이다.

⑦ 무대에서 스프라이트의 위치와 마우스 포인터가 무대 위를 움직일 때마다 마우스 포인터의 좌표 값을 x(좌, 우)와 y(상, 하)로 표시한다.

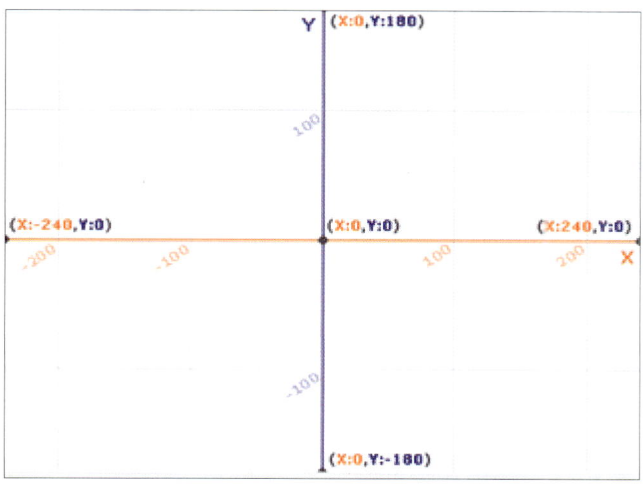

⑧ 새로운 스프라이트를 추가할 수 있는 방법이 네 가지가 있다. 버튼을 선택하면 스크래치에 내장된 라이브러리에서 스프라이트를 추가할 수 있고, 버튼을 선택하면 나만의 스프라이트를 직접 그려 사용할 수 있게 된다. 버튼을 선택하면 컴퓨터 안에 저장된 이미지를 스프라이트 파일로 업로드하여 사용할 수 있다. 버튼을 선택하면 컴퓨터에 장착된 웹캠으로 사진을 찍어서 스프라이트를 새로 추가할 수 있다.

⑨ 무대 정보: 현재 무대 배경을 보여주고, 새로운 배경을 추가할 수도 있다.

- 버튼을 선택하면 다음과 같이 스크래치에서 기본적으로 제공하는 배경들이 화면에 나타나며 여기에서 원하는 배경을 선택하여 사용할 수 있다.

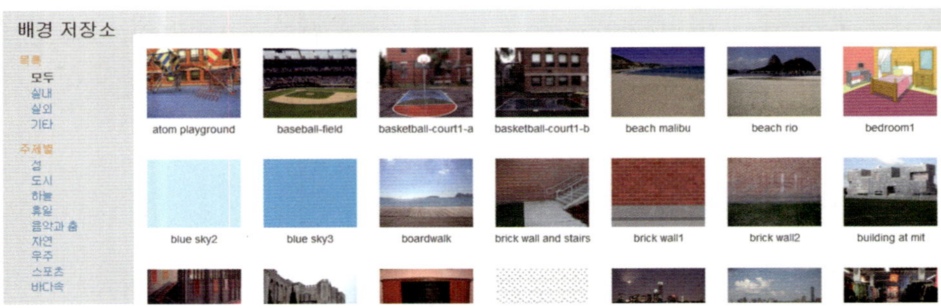

- 배경 새로 그리기 버튼을 선택하면 다음과 같은 화면이 나타나며 펜이나 도형을 이용하여 배경을 새롭게 그릴 수 있다.

• 배경 파일 업로드하기를 선택하면 컴퓨터에 있는 파일을 배경으로 가져올 수 있다.

• 웹캠으로 배경 찍기를 선택하면 카메라로 찍은 배경을 저장하여 사용할 수 있다.

⑩ 스프라이트: 프로그램 작업할 때 사용되는 모든 프로젝트에 포함된 스프라이트(캐릭터, 소품)들의 목록을 보여준다.

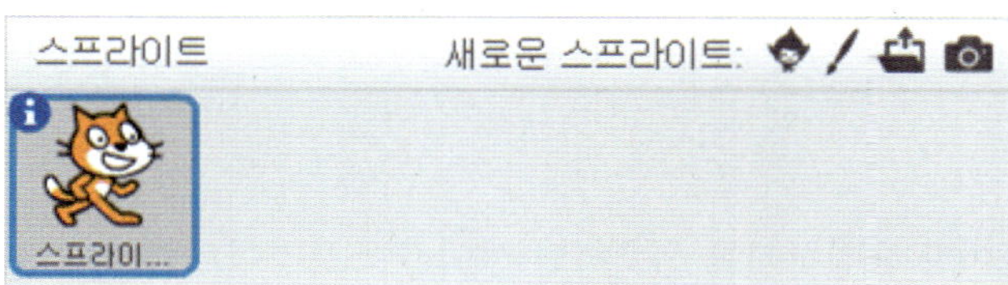

• 스프라이트 정보를 선택하면 아래와 같이 스프라이트의 정보가 표시된다.

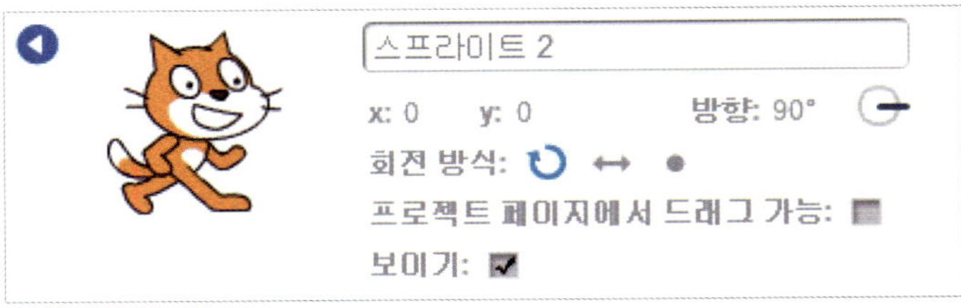

스프라이트의 좌표 정보와 방향 정보를 알 수 있고, 이름을 변경할거나 회전 방식도 설정할 수 있다. 프로젝트 페이지에서 드래그 가능의 체크 여부는 전체 화면 모드로 프로젝트를 진행할 때 마우스를 이용하여 스프라이트를 이동 가능하게 할 것인지를 선택하는 항목이다. 보이기 항목의 선택과 해제 여부는 스프라이트를 무대에서 보이게 할 것인지 결정하는 부분이다.

- 스프라이트 추가하기 버튼을 선택하면 아래와 같이 스프라이트 저장소가 나타난다. 스크래치 프로그램에 저장된 여러 가지 그림을 선택하여 사용할 수 있다.

- 새 스프라이트 색칠하기를 선택하면 선택한 스프라이트의 색깔을 바꾸거나 여러 가지 모양으로 편집하여 사용할 수 있다.
- 스프라이트 파일 업로드하기를 선택하면 내 컴퓨터에 저장된 파일을 가져와 사용할 수 있다.

- 카메라로부터 새 스프라이트 만들기를 선택하면 컴퓨터에 장착되어 있는 카메라로 사진을 찍어 스프라이트로 사용이 가능하며 '스프라이트 편집하기'로 수정하여 사용할 수 있다.

⑪ 블록 팔레트: 명령 블록들을 용도별로 분류한 10개의 명령 블록들을 모아놓은 곳이다.

명령 블록을 사용하려면 원하는 블록을 선택하여 마우스로 오른쪽 스크립트 창으로 끌어다 놓기만 하면 된다. 블록들은 위나 아래에 홈이 파여 있어 퍼즐을 맞추듯 서로 연결시켜 작업한다. 명령 블록은 블록을 팔레트 영역으로 드래그하여 옮기거나 마우스 오른쪽 버튼을 클릭하여 [삭제]를 선택하여 삭제할 수 있다.

⑫ 스크립트 영역: 블록을 끌어와 프로그램을 작성하는 영역이다. 스크립트 영역에 삽입된 명령 블록을 클릭 또는 더블클릭하면 스프라이트가 해당 명령을 수행한다.

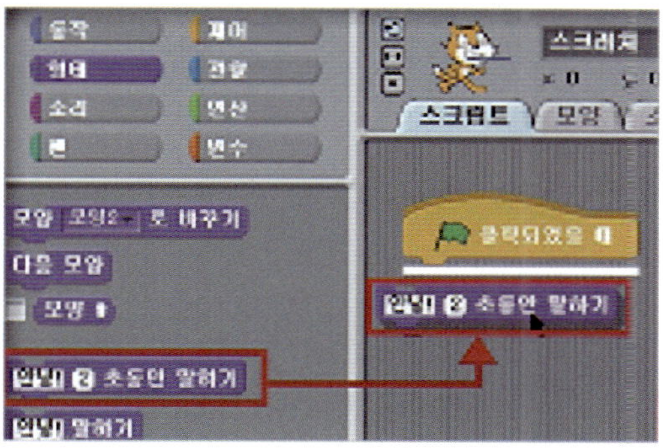

⑬ 공유하기 는 온라인상에서 스크래치 만들기를 할 때 나타나는 버튼이다. 공유하기 버튼을 선택하면 내가 만든 프로젝트를 다른 사용자와 온라인상에서 공유할 수 있다.

⑭ 스크립트 모양 소리 는 스크립트, 모양, 소리 탭으로 구성되어 각 탭을 선택할 때마다 해당 탭으로 이동한다. [소리] 탭은 소리를 편집할 때 사용되는 탭으로 저장소에 있는 소리 목록을 가져오거나 소리를 편집하여 사용할 수도 있다.

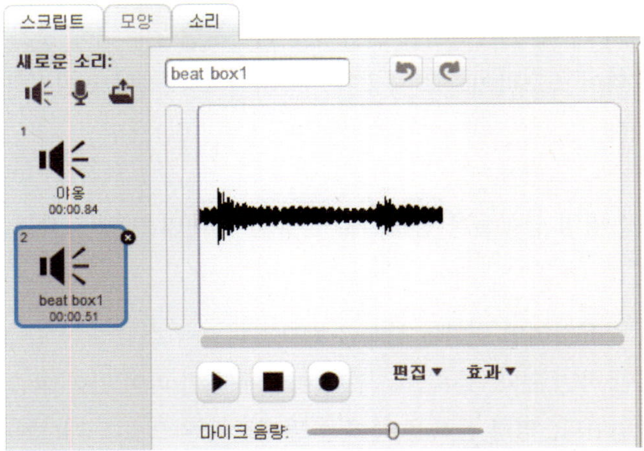

2. 스크래치 명령 블록

스크래치에서 프로그램을 작성하기 위한 명령 블록은 동작, 형태, 소리, 펜, 데이터, 이벤트, 제어, 관찰, 연산, 추가 블록과 같은 10개의 블록이 있고 서로 다른 색으로 블록의 기능을 쉽게 구분할 수 있다.

2.1 스크래치 명령 블록의 형태

(1) 모자 블록

프로그램을 작성할 때 윗부분이 둥근 모양으로 블록 묶음이 맨 앞에 위치하여 모자 블록이라 한다.

(2) 쌓기 블록

프로그램을 작성할 때 위쪽에는 파인 홈이, 아래쪽에는 돌기가 있는 모양의 블록으로 돌기에 끼워 맞추어 쌓아 올릴 수 있어서 쌓기 블록이라 한다. 쌓기 블록은 입력 상자를 가지고 있는 블록, 풀다운 메뉴를 가지고 있는 블록, C 모양을 하고 있어서 다른 블록들을 사이에 끼워 넣을 수 있는 블록과 같은 3가지 종류의 블록이 있다.

(3) 넣기 블록

프로그램을 작성할 때 다른 블록 안에 넣을 수 있도록 디자인된 블록을 넣기 블록이라 한다. 넣기 블록은 끝이 둥근 모양의 블록, 끝이 뾰족한 모양의 블록, 체크 박스를 가지고 있는 블록과 같은 3 가지 종류의 블록이 있다.

2.2 스크래치 명령어 블록의 종류

(1) 동작 블록 동작

스프라이트를 이동시키거나 방향을 변경시키는 등과 같이 움직임과 관련된 명령어 블록들로 구성된다.

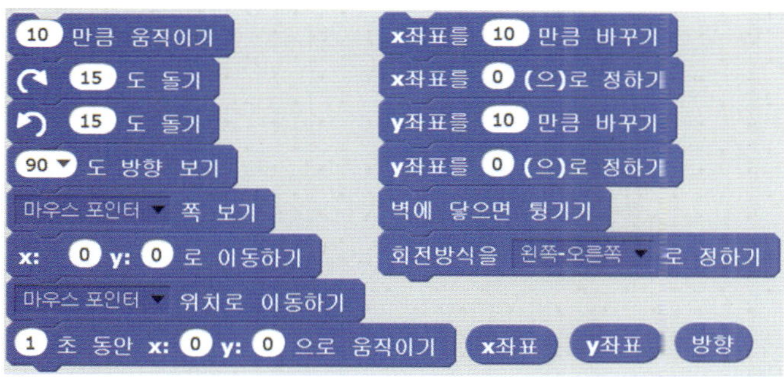

(2) 이벤트 블록 이벤트

어떤 사건이 발생했을 경우 특정 동작을 실행하게 하는 명령어 블록들로 구성된다.

실습예제 1 동작 블록과 이벤트 블록을 이용한 예제

방향키를 이용하여 고양이를 움직이게 하는 프로그램을 작성한다.

① 고양이 스프라이트를 선택한다.

② 이벤트 블록에 

선택하여 스크립트 영역에 가져다 놓고 오른쪽, 왼쪽, 위쪽, 아래쪽 방향키에 따라 스프라이트가 방향을 바꾸도록 한다.

③ 동작 블록을 선택하여 

선택하여 고양이 스프라이트의 방향을 바꾸고, 

선택하여 고양이 스프라이트를 10만큼 이동하도록 한다.

| 무대 위의 스프라이트(실행 전) |

| 스크립트와 무대 위의 스프라이트(실행 결과) |

(3) 형태 블록 형태

스프라이트의 모양, 크기, 색깔을 바꾸어 주거나 스프라이트를 숨겼다가 다시 보여주는 명령어 블록들로 구성된다.

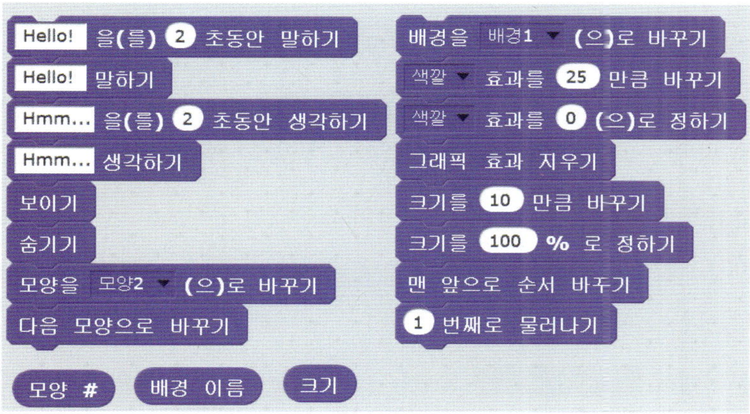

(4) 제어 블록 제어

해당 스프라이트를 클릭하거나 프로그램을 시작할 때 스프라이트의 동작을 제어해 주는 명령어 블록으로 구성된다.

실습예제 2 이벤트 블록, 제어 블록, 동작 블록, 형태 블록 예제

사막에서 먹이를 찾는 여우를 프로그램으로 작성한다.

① 고양이 스프라이트 삭제한 후 여우 스프라이트를 추가한다.

② 배경 저장소를 선택한 후 'desert' 배경을 선택하여 바꿔준다.

③ 이벤트 블록에서 [클릭했을 때] 블록을 스크립트 영역으로 끌어다 놓는다.

④ 형태 블록에서 [어디로 가면 먹이를 찾을 수 있을까? 을(를) 2 초동안 생각하기] 블록을 스크립트 영역에 끌어다 ③ 블록 밑에 끼워 넣고 '어디로 가면 먹이를 찾을 수 있을까?'을 입력한다.

⑤ 제어 블록에서 [10 번 반복하기] 블록을 선택하여 스크립트 영역으로 끌어다 놓는다.

⑥ 동작 블록에서 [100 만큼 움직이기] 블록을 스크립트 영역으로 끌어다 ⑤ 블록 사이에 키워 넣는다.

⑦ 동작 블록에서 [벽에 닿으면 튕기기] 블록을 스크립트 영역으로 끌어다 ⑥ 블록에 밑에 끼워 넣는다.

⑧ 동작 블록에서 [회전방식을 왼쪽-오른쪽 로 정하기] 블록을 스크립트 영역으로 끌어다 ⑦ 블록에 밑에 끼워 넣는다.

⑨ 제어 블록에서 [1 초 기다리기] 블록을 선택하여 스크립트 영역으로 끌어다 ⑤ 블록 사이에 키워 넣는다.

| 완성된 스크립트 |

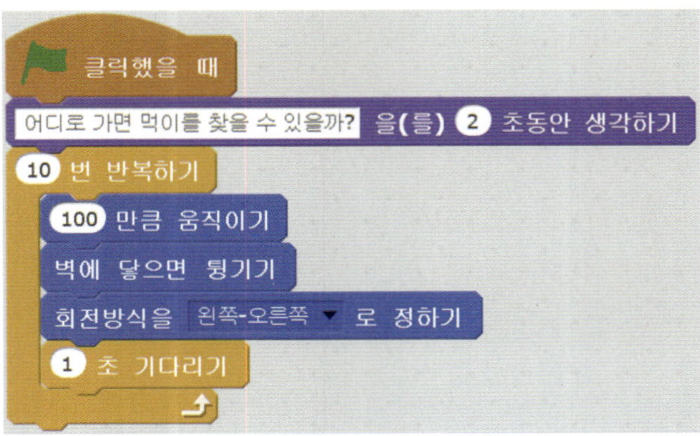

| 무대 위의 스프라이트(실행 전) |

| 무대 위의 스프라이트(실행 결과) |

(5) 소리 블록 소리

프로그램의 배경 음악을 넣는 기능과 악기음, 소리의 설정 및 연주와 관련된 명령어 블록으로 구성된다.

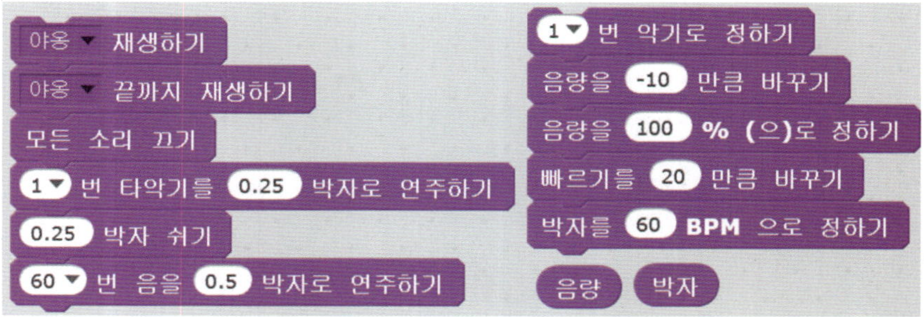

실습예제 3 **소리 블록, 제어 블록, 형태 블록 예제**

힙합 음악을 들으면서 힙합 댄스를 추는 소년을 표현한 프로그램을 작성한다.

① 배경저장소에서 '실내'를 선택하고 'spotlight-stage' 배경으로 정한다.

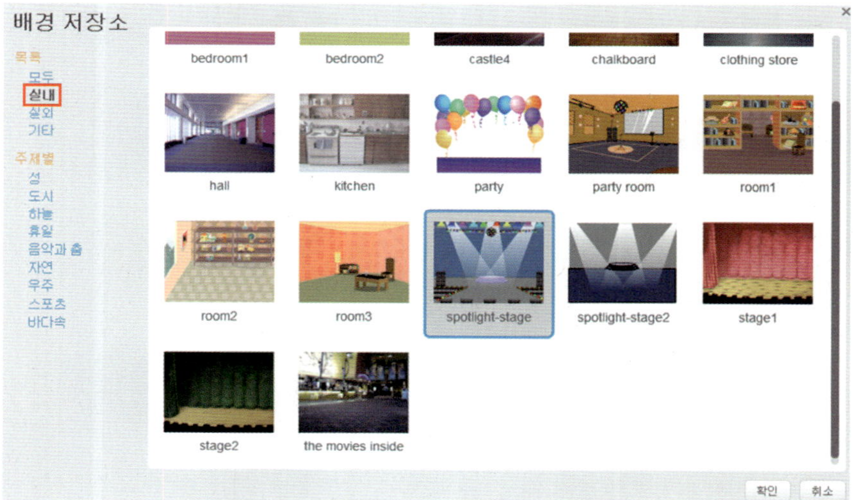

② [소리] 탭을 선택한 후 소리 저장소에서 음악에 'hip hop' 음악을 가져온다.

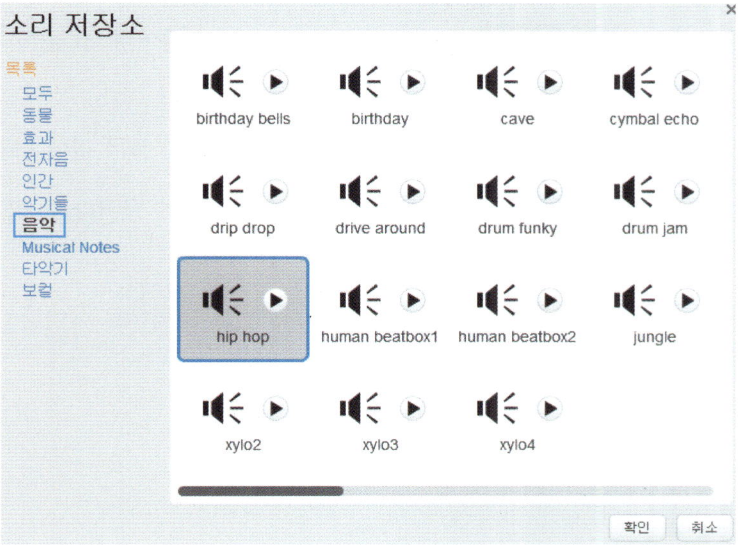

③ 힙합 소년 스프라이트를 추가한 후 모양 탭에서 다른 모양으로 바꾸는 블록을 추가한다.

④ 이벤트 블록에서  블록을 스크립트 영역으로 끌어다 놓는다.

⑤ 소리 블록에서 [hip hop ▾ 재생하기] 블록을 스크립트 영역에 끌어다 ④ 블록 밑에 끼워 넣고 'hip hop'을 선택한다.

⑥ 제어 블록에서 [무한 반복하기] 블록을 스크립트 영역에 끌어다 ⑤ 블록 밑에 끼워 넣는다.

⑦ 형태 블록에서 [다음 모양으로 바꾸기] 블록을 스크립트 영역으로 끌어다 ⑥ 블록 사이에 끼워 넣는다.

⑧ 제어 블록에서 [1 초 기다리기] 블록을 선택하여 스크립트 영역으로 끌어다 ⑦ 블록 밑에 끼워 넣는다.

| 완성된 스크립트 |

| 무대 위의 스프라이트(실행 전) |

| 무대 위의 스프라이트(실행 결과) |

(6) 관찰 블록 관찰

마우스 위치, 스프라이트의 상태 등과 관련된 명령어 블록들로 구성된다.

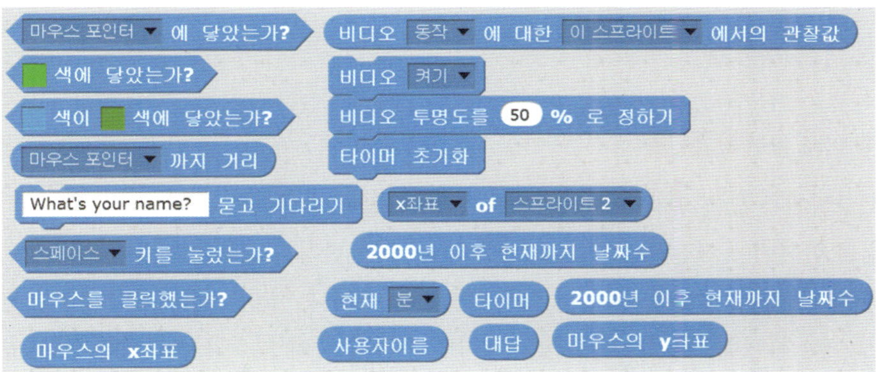

(7) 펜 블록 펜

스프라이트가 움직인 흔적이나 스프라이트를 복사하는 기능을 가진 명령어 블록들로 구성된다.

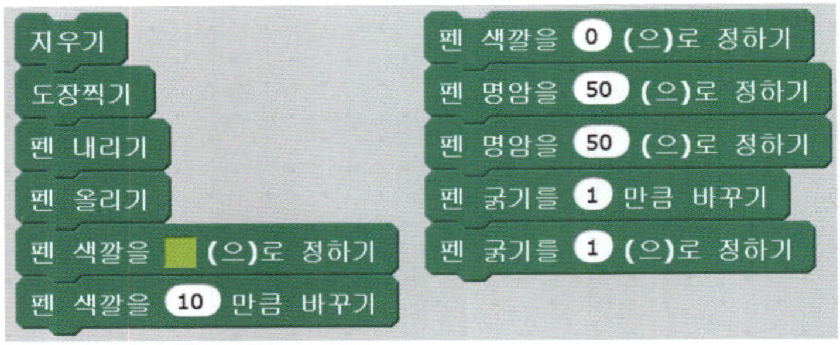

(8) 연산 블록 연산

사칙연사, 비교 연산, 논리 연산, 문자열끼리 결합하기 등의 명령어 블록으로 구성된다.

(9) 데이터 블록 데이터

프로그램에서 값을 임시로 저장해 주는 기억 공간을 만들어주는 변수와 여러 개의 데이터를 한꺼번에 저장할 수 있는 리스트의 생성 및 변경과 관련된 명령어 블록으로 구성된다. 이 블록은 스크래치에서 매우 중요한 부분이다. 데이터를 저장하기 위한 공간을 변수라 하는데, 데이터 블록을 선택하면 아래와 같이 변수와 리스트를 만들 수 있는 버튼이 나타난다.

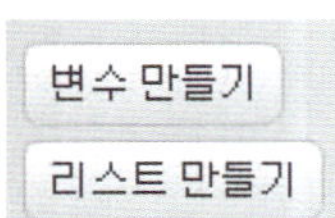

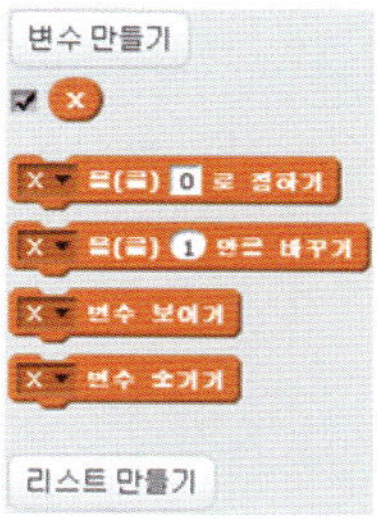

변수 만들기를 선택하여 'X'라고 변수명을 입력하면 그림과 같이 X 변수 목록이 만들어진다.

실습예제 4 제어 블록, 데이터 블록, 연산 블록, 펜 블록 예제

고양이가 그리고 싶은 다각형 변의 수를 입력받아 해당하는 다각형(3~6 사이)을 그리는 프로그램을 작성한다.

▶ **고양이 스프라이트**

① 이벤트 블록에서 [클릭했을 때] 블록을 스크립트 영역으로 끌어다 놓는다.

② 데이터 블록에서 [변수 만들기]를 클릭한 후 새로운 변수를 입력할 수 있는 창이 나타나면 'N'이라 입력한 후 [확인]을 누르면 N 변수가 생성된다.

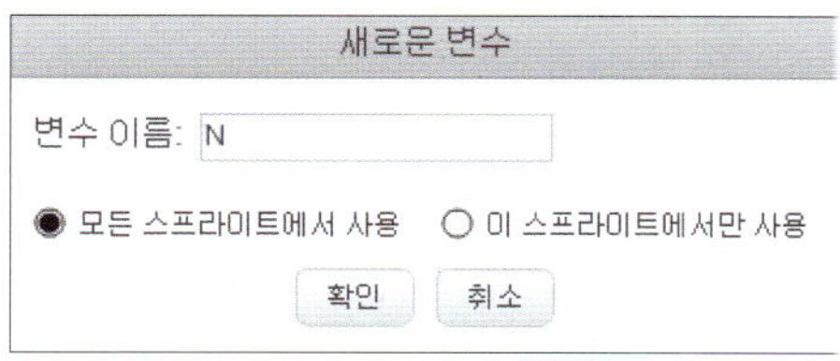

③ 무대를 정리하기 위해 펜 블록에서 [지우기] 블록을 선택하여 ① 블록 밑에 끼워 넣는다.

④ 고양이를 무대에서 보이게 하려고 형태 블록에서 [보이기] 블록을 스크립트 영역에 끌어다 ③ 블록 밑에 끼워 넣는다.

⑤ 그리고 싶은 다각형(3~6사이 다각형)을 묻고 N 변수를 대답으로 정하기 위해 관찰 블록에서 [몇각형을 그리겠습니까?(3에서 6각형 선택) 묻고 기다리기] 블록을 선택하여 스크립트 영역으로 끌어다 ④ 블록 밑에 끼워 놓는다.

⑥ 이벤트 블록에서 [그리기 ▼ 방송하기 / 그리기 / 메시지1 / 새 메시지...] 블록을 선택하여 [새 메시지]를 선택한 후 '그리기'라고 입력한다. '그리기' 메시지를 선택한 후 스크립트 영역으로 끌어다 ⑤ 블록 밑에 끼워 넣는다.

⑦ 펜 스프라이트가 나타나 다각형을 그리기 위해 고양이 스프라이트를 숨기려고 형태 블록에서 [숨기기] 블록을 스크립트 영역으로 끌어다 ⑥ 블록에 밑에 끼워 넣는다.

▶ 펜 스프라이트

① 고양이 스프라이트에 [그리기 ▼ 방송하기]를 만나면 실행되는 블록을 작성하기 위해 이벤트 블록에서 [그리기 ▼ 을(를) 받았을 때] 블록을 스크립트 영역으로 끌어다 놓는다.

② 연필의 시작 위치를 x:'−100', Y:'−50' 으로 정하기 위해 펜 블록에서 [x: -100 y: -50 로 이동하기] 블록과 [0▼ 도 방향 보기]을 순서대로 ① 블록 밑에 끼워 넣는다.

③ 펜 스프라이트를 무대에 보이게 하려고 형태 블록에서 [보이기] 블록을 스크립트 영역에 끌어다 ③ 블록 밑에 끼워 넣는다.

④ 다각형을 그리기 위해 펜 블록에서 [펜 내리기] 블록을 ③ 블록 밑에 끼워 넣고 1초 후 다음 변을 그리기 위해 제어 블록에서 [1 초 기다리기] 블록을 [펜 내리기] 블록 밑에 끼워 넣는다.

⑤ N 번 반복하여 그리기 위해 제어 블록에서 [N 번 반복하기] 블록을 선택한 후 데이터 블록에서 [N] 블록을 반복 제어 블록에 사이에 끼워 넣은 후 ④ 블록 밑에 끼워 넣는다.

⑥ 반복할 내부 명령 블록들을 연결하기 위해 동작 블록에서 [100 만큼 움직이기]와 [↻ 15 도 돌기] 블록을 선택하여 순서대로 블록을 끼운다. 연산 블록에서 [360 / N] 블록을 선택하여 360/N의 값을 작성하여 [↻ 15 도 돌기] 블록 사이에 끼워 넣은 후 제어 블록에서 [0.5 초 기다리기]을 밑에 끼워 넣는다. 반복할 내부 명령 블록을 다 작성한 후 ⑤ 블록 사이에 끼워 넣는다.

⑦ 그리기를 끝내기 위해 펜 블록에서 [펜 올리기] 블록을 ⑤ 블록 밑에 끼워 넣는다.

⑧ 연필을 숨기기 위해 형태 블록에서 [숨기기] 블록을 스크립트 영역으로 끌어다 ⑦ 블록 밑에 끼워 넣는다.

그 결과 고양이 스프라이트와 펜 스프라이트의 완성된 스크립트는 다음과 같다.

| 고양이 스프라이트의 완성된 스크립트 |

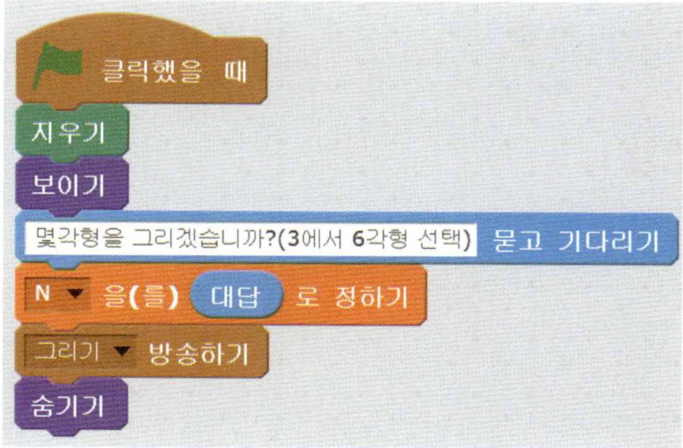

| 펜 스프라이트의 완성된 스크립트 |

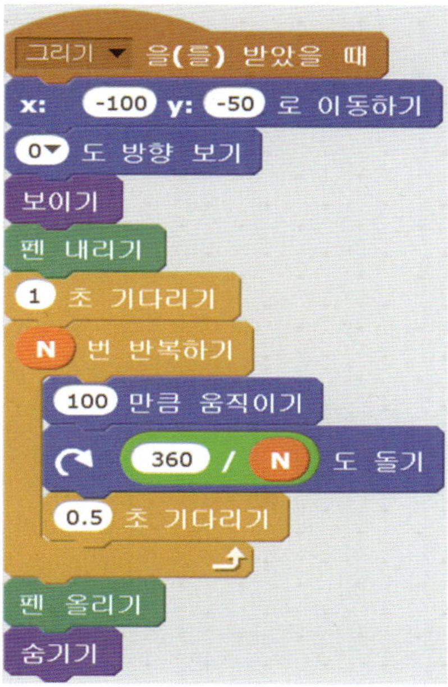

실행 후 무대 위 스프라이트의 결과는 다음과 같다.

| 무대 위의 스프라이트(실행 결과) |

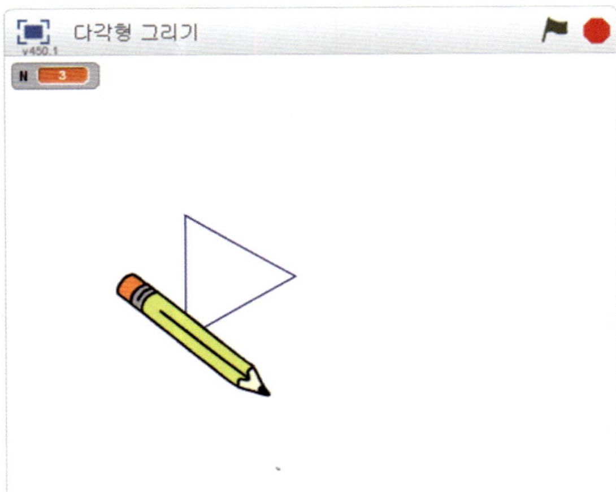

실습예제 5 제어 블록, 데이터 블록, 연산 블록 예제

두 변수 X와 Y에 두 수를 입력한 후 SUM이란 변수에 X + Y 값을 넣는 프로그램을 작성한다.

① 이벤트 블록에서 [클릭했을 때] 블록을 스크립트 영역으로 끌어다 놓는다.

② 데이터 블록에서 [변수 만들기]를 클릭한 후 새로운 변수를 입력할 수 있는 창이 나타나면 'X'라 입력한 후 [확인]을 누른다. [변수 만들기]를 다시 수행하여 'Y', 'SUM'을 입력하여 변수를 생성한다.

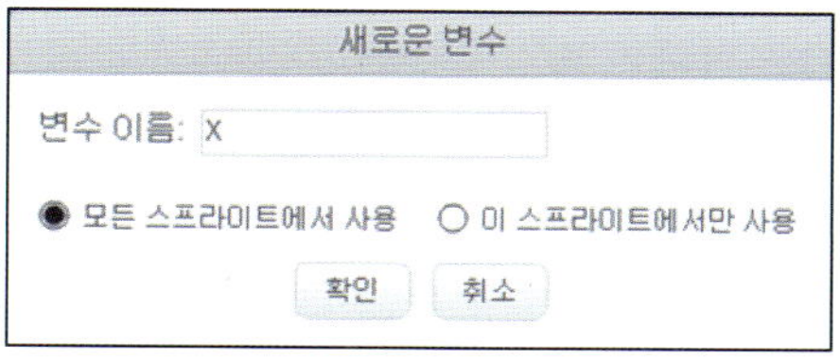

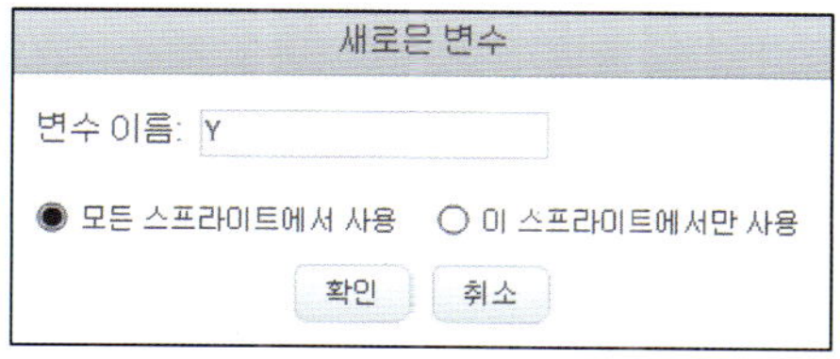

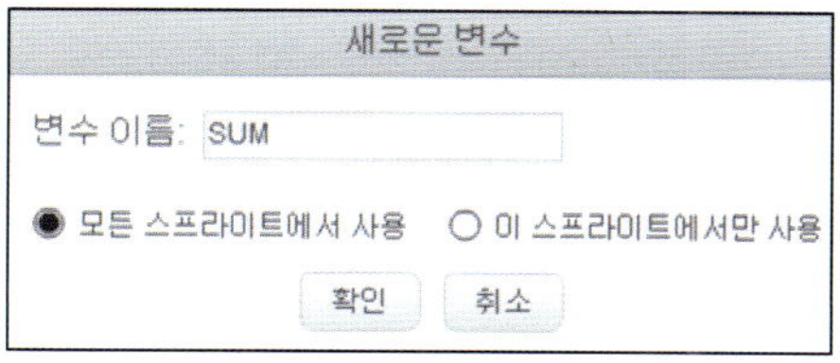

③ 데이터 블록에서 [X ▾ 을(를) 3 로 정하기] 블록을 선택하여 스크립트 영역으로 끌어다 ① 블록 아래에 끼워 넣고 네모 안에 숫자를 0에서 3으로 변경한다.

④ 데이터 블록에서 [Y ▾ 을(를) 4 로 정하기] 블록을 선택하여 스크립트 영역으로 끌어다 ③ 블록 아래에 끼워 넣고 네모 안에 숫자를 0에서 4로 변경한다.

⑤ 데이터 블록에서 [sum ▾ 을(를) 0 로 정하기] 블록을 선택하여 스크립트 영역으로 끌어다 ④ 블록 아래에 끼워 넣고 네모 안에 숫자를 0 대신 연산 블록에서 [( ) + ( )] 블록을 선택하여 네모 안에 끼워 넣는다. 데이터 블록에서 X와 Y를 각각 연산 블록 [(X) + (Y)] 안에 끼워 넣어 블록 [sum ▾ 을(를) (X) + (Y) 로 정하기]를 완성한다.

⑥ 형태 블록에서 [Hello! 말하기]을 선택하여 스크립트 영역으로 끌어다 놓고 데이터 블록에 [sum] 블록을 선택하여 'Hello!' 영역에 끼워 넣은 후 ⑤ 블록 아래에 끼워 넣는다.

| 완성된 스크립트 |

| 무대 위의 스프라이트(실행 전) |

| 무대 위의 스프라이트(실행 결과) |

3. 본문 내용의 스크래치 프로그래밍

3.1 두 수의 교환

변수 X에 담겨있는 숫자와 변수 Y에 담겨있는 숫자를 서로 바꾸려고 한다. 만약 X 변수에 7이라는 숫자가 담겨 있고, Y 변수에 5라는 숫자가 담겨 있다고 가정하고 두 수를 교환하면, X 변수에는 5가 Y 변수에는 7이 담기게 된다.

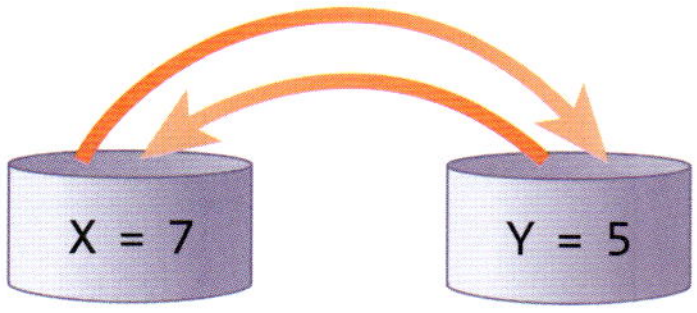

본문예제실습 1

두 수를 서로 교환하는 프로젝트를 작성하라.

① 이벤트 블록에서  블록을 스크립트 영역으로 끌어다 놓는다.

② 데이터 블록에서 [변수 만들기]를 클릭한 후 새로운 변수를 입력할 수 있는 창이 나타나면 'X'라 입력한 후 [확인]을 누른다. [변수 만들기]를 다시 수행하여 'Y', 'TEMP'을 입력하여 변수를 생성한다.

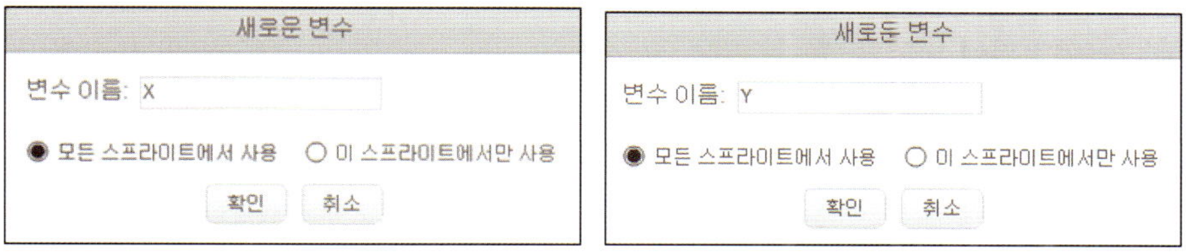

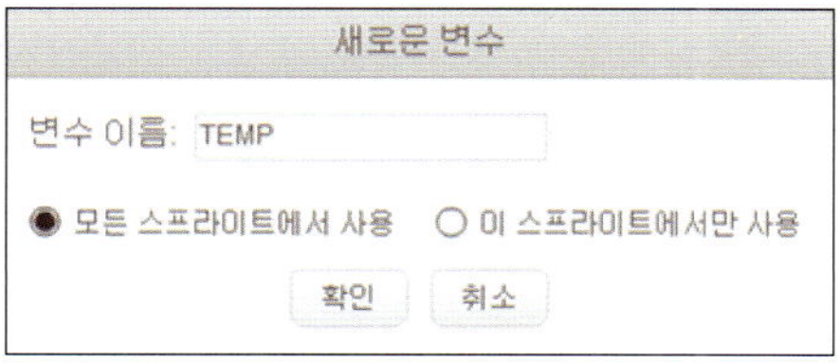

③ 데이터 블록에 생성된 X, Y, TEMP 변수를 

블록을 선택하여 X, Y, TEMP의 초기 값을 0으로 정한다.

④ 변수에 입력받을 X와 Y의 값을 관찰 블록에서 'X 값은?' 또는 'Y 값은?'을 묻는 

블록을 ③ 블록 밑에 끼워 넣고 데이터 블록에서 X 값과 Y 값을 정한다.

⑤ 글자와 변수를 넣기 위해 연산 블록에서 

블록을 선택하여 

블록, 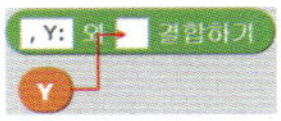

블록을 만들고, 다시 앞의 두 블록을 결합하여 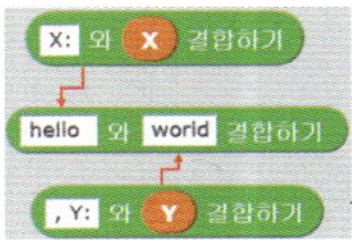

을 만들고 

블록을 완성한다.

⑥ 두 수를 교환하기 위해 임시 변수 TEMP를 사용한다. 데이터 블록에서 

블록을 선택하여 두 수를 교환하는 블록을 작성하여 ④ 블록 밑에 끼워 넣는다.

⑦ 형태 블록에서 

블록을 스크립트 영역으로 끌어다 놓고 ⑤ 블록을 이 블록 사이에 끼워 넣어 

블록을 완성한 후 ⑥ 블록 밑에 끼워 넣는다.

| 완성된 스크립트 |

그 결과 실행 전 무대 위의 스프라이트와 실행 결과 무대 위의 스프라이트는 다음과 같다.

| 무대 위의 스프라이트(실행 전) |

| 무대 위의 스프라이트(실행 결과) |

3.2 팩토리얼

팩토리얼(Factorial)은 1부터 어떤 자연수까지를 모두 곱한 값을 말한다. 기호는 느낌표(!)를 쓰고 계승이라고도 불린다. 팩토리얼은 계속 수를 곱해가는 것이다.

예를 들어 6!(6 팩토리얼)을 구하기 위해서는 1부터 6까지를 모두 곱하면 된다.

$$6! = 1\times2\times3\times4\times5\times6 = 720$$

본문예제실습 2

입력받은 자연수 N에 대하여, 1부터 N까지 모두 곱한 값을 출력하는 프로그램을 작성하라.

①  제어 블록에서 깃발을 클릭했을 때 실행할 수 있도록 블록을 선택하여 스크립트 영역으로 끌어다 놓는다. 형태 블록에서 '몇 팩토리얼을 구할 건가요? 묻고 기다리기' 블록을 선택하여 스크립트 영역에 끌어다 놓고 제어 블록 밑에 끼워 놓는다.

② a번 반복하는 반복문을 만들고 1씩 증가되는 값을 저장하기 위한 변수 b값과 팩토리얼 결과 값을 넣을 변수 팩토리얼을 데이터 블록에서 [변수 만들기]를 선택하여 a, b, 팩토리얼 변수를 추가하고 a의 값은 형태 블록에서 입력받은 값을

 블록으로 넣는다. b와 팩토리얼 값은 초기 값을 1로 정하기  블록을 선택하여 ① 블록 밑에 끼워 넣는다.

③ 1부터 a까지 1씩 증가하는 b를 곱해 넣기 위해 제어 블록을 선택하고 데이터 변수에서 1씩 증가하는 b을 정하여 제어 블록 사이에 끼워 넣는다. 팩토리얼 값은 b와 팩토리얼을 곱해서 넣어주기 위해 연산 블록에서 곱하기 블록에 팩토리얼과 b를 끼워 넣고 데이터 블록에서 연산 블록을 끼워 넣는다. 그리고는 ② 블록 밑에 끼워 넣는다.

④ 형태 블록에서  블록을 스크립트 영역으로 끌어다 놓고 연산 블록을 선택하여  블록을 선택하여  블록을 완성한 후 ③ 블록 밑에 끼워 넣는다.

| 완성된 스크립트 |

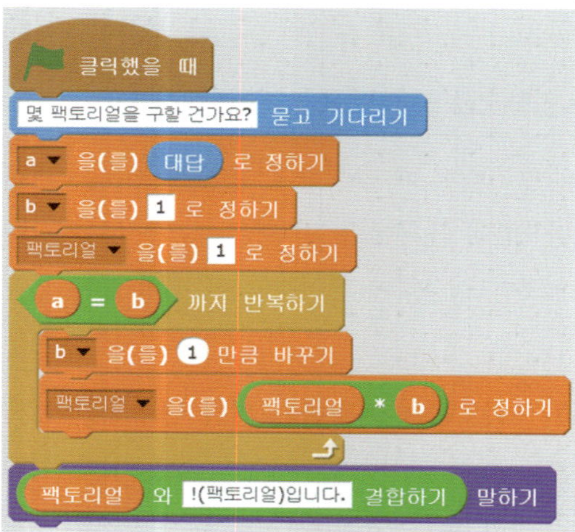

| 무대 위의 스프라이트(실행 전) |

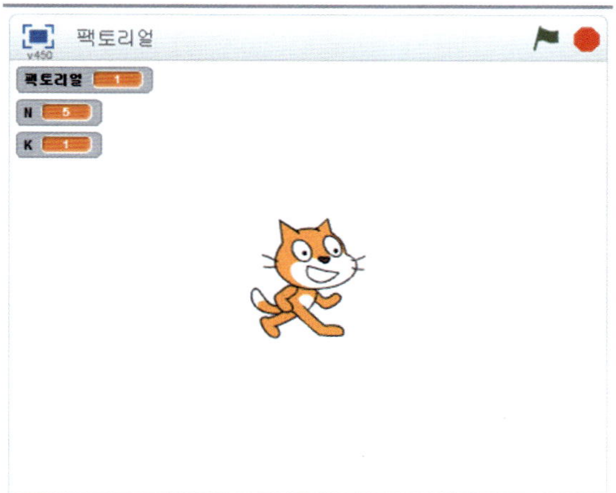

| 무대 위의 스프라이트(실행 결과) |

3.3 피보나치 수열

피보나치(Fibonacci) 수열은 첫 번째 수는 0, 두 번째 수는 1이고, 그 이후의 수들은 바로 직전과 그 전의 수를 더한 수열을 말한다. 피보나치 수열을 차례로 적으면 0, 1, 1, 2, 3, 5, 8, 13, 21, 34, 55 … 와 같이 되는데, 피보나치 수열은 해바라기 씨앗의 배열, 데이지 꽃잎 등 자연에서도 많이 발견된다.

피보나치 수열을 생성하는 기본 규칙은 첫 항을 0으로 두 번 두 번째 항과 세 번째 항은 1이고, 네 번째 항부터는 바로 앞의 두 항의 합이 된다. 그래서 세 번째 항은 첫 번째 항과 두 번째 항을 더한 값이므로 1이 되고, 네 번째 항은 두 번째 항과 세 번째 항을 더한 값인 2가 된다. 그리고 다섯 번째 항은 세 번째 항과 네 번째 항을 더한 값인 3이 된다.

0항	1항	2항	3항	4항	…
0	1	1	2	3	…
FIBO	X	FIBO+X	X+2항		…
			X+(FIBO+X)	X+(FIBO+X)	

본문예제실습 3

초항을 입력 받아 N항까지의 피보나치 수열을 구하는 프로그램을 작성하라.

① 데이터 변수 블록에서 X, Y, 피보나치 변수를 만든다. 제어블록에서 깃발을 클릭하면 실행할 수 있도록 블록을 선택하고 X, Y, 피보나치 세 변수의 초기 값을 0으로 정한다.

② 초항을 입력받으면서 초항을 출력해주기 위해 형태 블록에서 '초항을 입력하세요?' 라고 입력하고 데이터 블록과 연산 블록, 형태 블록을 선택하여 아래와 같이 작성한다.

③ 변수 피보나치와 X에 들어 있는 값을 계속 바꿔주면서 반복될 내용을 만들기 위해 맨 처음에 임시 변수 Y를 피보나치에 들어 있는 값을 저장해 두고, 변수 피보나치에 X에 들어 있는 값을 넣어 준다. 마지막으로 변수 X에 임시 변수 Y에 들어있는 값과 변수 X에 들어있는 값을 더하여 다음과 같이 블록을 작성해 ② 블록 밑에 끼워 넣는다.

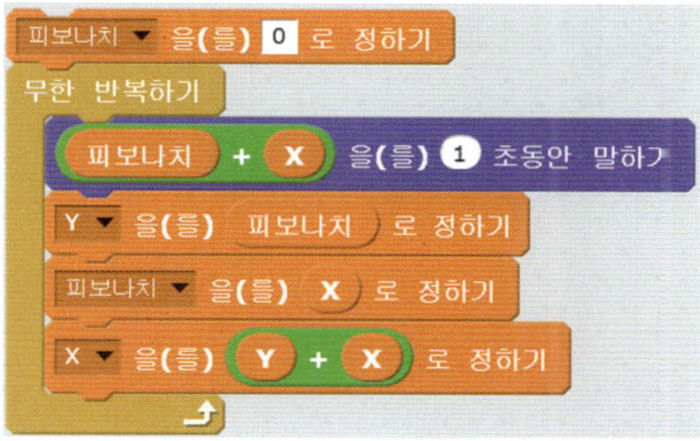

| 완성된 스크립트 |

| 무대 위의 스프라이트(실행 전) |

| 무대 위의 스프라이트(실행 결과) |

참고문헌

- 김학성, "컴퓨팅 사고력 향상을 위한 스크래치 알고리즘", 디지털북스, 2016.
- 김현철, 김수환, 김성숙, "하루만에 프로그래밍 끝내기", 생능출판사, 2016.
- 문외식, "상상을 구현하는 스크래치 프로그래밍", 정익사, 2012.
- 문외식, "코딩을 몰라도 블록으로 배우는 안녕하세요 스크래치 2.0", 정보문화사, 2015.
- 한국공학기술연구원, "스크래치 · 알고리즘 이해와 창의개발 프로그래밍", 2016.
- https://scratch.mit.edu/
- http://kocoafab.cc/tutorial/view/380
- https://www.youtube.com/user/ScratchPromotions
- https://en.wikipedia.org/wiki/Scratch_(programming_language)
- https://www.scratchfoundation.org/
- https://www.scratchjr.org/
- https://vimeo.com/65583694
- https://www.youtube.com/watch?v=0pxaFzRtx7k
- https://www.youtube.com/watch?v=VIpmkeqJhmQ
- https://www.youtube.com/watch?v=-SjuiawRMU4
- https://www.youtube.com/user/ScratchPromotions

부록

02

파이썬으로의 안내

1. 파이썬 설치와 실행
2. 변수와 데이터 형식
3. 연산자
4. 리스트와 조건문
5. 반복문과 함수
6. 재귀 함수와 도형 그리기

부록

02 파이썬으로의 안내

최근 들어 파이썬(Python)이 매우 인기 있는 프로그래밍 언어로 인정받기 시작했으며, 특히 컴퓨팅 사고와 코딩의 중요성이 강조되면서 파이썬 사용자가 꾸준히 늘고 있는 추세이다. 파이썬은 1991년 귀도 반 로섬(Guido van Rossum)이란 프로그래머가 발표한 고급 프로그래밍 언어로서 누구나 무료로 다운받아 사용할 수 있다는 점 외에도 여러 가지 장점을 가지고 있다.

특히 파이썬은 일반 프로그래밍 언어들보다 문법이 비교적 간단하여 빠르고 쉽게 배울 수 있다는 점, 인터프리터 언어로서 실행결과를 즉석에서 확인할 수 있다는 점, 그리고 플랫폼 독립적이며 동적 타이핑 대화형 언어란 점 등이 주요 특징이다. 한편 프로그래밍 언어는 통상 C와 같은 절차적 언어, Java와 같은 객체지향 언어, 그리고 Lisp과 같은 함수적 언어로 분류되는데, 파이썬은 이 세 가지 특징들을 모두 가지고 있다.

따라서 여기서는 파이썬의 설치와 실행, 변수와 데이터 형식, 연산자, 리스트, 조건문, 반복문과 함수, 도형 그리기 등을 살펴본다. 또한 7개의 실습예제들 중 두 수의 교환, 팩토리얼, 하노이탑 문제 등 본문과 관련 있는 [실습예제]들도 살펴본다.

다음은 파이썬을 소개하는 유튜브 영상인데 프로그램 다운로드부터 주요 기능들까지 43분간에 걸쳐 자세하게 설명하고 있다. 따라서 필요한 부분만 골라 시청해도 좋을 것이다.

Python Programming Tutorial
(https://www.youtube.com/watch?v=N4mEzFDjqtA)

1. 파이썬 설치와 실행

파이썬 프로그램으로 코딩하기 위해서는 먼저 파이썬을 설치해야 한다. 또한 설치된 파이썬을 실행하여 프로그램을 작성할 수 있는 환경을 알아보는 것이 필요하다. IDLE는 대화형 파이썬 셸(Shell)과 코드 편집기 두 가지 모드로 사용이 가능하다.

1.1 파이썬 설치하기

컴퓨터에서 파이썬을 사용하기 위해서는 다른 프로그램들과 마찬가지로 파이썬 프로그래밍 언어를 설치해야 한다. 파이썬은 누구든 제한 없이 무료로 사용할 수 있는 오픈소스이다. 컴퓨터의 운영체제는 윈도우즈, 맥, 리눅스 중 어느 것을 사용해도 상관없으나 대부분이 윈도우즈를 사용하므로 윈도우즈를 기준으로 설명하고자 한다.

2016년 말 현재 파이썬의 최신 버전은 3.5.2인데, 국내에서 많이 사용하고 있는 최신 운영체제인 윈도우즈에 파이썬을 내려받아 설치해본다. 인터넷 브라우저를 열고 주소창에 http://python.org/download를 입력하면 파이썬을 내려 받을 수 있는 페이지가 열리는데, 화면 가운데에 있는 Download Python 3.5.2 버튼을 누른다.

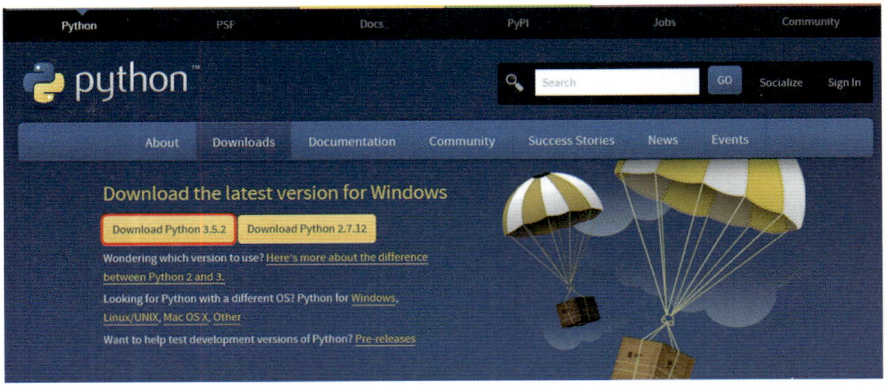

여기서 잠깐

파이썬의 버전

파이썬은 버전(version)이 계속 변화하며 발전하고 있으므로 페이지에 표시되는 버전의 숫자가 달라질 수 있다. 가급적이면 Download Python 3.x.x와 같이 버전 숫자가 3으로 시작되는 버전을 설치하기를 권한다.

아래 화면과 같이 프로그램의 안정성에 대한 경고와 실행 여부를 묻는 창이 뜨면 실행 버튼을 누른다.

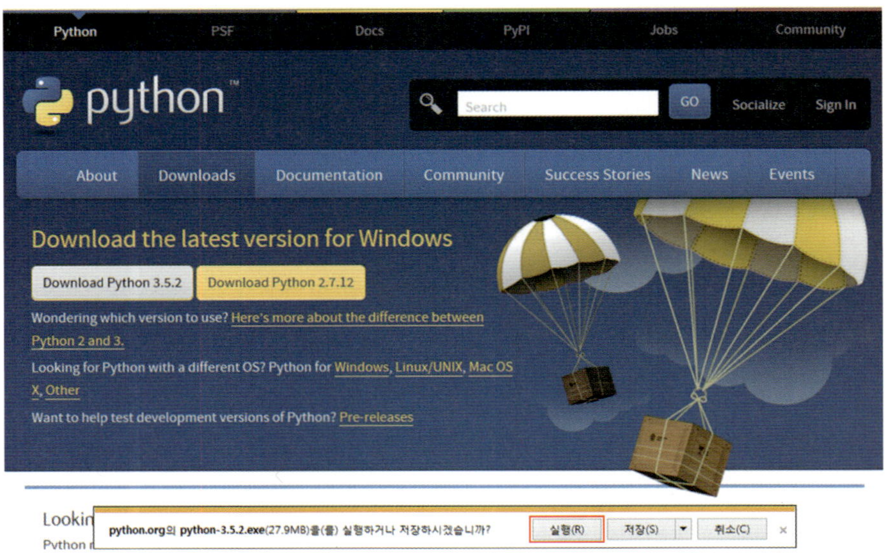

내려받기를 마치면 파이썬 설치 마법사가 실행된다. [Install Now]를 선택하면 설치를 시작한다.

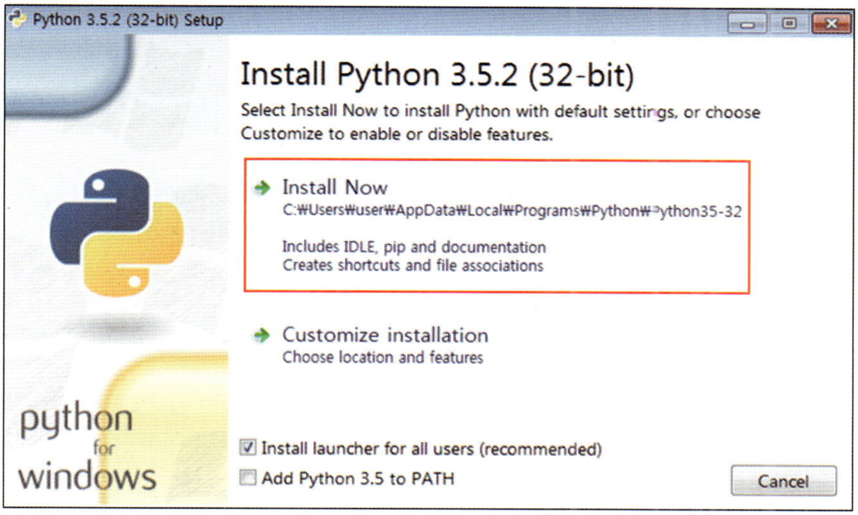

프로그램이 모두 설치되면 설치 마법사 창에 Setup was successful이 나타난다. [Close] 버튼을 눌러 마법사 창을 닫는다.

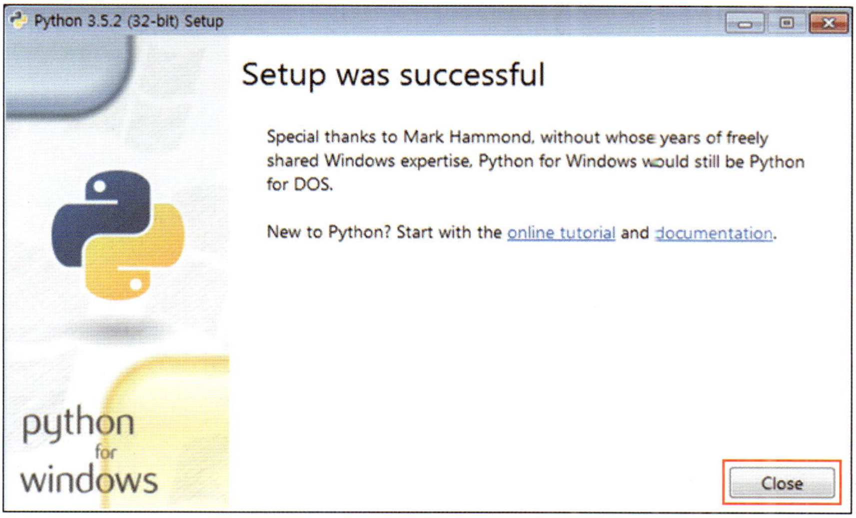

1.2 파이썬의 실행과 IDLE 2가지 모드

설치된 파이썬을 실행하여 프로그램을 작성할 수 있는 환경을 알아본다. IDLE는 대화형 파이썬 셸(Shell)과 코드 편집기 두 가지 모드로 사용이 가능하다. 짧고 간단한 예제 코드는 파이썬 셸을 선택하고, 길고 복합한 예제 코드는 코드 편집기를 이용하여 코드를 작성하는 것이 좋다.

(1) 파이썬 셸로 코딩하기

아래 그림과 같이 윈도우즈의 [오피스 버튼]–[모든 프로그램]–[Python 3.5]–[IDLE (Python 3.5 32–bit)] 항목을 선택하면 IDLE가 시작되는 파이썬 셸 창이 열린다.

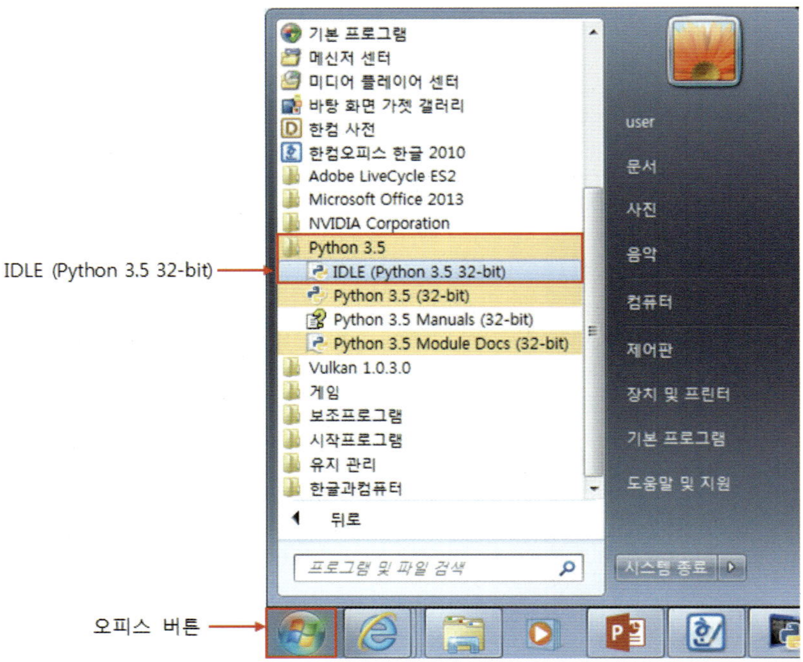

만약 운영체제가 가장 최신 버전인 Windows 10인 경우에는 오피스 버튼 대신에 가장 아래 부분의 왼쪽에 있는 [웹 및 Windows 검색]을 누른 후 [모든 앱]을 눌러 스크롤을 아래로 내리면서 Python 3.5 중 가장 위에 있는 IDLE (Python 3.5 32–bit)를 열어서 사용하면 된다.

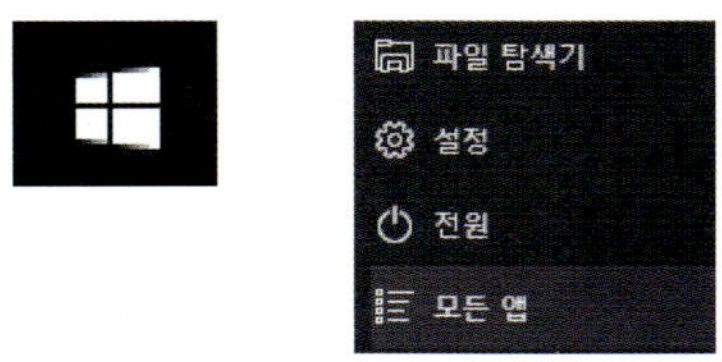

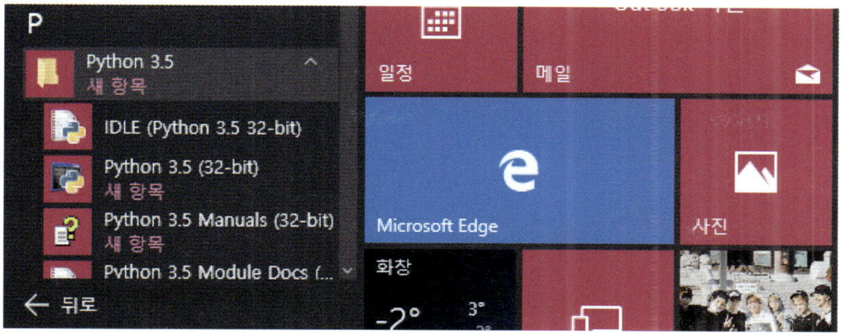

파이썬 셸은 파이썬 인터프리터와 대화하듯이 코딩할 수 있는 환경인데, 파이썬 버전 등의 정보가 두 줄 출력되고 >>> 옆에 프롬프트(prompt)라는 커서가 깜박인다.

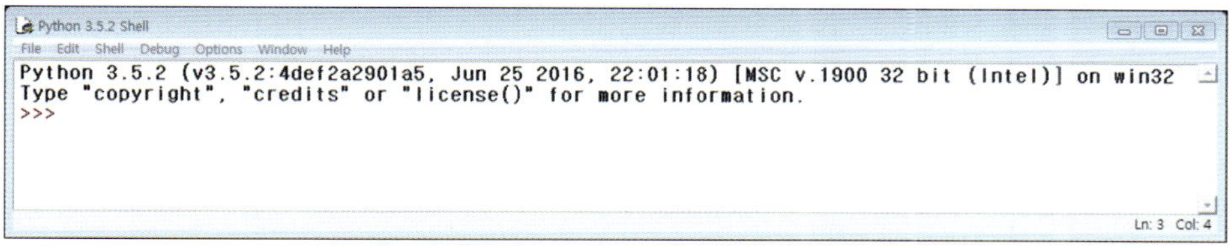

간단한 테스트를 해보자. 파이썬 셸에 print("안녕하세요~~재미있는 파이썬 공부")를 입력하고 Enter 키를 누르면 아래와 같이 실행되는 것을 확인할 수 있다.

print() 안에 입력한 글자가 바로 다음 줄에 출력되는데, print()는 소문자로 작성한다.

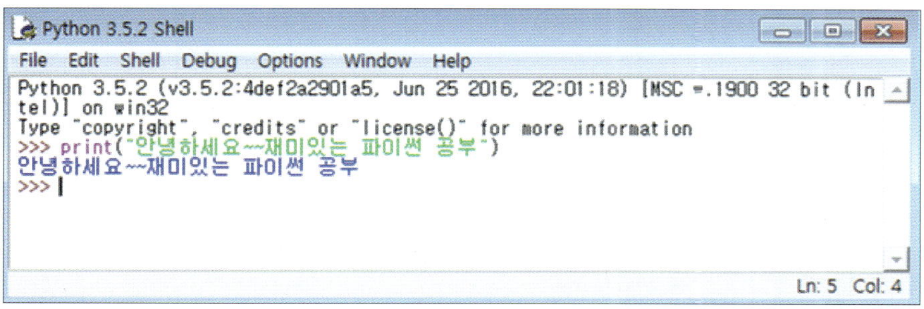

파이썬 셸에서 폰트를 조절하려면 다음 그림과 같이 [Options]-[Configure IDLE]를 선택한다.

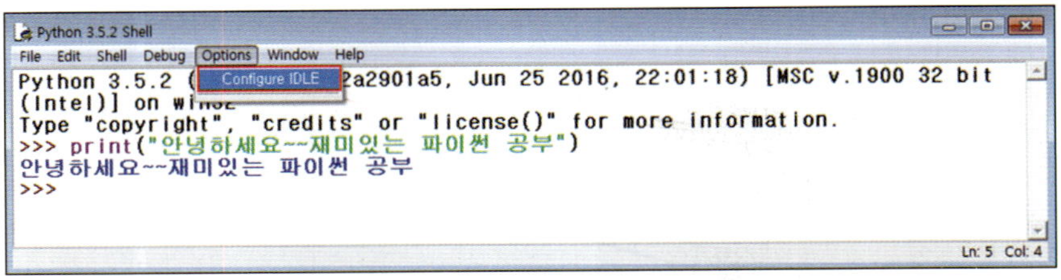

셸 안에서 여러 가지 옵션을 변경할 수 있는 [Settings] 창이 열린다. 글자 크기를 조절하기 위해 Size를 10으로 변경한 후 [Ok] 버튼을 선택하면 셸 안에서 폰트가 10만큼 커지게 된다.

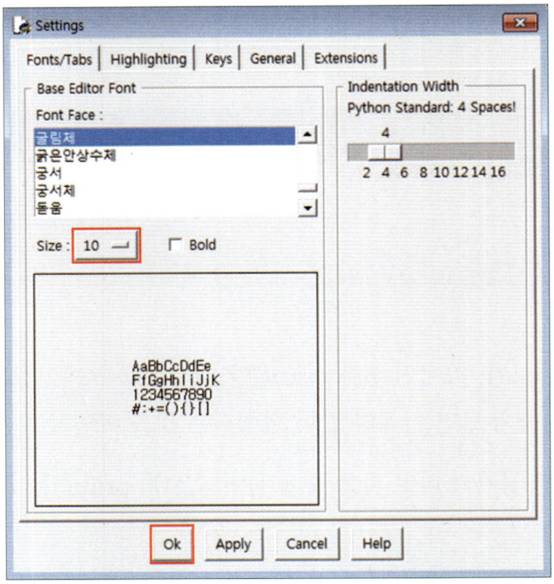

코드 입력이 끝나면 파일로 저장하기 위해 [파일]-[Save] 메뉴를 선택한다.

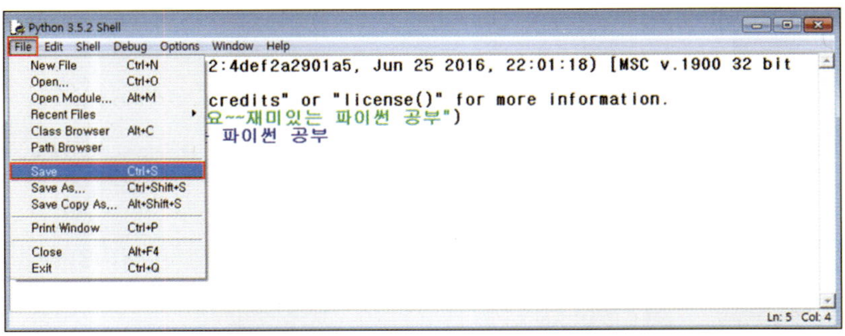

저장할 폴더 [python ex]를 선택한 후 'hi'라고 입력하고 [저장] 버튼을 누른다.

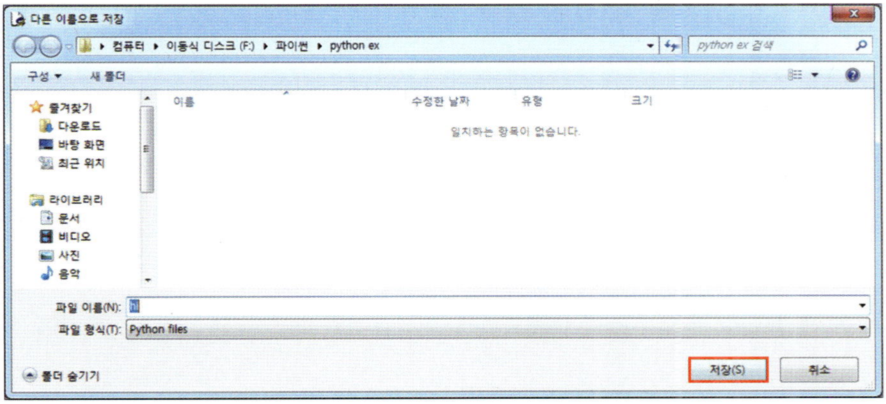

아래와 같이 'hi'라는 파이썬 파일이 저장된 것을 확인할 수 있다

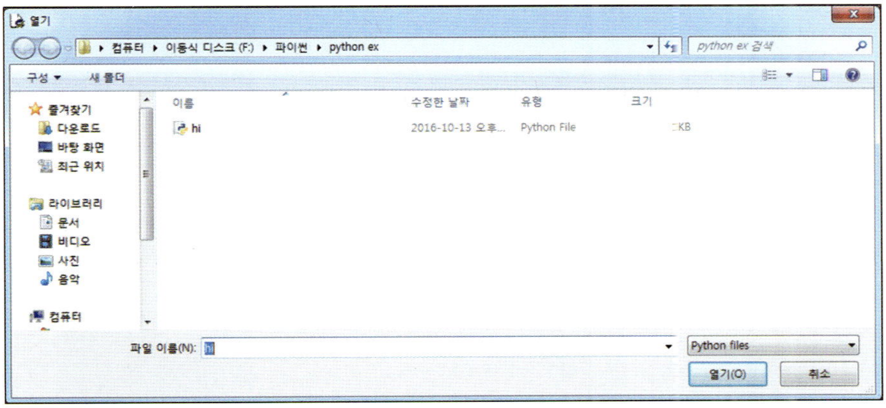

IDLE를 종료하려면 [File]-[Exit] 메뉴를 선택하거나 오른쪽 상단에 닫기 X 버튼을 누르면 IDLE 화면을 닫을 수 있다.

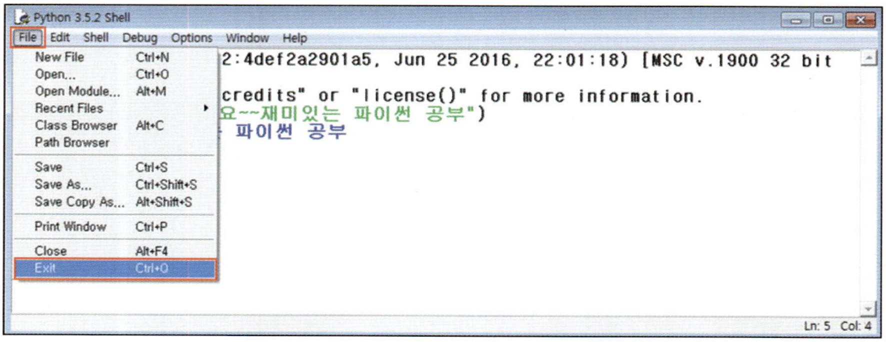

또 다른 방법으로 윈도우즈의 [오피스 버튼]–[Python 3.5 (32-bit) Python 3.5 (32–bit)]을 클릭한다.

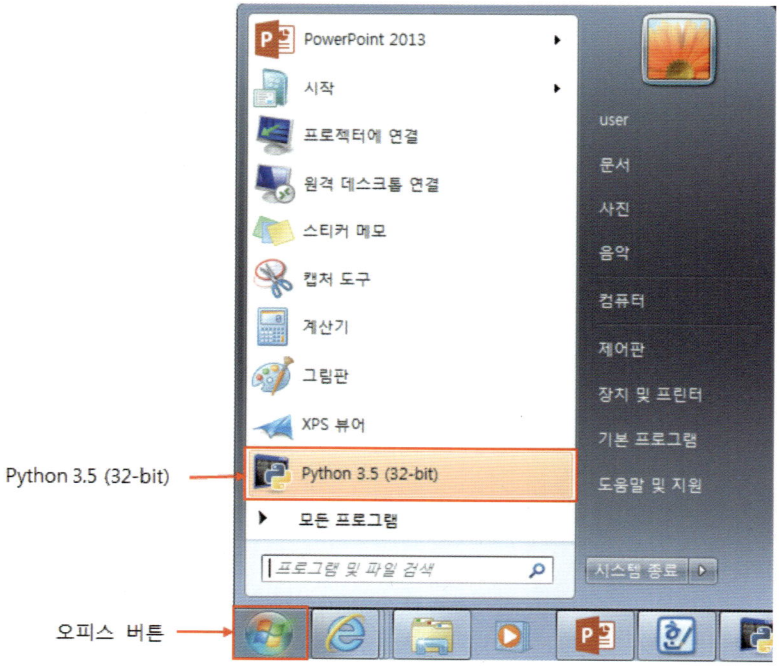

Python 3.5 (32–bit) 명령 프롬프트 창이 나타난다.

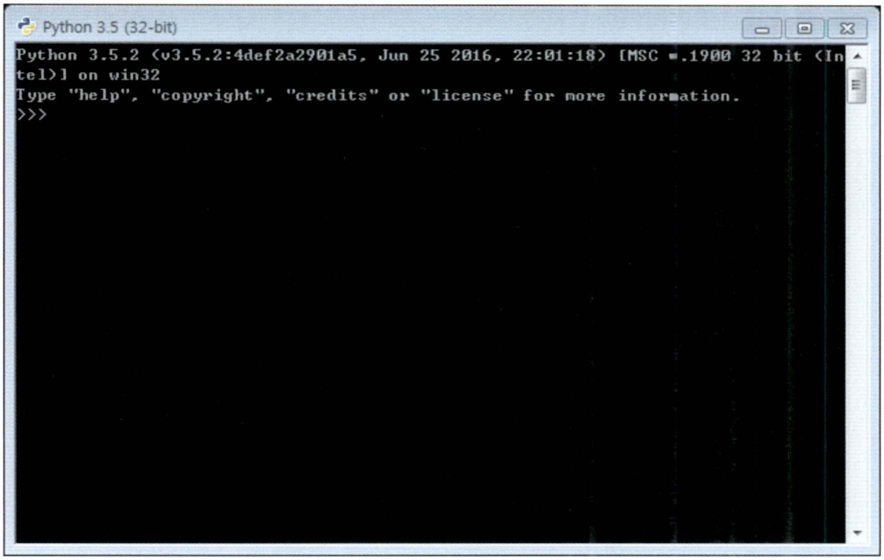

이 경우 만약 운영체제가 가장 최신 버전인 Windows 10인 경우에는 오피스 버튼 대신에 가장 아래 부분의 왼쪽에 있는 [웹 및 Windows 검색]을 누른 후 [모든 앱]을 눌러 스크롤을 아래로 내리면서 Python 3.5 중 두 번째에 있는 Python 3.5 (32-bit)를 열어서 사용하면 된다.

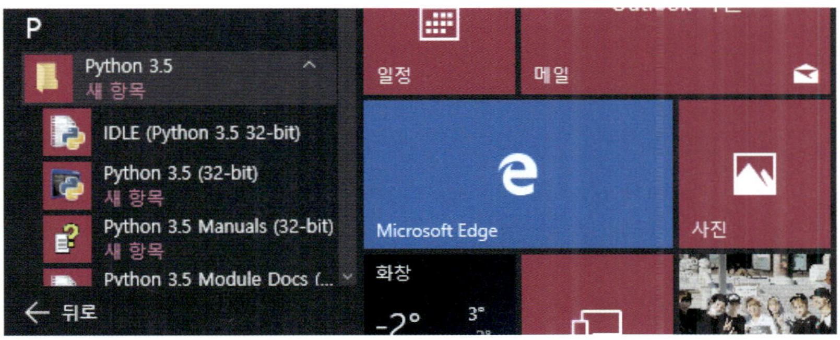

(2) 코드 편집기로 코딩하기

IDLE 창에서 [File]–[New File] 메뉴를 선택하면 코드편집기 창이 나타난다.

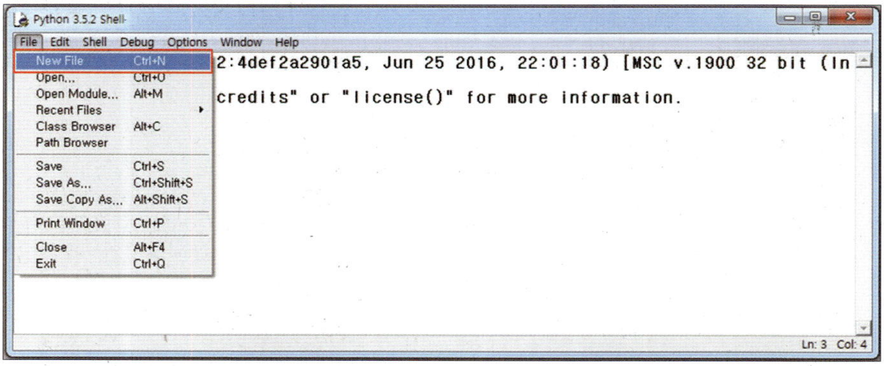

코드 편집기가 나타나면 'print("반갑습니다. 파이썬입니다.")'라고 입력한다.

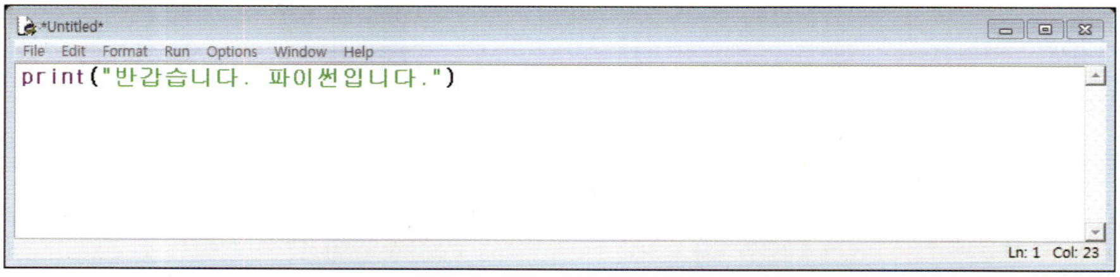

코드를 파일로 저장하기 위해 [File]–[Save] 메뉴를 선택하거나 Ctrl + S 키를 눌러서 파일을 저장한다.

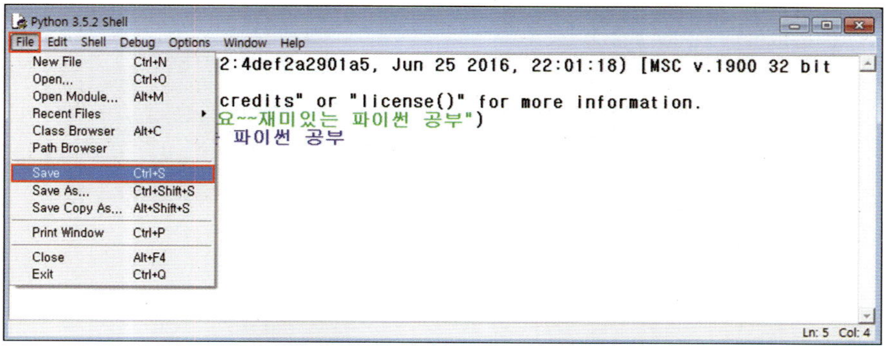

프로그램을 실행하기 위해 F5 키를 누르거나 [Run]-[Run Module F5] 메뉴를 선택한다.

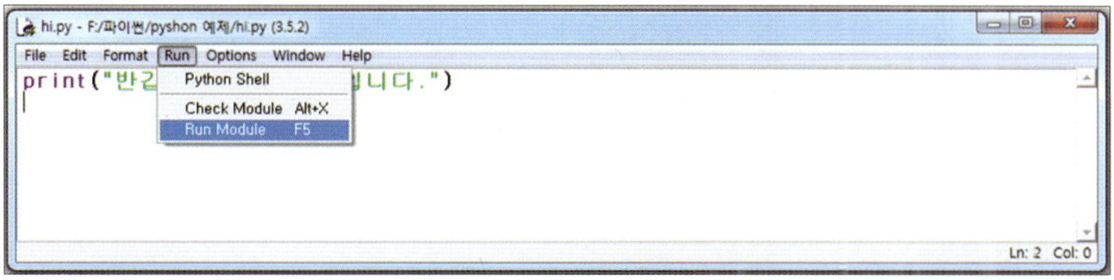

다음 화면과 같이 IDLE 창에 실행 결과가 표시된다.

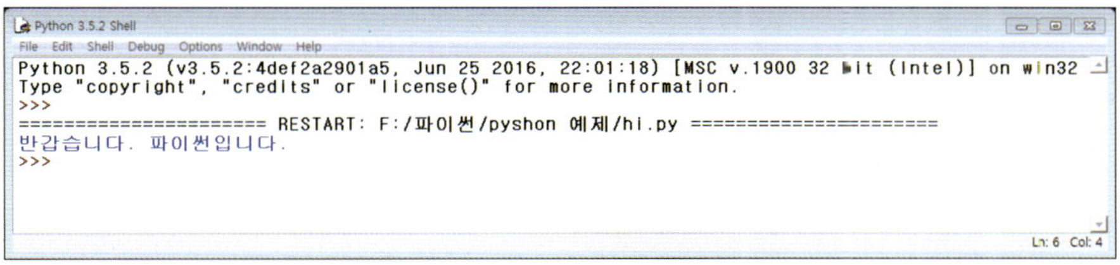

저장된 파이썬 파일을 열려면 IDLE 창을 열고 [File]-[Open] 메뉴를 선택한다. [열기] 창이 열리면 'hi.py'를 선택한 후 열기 버튼을 누른다.

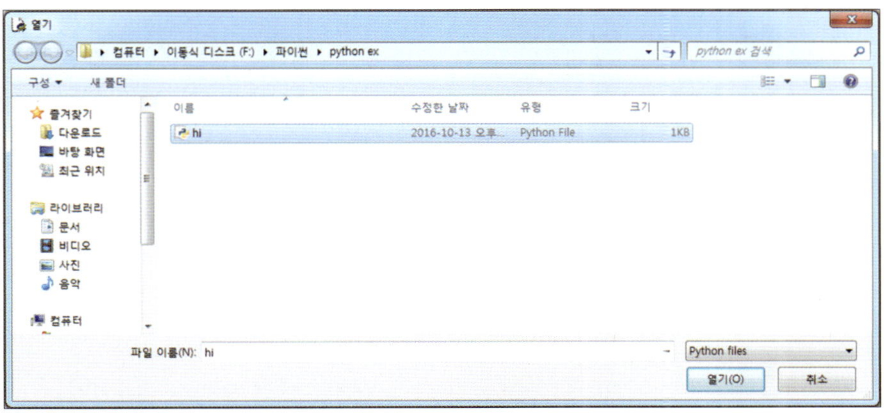

2. 변수와 데이터 형식

프로그램을 하기 위해서는 먼저 변수를 정해야 한다. 변수 이름은 예약어를 사용해서는 안되는 등의 몇 가지를 고려해야 한다. 또한 파이썬에서 지원하는 기본적인 데이터 형식은 정수, 실수, 부울, 문자열 등이 있다.

2.1 변수

변수란 데이터를 저장하는 공간을 말하는데, 변수의 이름을 정할 경우에는 다음과 같은 몇 가지 사항을 고려해야 한다.

① 사용될 변수의 개수를 결정하고 각각의 변수 이름을 작성해야 한다.
② 각 변수가 무엇을 저장하는 변수인지 확인하고 정확하게 입력해야 한다.
③ 대소문자를 구분해야 한다. 가령 myVar과 MyVar은 다른 변수로 여겨진다.
④ 문자, 숫자, 언더바(_)를 포함할 수 있으나, 첫 글자가 숫자로 시작해서는 안 된다. (var2: 사용 가능, 2Var: 사용 불가능)
⑤ 예약어를 변수의 이름으로 쓰면 안 된다.

파이썬의 예약어는 31개로 다음과 같다.

```
and     as     assert  break    class     continue  def     del
elif    else   except  finally  for       from      global  if
import  in     is      lambda   nonlocal  not       or      pass
print   raise  return  try      while     with      yield
```

실습예제 1 두 수의 교환

두 변수 x, y에 각각 5, 8을 입력한다. 두 수를 교환하기 위한 프로그램을 작성한다.

```
Python 3.5.2 (v3.5.2:4def2a2901a5, Jun 25 2016, 22:01:18) [MSC v.1900 32 bit (Intel)] on win32
Type "copyright", "credits" or "license()" for more information.
>>> x=5
>>> y=8
>>> x, y=y, x
>>> print(x, y)
8 5
>>>
```

2.2 데이터 형식

파이썬에서 지원하는 기본적인 데이터 형식은 정수, 실수, 부울, 문자열이 있고, 확장형 데이터 형식으로는 리스트, 튜플, 딕셔너리, 집합 등이 있다.

(1) 정수 데이터

소수점이 없는 데이터를 정수 데이터라 한다. 파이썬에서는 10, 0, −20 등 기본적인 정수를 사용하고 변수의 선언이 없으면 변수에 값을 넣는 순간 변수의 데이터 형식이 결정된다.

변수 a에 100을 넣으면 a는 정수형 변수가 된다. type(변수) 함수는 변수의 데이터 형식을 반환해 준다. 아래의 예를 보면 type(a)는 정수 데이터 형식 〈class 'int'〉가 출력된다.

[파이썬 프로그램]
```
>>> a = 100
>>> type(a)
```
[출력결과]
```
<class 'int'>
```

정수는 사칙연산 +, −, *, /, **(거듭제곱), %(나머지), //(소수점을 버림) 연산을 이용하여 값을 구할 수 있다.

[파이썬 프로그램]
```
>>> a=10
>>> b=5
>>> print(a+b, a-b, a*b, a/b, a**b, a%b, a//b)
```
[출력결과]
```
15 5 50 2.0 100000 0 2
```

정수형 데이터는 2진수(0과 1), 8진수(0~7), 16진수(0~9, A~F)도 사용이 가능하다. 2진수는 0b 또는 0B로, 8진수는 0o 또는 0O(숫자0과 알파벳 O)로, 16진수는 0x 또는 0X로 표현된다.

[파이썬 프로그램]
```
>>> a=0xAA
>>> b=0o10
>>> c=0b101
>>> print(a, b, c)
```
[출력결과]
```
170 8 5
```

(2) 실수 데이터

파이썬에서는 −1.4, 2.5, 3.17e3(3.17×10^3의 의미)과 같이 소수점이 있는 데이터를 실수형 데이터라 한다.

[파이썬 프로그램]
```
>>> a=-1.4
>>> b=2.5
>>> c=3.17e3
>>> print(a, b, c)
```
[출력결과]
```
-1.4 2.5 3170.0
```

실수도 정수와 같이 사칙연산 +, −, *, /, **(제곱), %(나머지), //(소수점을 버림) 연산을 이용하여 값을 구할 수 있다.

[파이썬 프로그램]
```
>>> a=.0
>>> a=2.0
>>> b=1.5
>>> print(a+b, a-b, a*b, a/b, a**b, a%b, a//b)
```
[출력결과]
```
3.5 0.5 3.0 1.3333333333333333 2.8284271247461903 0.5 1.0
```

(3) 부울 데이터

부울(Boole)형은 참(True)이나 거짓(False)으로만 저장할 수 있는데 논리형이라고도 부른다.

부울형은 비교의 결과를 참이나 거짓으로 저장하는데 사용할 수 있다.

[파이썬 프로그램]
```
>>> a=False
>>> type(a)
```
[출력결과]
```
<class 'bool'>
```

변수 a와 b의 값을 이용하여 서로 비교할 경우의 결과 값을 참과 거짓으로 저장하여 표현하면 다음과 같다.

[파이썬 프로그램]
```
>>> a=10
>>> b=20
>>> c=(a>b)
>>> d=(a==b)
>>> e=(a<b)
>>> print(c, d, e)
```
[출력결과]
```
False False True
```

(4) 문자열 데이터

문자열은 양쪽에 큰따옴표(" ")나 작은따옴표(' ')로 묶어서 표현할 수 있다. 둘 중 하나를 사용해도 되나 큰따옴표를 사용하여 문자열을 만들면 출력될 때 작은따옴표로 표시된다.

큰따옴표나 작은따옴표를 생략할 경우 'SyntaxError: invalid syntax'라는 오류 메시지가 나타난다. 이런 경우 큰따옴표나 작은따옴표를 사용하여 오류를 수정할 수 있다.

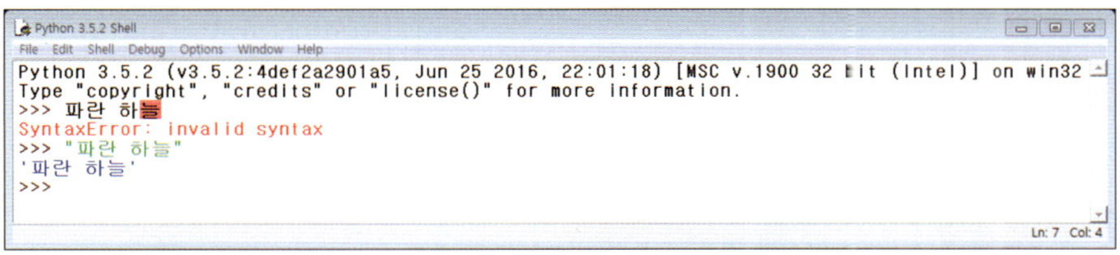

문자열을 그대로 출력하거나 변수에 저장한 후 변수명을 출력하면 작은따옴표(' ')에 묶여서 출력되고 print() 함수를 사용하면 작은따옴표 없이 출력된다.

```
[파이썬 프로그램] >>> "안녕하세요"
      [출력결과] '안녕하세요'
[파이썬 프로그램] >>> a="안녕하세요"
                 >>> a
      [출력결과] '안녕하세요'
[파이썬 프로그램] >>> print(a)
      [출력결과] 안녕하세요
```

데이터 형을 확인하기 위해 type()를 사용하면 문자열 String의 약자인 str로 형식이 표현된다.

```
[파이썬 프로그램] >>> type(a)
      [출력결과] <class 'str'>
```

문자열 중간에 작은따옴표나 큰따옴표를 출력하려면 다른 따옴표로 묶어주면 된다.

```
[파이썬 프로그램] >>> "작은 따옴표 ' 모양"
      [출력결과] "작은 따옴표 ' 모양"
[파이썬 프로그램] >>> '끝따옴표 " 모양'
      [출력결과] '끝따옴표 " 모양'
```

여러 줄을 문자열로 포함하려면 \n 문자를 중간에 넣어주면 된다.

```
[파이썬 프로그램] >>> a="안녕하세요 ₩n파이썬 공부를 시작할까요?"
                 >>> print(a)
      [출력결과] 안녕하세요
                 파이썬 공부를 시작할까요?
```

변수 a, b, c에 각각 'a = 믿음, b = 소망, c = 사랑'이라 입력한다. 변수를 하나씩 입력하여 출력 결과를 살펴보고, 세 변수를 더하여 출력하면 '믿음소망사랑'이란 출력 결과를 얻을 수 있다.

```
*Python 3.5.2 Shell*
File Edit Shell Debug Options Window Help
Python 3.5.2 (v3.5.2:4def2a2901a5, Jun 25 2016, 22:01:18) [MSC v.1900 32 bit (Intel)] on win32
Type "copyright", "credits" or "license()" for more information.
>>> a="믿음"
>>> b="소망"
>>> c="사랑"
>>> a
'믿음'
>>> b
'소망'
>>> c
'사랑'
>>> a+b+c
'믿음소망사랑'
>>>
Ln: 14 Col: 3
```

3. 연산자

연산자란 연산을 할 수 있는 도구들이다. 파이썬의 연산자에는 덧셈이나 곱셈과 같은 산술 연산자, 크거나 작은 관계 연산자, 그리고 and나 or과 같은 논리 연산자 등이 있다.

3.1 산술 연산자

파이썬에서 기본적인 계산을 수행할 때 산술 연산자를 사용한다. 다음 표는 파이썬의 산술 연산자의 종류와 의미, 예제, 실행 결과를 나타낸다.

산술 연산자	의미(설명)	사용 예	결과
i+j	i와 j의 합이다. i와 j가 모두 int형일 때 결과는 int(정수)로 나타난다. 둘 중 하나라도 float형이라면 결과는 float(부동소수점)로 표시된다.	5+10	15
i-j	i와 j의 차이다. i와 j가 모두 int형일 때 결과는 int(정수)되고 둘 중 하나라도 float형이라면 결과는 float(부동소수점)로 표시된다.	5-10	-5
i*j	i와 j의 곱이다. i와 j가 모두 int형일 때 결과는 int(정수)되고 둘 중 하나라도 float형이라면 결과는 float(부동소수점)로 표시된다.	5*10	50
i/j	i와 j의 나눗셈이다. i와 j가 모두 int형일 때 결과는 int(정수)되고 둘 중 하나라도 float형이라면 결과는 float(부동소수점)로 표시 된다.	10/5	2
i//j	정수의 나눗셈이다. 예를 들어 8//4의 값은 int 2이며 6//4는 int 1이 된다. 결과 값이 1인 이유는 정수의 나눗셈에서는 몫을 반환하고 나머지는 무시되기 때문이다.	6//4	1
i%j	i를 j로 나눈 것의 나머지이다. 통상적으로 이것을 "i modulo j"를 줄인 "i mod j"라고 부른다.	6%4	2
i**j	i를 j 제곱함으로 의미한다. 만약 i와 j가 모두 int형일 때의 결과는 int이지만 둘 중 하나라도 float형일 경우 결과는 float가 된다.	10**2	100

두 수를 이용하여 사칙 연산식을 파이썬 프로그램을 통해 작성한 후 출력 결과를 확인하면 다음과 같다.

```
Python 3.5.2 (v3.5.2:4def2a2901a5, Jun 25 2016, 22:01:18) [MSC v.1900
 32 bit (Intel)] on win32
Type "copyright", "credits" or "license()" for more information.
>>> 10+5
15
>>> 10-5
5
>>> 10*5
50
>>> 10/5
2.0
>>> 10**2
100
>>> 10//3
3
>>> 10%3
1
>>> 5*(2+3)
25
>>>
```

다음에 보여주는 실습에서 변수 x와 y에 각각 'x=20, y=10'을 입력한 후 두 변수에 대하여 덧셈, 뺄셈, 곱셈, 나눗셈을 수행하는 프로그램을 작성해 본다.

```
Python 3.5.2 (v3.5.2:4def2a2901a5, Jun 25 2016, 22:01:18) [MSC v.1900 32 bit (Intel)] on win32
Type "copyright", "credits" or "license()" for more information.
>>> x=20
>>> y=10
>>> x+y
30
>>> x-y
10
>>> x*y
200
>>> x/y
2.0
>>>
```

3.2 관계 연산자

관계 연산자 또는 비교 연산자는 어떤 것이 큰지, 작은지, 같은지를 비교하여 그 결과를 참(True)과 거짓(False)으로 나타낸다. 주로 조건문(if)이나 반복문(for, while)에 사용된다.

비교연산자	의미	사용 예	결과
==	같다.	1==1	True
!=	같지 않다.	1!=1	False
>	크다.	1>3	False
>=	크거나 같다.	3>=2	True
<	작다.	2<3	True
<=	작거나 같다.	2<=3	True

파이썬 프로그램에서 두 변수 a, b에 각각 10, 20을 넣어 관계 연산식을 적용한 예들의 출력 결과는 다음과 같다.

[파이썬 프로그램]
```
>>> a=10
>>> b=20
>>> print(a==b, a!=b, a>b, a<b, a>=b, a<=b)
```
[출력결과]
```
False True False True False True
```

3.3 논리 연산자

논리 연산자는 여러 가지 조건을 복합적으로 사용할 수 있는데, and(그리고), or(또는), not(부정) 세 가지가 있다.

논리연산자	의미(설명)	사용 예	결과
and	~이고, 그리고 (a와 b 모두가 True일 때에만 True며, 그렇지 않은 경우는 False 이다.)	a=5 (a>10) o (a<20)	False
or	~이거나, 또는 (a와 b 둘 중에 하나라도 True일 때 True며, 그렇지 않은 경우는 False이다.)	(a>10) or (a<20)	True
not	~아니다 (a가 True일 때에만 False이며, a가 False일 때 True이다.)	not(a<10	False

파이썬 프로그램에서 변수 a에 세 경우 모두 10을 넣어 논리 연산식을 적용한 예들의 출력 결과는 다음과 같다.

```
[파이썬 프로그램]   >>> a=10
                    >>> (a>10) and (a<20)
      [출력결과]    False
[파이썬 프로그램]   >>> (a>10) or (a<20)
      [출력결과]    True
[파이썬 프로그램]   >>> not(a==10)
      [출력결과]    False
```

① (a>10) and (a<20)는 a가 10과 20 사이에 있는지를 묻고 있다. a는 10이므로 (a>10)은 False, (a<20)은 True이다. 따라서 결과는 True and False이므로 False가 된다.

② (a>10) or (a<20)는 a가 10이므로 (a>10)은 False, (a<20)은 True이다. 따라서 결과는 True or False이므로 최종 결과는 True가 된다.

③ not(a==10)은 a가 10이므로 (a==10)은 True이지만 그것의 부정은 False이므로 False이 출력된다.

파이썬 프로그램을 통해 두 값을 이용하여 논리 연산식을 적용한 예들의 출력 결과는 다음과 같다.

```
[파이썬 프로그램]   >>> (10>20) and (10<20)
      [출력결과]    False
[파이썬 프로그램]   >>> (100==1000) or (10==10)
      [출력결과]    True
[파이썬 프로그램]   >>> not(10<100)
      [출력결과]    False
```

4. 리스트와 조건문

리스트란 여러 데이터를 나열해 놓은 것인데 정수, 실수, 문자열이 될 수 있다. 조건문에서는 if문을 사용하여 조건에 따라 문장을 수행한다. if는 '만약 ~라면'의 의미를 가지고 있는데, 어떤 상황을 가정할 때 사용한다.

4.1 리스트 다루기

리스트 안의 데이터를 요소(element)라고 한다. 요소들은 ‘,(콤마)’로 구분하고 대괄호([]) 안에 데이터를 넣어 선언한다. 리스트의 요소는 정수, 실수, 문자열이 될 수도 있고, 이들을 혼합하여 사용할 수도 있다.

4개의 정수 값과 4개의 과일 이름을 리스트로 작성하는 프로그램을 작성해보자.

리스트 변수의 이름을 aa와 bb로 선언하여 aa=[100, 200, 300, 400]을 입력하고 bb=[‘사과’, ‘포도’, ‘감’, ‘바나나’]를 입력한다.

```
Python 3.5.2 Shell
File Edit Shell Debug Options Window Help
Python 3.5.2 (v3.5.2:4def2a2901a5, Jun 25 2016, 22:01:18) [MSC v.1900 32 bit (Intel)] on win32
Type "copyright", "credits" or "license()" for more information.
>>> aa=[100, 200, 300, 400]
>>> bb=['사과','포도','감','바나나']
>>>
Ln: 5 Col: 4
```

리스트에서는 대괄호를 사용하여 번호를 지정하면 해당 번호의 위치에 저장된 데이터를 추출할 수 있다. 첨자(index) 번호는 0부터 지정한다. aa의 리스트 길이(항목 수)는 내장 함수 len을 사용하여 확인할 수 있다. aa의 길이는 4이므로 첨자의 범위는 0부터 3까지이다.

음(minus)의 첨자는 뒤쪽에 있는 요소에 액세스 할 때 사용하면 편리하다. aa[−1]은 마지막 요소에 대한 특수한 첨자로 400을 출력하게 된다.

```
Python 3.5.2 Shell
File Edit Shell Debug Options Window Help
Type "copyright", "credits" or "license()" for more informati
on.
>>> aa=[100,200,300,400]
>>> len(aa)
4
>>> aa[0]
100
>>> aa[1]
200
>>> aa[2]
300
>>> aa[3]
400
>>> aa[-1]
400
>>> aa[-2]
300
>>> aa[-3]
200
>>> aa[-4]
100
Ln: 35 Col: 4
```

aa[3]에 저장된 데이터 값을 400에서 500으로 변경해 본다. aa 리스트에 새로운 데이터 요소 4와 800을 추가하려면 append라는 메소드를 사용하고, 요소를 삭제하려면 pop 메소드를 사용하여 지우고자 하는 요소가 자리하고 있는 위치의 첨자를 지정하면 된다.

```
Python 3.5.2 Shell
File  Edit  Shell  Debug  Options  Window  Help
>>> aa[-4]
100
>>> aa[3]=500
>>> aa
[100, 200, 300, 500]
>>> aa.append(4)
>>> aa
[100, 200, 300, 500, 4]
>>> aa.append(800)
>>> aa
[100, 200, 300, 500, 4, 800]
>>> aa.pop(4)
4
>>> aa
[100, 200, 300, 500, 800]
>>>
                                                Ln: 35  Col: 4
```

bb 리스트 요소의 길이와 각 첨자별 요소를 출력해보고 '오렌지' 요소를 추가, '감' 요소를 삭제해본다.

```
Python 3.5.2 Shell
File  Edit  Shell  Debug  Options  Window  Help
Python 3.5.2 (v3.5.2:4def2a2901a5, Jun 25 2016, 22:01:18) [MSC v.1900 32 bit (In
tel)] on win32
Type "copyright", "credits" or "license()" for more information.
>>>
==================== RESTART: F:/파이썬/pyshon 예제/list_bb.py =================
===
>>> len(bb)
4
>>> bb[0]
'사과'
>>> bb[1]
'포도'
>>> bb[2]
'감'
>>> bb[3]
'바나나'
>>> bb
['사과', '포도', '감', '바나나']
>>> bb.append('오렌지')
>>> bb
['사과', '포도', '감', '바나나', '오렌지']
>>> bb.pop(2)
'감'
>>> bb
['사과', '포도', '바나나', '오렌지']
>>>
                                                Ln: 24  Col: 4
```

[File]-[Open] 메뉴에서 'list_bb.py' 파일을 열어 bb 리스트의 항목을 오름차순으로 정렬한다. 이때 정렬을 위해 sort() 메소드를 사용한다.

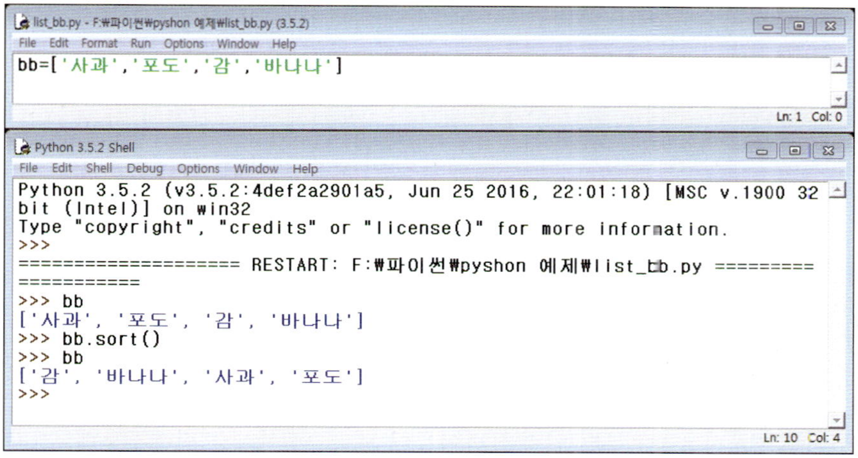

4.2 조건문

파이썬에서는 if문을 사용하여 조건에 따라 문장을 수행한다. if는 '만약 ~라면'의 의미를 가지고 있으며 어떤 상황을 가정할 때 사용한다. 다음은 if문의 형식을 정의한 것이다.

- if문의 형식

```
if 조건:
    명령 1
    명령 2
    ...
else:
    명령 3
    명령 4
    ...
```

if문의 조건은 참 아니면 거짓으로 평가된다. 조건 뒤에 있는 콜론(:)은 해당 조건이 참일 경우에 실행할 코드블록을 위치시키기 위한 것이다.

실습예제 2 두수의 합을 구하는 게임

1~100 사이의 임의의 수를 변수 x와 변수 y에 저장하여 z에 'x+y' 결과 값을 입력한 후 조건이 맞으면 '정답!!', '틀리면 다시 풀어주세요~'라고 출력하는 프로그램을 작성한다.

import는 다른 모듈 내의 코드에 대한 접근을 가능하게 하는 것인데, import가 접근 가능하게 하는 코드에는 변수, 함수, 클래스 등이 모두 포함된다.

모듈은 특별한 코드로 만들어진 파이썬 파일이다. 모듈로 만들면 코드를 다시 쓰지 않고 불러들여 사용할 수 있다. import random은 random 모듈을 불러오는 명령이다.

randint() 함수는 정수 인수 두 개를 넣는다. 인수는 함수가 동작하는데 필요한 값을 말한다.

input() 함수는 사용자로부터 입력을 받아들여 프로그램에게 전달해주는데, 전달하는 데이터의 형식이 문자열이다.

int() 함수는 정수를 선언해 주는 함수이다.

소스 화면을 보면 # 기호가 있는데 이것을 주석(comment)이라 한다. 주석은 코드를 설명하기 위한 메모와 같은 것으로 # 다음에 쓰이는 문장은 실행되지는 않는다.

| 소스 화면 |

```
*sum.py - F:/파이썬/pyshon 예제/sum.py (3.5.2)*
File Edit Format Run Options Window Help
import random
x = random.randint(1, 100) #x에 1~100 사이의 임의의 수를 저장한다.
y = random.randint(1, 100) #y에 1~100 사이의 임의의 수를 저장한다.

print(x,"+", y, "=")        #문제를 출력한다.
z = input()                 #답을 입력받아 z에 저장한다.(문자열로 저장된다.)
c = int(z)                  #비교를 위해 문자열을 정수로 바꾼다.

if x + y == c:
    print("정답!!")

else:
    print("다시 풀어주세요~")

Ln: 15 Col: 0
```

| 실행 결과 화면 |

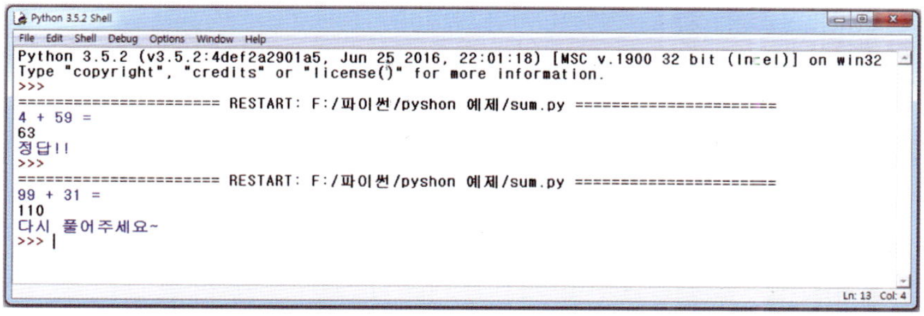

실습예제 3 짝수 또는 홀수 판별하기

조건문을 이용하여 입력한 수를 2로 나누어 나온 나머지가 0과 같으면 '짝수', 0과 같지 않으면 '홀수'를 출력하는 프로그램을 작성해보자.

| 소스 화면 |

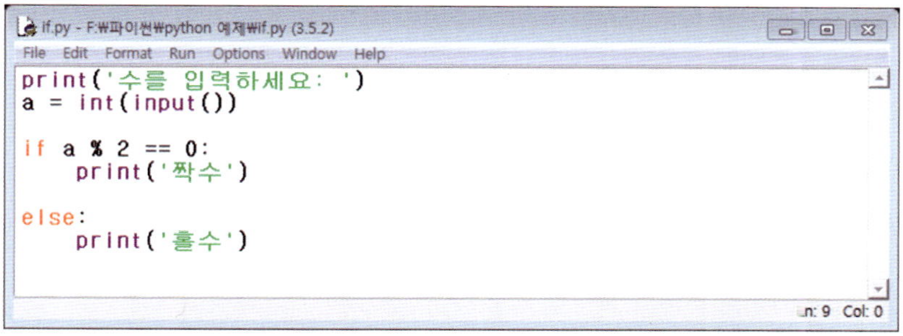

이 때 35를 입력하였더니 35는 2로 나눈 나머지가 1이기 때문에 홀수라는 결과를 얻을 수 있다.

| 실행 결과 화면 |

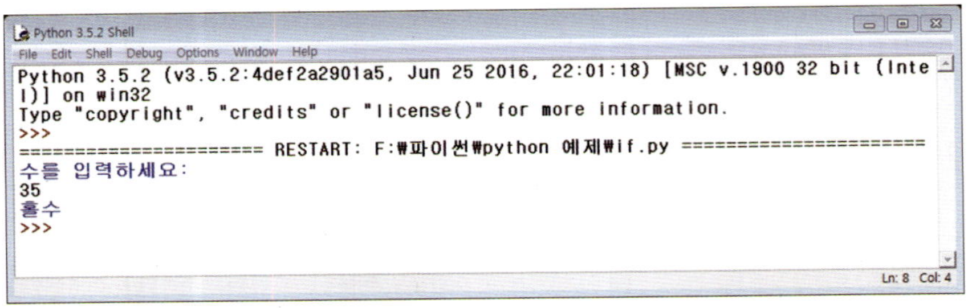

5. 반복문과 함수

반복문은 반복되는 문장을 나타낼 때 쓰이는데 for문이 대표적이다. 함수는 특정한 기능을 독립적으로 수행할 수 있도록 만든 하나의 단위 프로그램인데, 함수 이름, 함수 인자, 내부 문장, return 값으로 정의할 수 있다.

5.1 반복문

반복문 중 대표적인 for문의 형식은 다음과 같다.

```
for 변수 in range(시작값, 끝값+1, 증가값):
        반복을 수행할 문장
```

이때 증가값은 생략이 가능한 경우도 있다. range() 함수는 지정된 범위의 값을 반환한다. 1부터 n까지의 수를 a 변수에 하나씩 대입하면서 반복문을 수행한다.

실습예제 4 **for문을 이용한 팩토리얼 구하기**

n=4인 4!=1×2×3×4=24와 n=8인 8!=1×2×3×4×5×6×7×8=40320의 값을 구하는 프로그램을 작성해보자.

| 소스 화면 |

```
*factorial.py - F:/파이썬/pyshon 예제/factorial.py (3.5.2)*
File Edit Format Run Options Window Help
def factorial(n):
    fact = 1                     #곱을 구하기 위한 변수(초기값 1 설정)
    for a in range(1, n+1):      #range(1, n+1)로 1, 2, ... n까지 반복한다.
        fact = fact * a          #fact에 a를 곱해 다시 fact에 저장한다.
    return fact

print(factorial(4))              #4!(팩토리얼) 값을 구하여 출력한다.
print(factorial(8))              #8!(팩토리얼) 값을 구하여 출력한다.
                                                          Ln: 9 Col: 0
```

그 결과 4! = 24, 8! = 40320이란 결과를 나타낸다.

| 실행 결과 화면 |

```
Python 3.5.2 Shell
File Edit Shell Debug Options Window Help
Python 3.5.2 (v3.5.2:4def2a2901a5, Jun 25 2016, 22:01:18) [MSC v.1900 32 bit (In
tel)] on win32
Type "copyright", "credits" or "license()" for more information.
>>>
=================== RESTART: F:₩파이썬₩pyshon 예제₩factorial.py ================
===
24
40320
>>>
                                                          Ln: 7 Col: 4
```

5.2 함수

함수는 특정한 기능을 독립적으로 수행할 수 있도록 만든 하나의 단위 프로그램인데, 모든 프로그램은 함수들의 조합으로 만들어진다. 파이썬에서의 함수는 def 키워드를 사용하여 정의하고 함수 이름, 함수 인자, 내부 문장, return 값으로 정의할 수 있다. 인자는 괄호 안에 넣고 함수 내부로 전달되는 값이나 변수 말한다. 함수 선언부의 마지막은 콜론(:)으로 끝난다. 함수의 기능을 수행하는 몸체는 다음 줄에 시작하여 들여쓰기를 해야 한다. 파이썬에서는 어떠한 형식의 데이터도 전달할 수 있으므로 인수의 자료형은 정의하지 않는다. return 키워드는 결과 값을 함수를 호출한 곳으로 돌려준다.

파이썬에서 함수를 정의하는 방법은 아래와 같다.

```
def 함수이름(매개변수 목록):
    코드블록
    return 결과
```

파이썬에서는 사용자가 별도로 정의할 필요 없이 내장된 형태로 제공되는 유용한 함수들이 많다.

① 기본 입출력 함수
print(), input(), open()

② 자료형 변환 함수
int(), float(), str()

③ 난수 생성 함수
random.random(), random.randint()

④ 수학 함수
math.factorial(), math.sqrt()

실습예제 5 함수를 이용한 팩토리얼 구하기

math 모듈에서 제공하는 팩토리얼 함수인 factorial()을 이용하여 팩토리얼을 구하는 프로그램을 작성한다.

factorial을 함수로 정의하고 factorial 함수를 호출하여 결과를 보여주도록 프로그램을 작성한다.

| 소스 화면과 실행 결과 화면 |

```
Python 3.5.2 Shell
File Edit Shell Debug Options Window Help
Python 3.5.2 (v3.5.2:4def2a2901a5, Jun 25 2016, 22:01:18) [MSC v
.1900 32 bit (Intel)] on win32
Type "copyright", "credits" or "license()" for more information.
>>> import math
>>> math.factorial(6)
720
>>>
```

6. 재귀 함수와 도형 그리기

재귀 함수란 어떤 문제가 꼭 같은 형태의 작은 문제로 정의되는 함수이다. 따라서 잘 활용할 경우 간단하게 프로그래밍 할 수 있다. 또한 여기서는 거북이 그래픽을 이용하여 정육면체를 그려본다.

6.1 재귀 함수

재귀(recursion)란 어떤 문제가 그보다 작은 크기의 같은 문제르 정의되는 형태인데, 큰 문제를 작은 문제로 환원하여 작은 문제들을 해결함으로써 원래의 큰 문제를 해결하게 되는 방식이다.

실습예제 6 하노이 탑 문제

하노이 탑(Tower of Hanoi)은 각기 다른 크기의 원반들과 판 위에 세워진 3개의 막대로 구성된다. 이 원반들은 처음에 바닥에 가장 큰 원반이 있는 크기순으로 놓여있다. 하노이 탑 문제의 규칙은 원반들이 한 막대에서 다른 막대로 한 번에 하나씩 이동할 수 있으며 작은 원반 위에 큰 것이 놓일 수 없도록 한다. 물론 중간의 막대를 임시적으로 이용할 수 있으나 위의 규칙을 지켜야 한다.

하노이 탑의 문제해결은 가장 큰 원반이 바닥에 있는 순서로 A에 쌓여있는 세 개의 원반을 세 번째 막대 C로 옮기는 것이다.

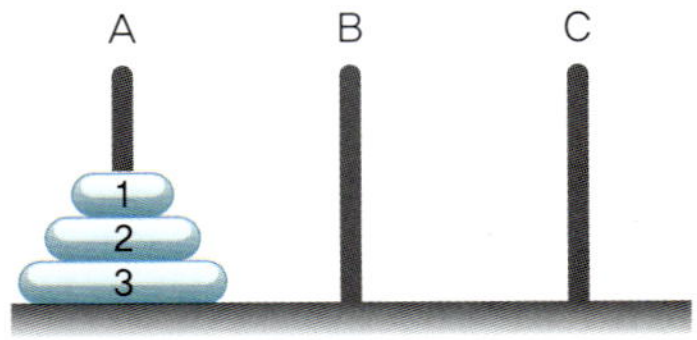

우리는 hanoi라는 이름으로 함수를 정의한다. 기본적인 원리는 큰 원반 num개를 A에서 C로 이동하고 작은 원반 num−1개를 A에서 B로 이동한다. 큰 원반 1개를 A에서 C로 이동하고 작은 원반 num−1개를 B에서 C로 이동하는 프로그램이다. 이 경우 num을 4로 주면 3개의 원반을 가진 프로그램이 작동하여 실행 결과 화면이 나오게 된다.

| 소스 화면 |

```
*hanoi.py - F:₩파이썬₩python 예제₩hanoi.py (3.5.2)*
File Edit Format Run Options Window Help
def hanoi(num, startPeg=1, endPeg=3):
    if num:
        hanoi(num -1, startPeg, 6-startPeg-endPeg)
        print(startPeg, "번 기둥 --",num, "번 원반 ->",endPeg, "번 기둥으로 옮기기")
        hanoi(num -1, 6-startPeg-endPeg, endPeg)
Ln: 8 Col: 8
```

| 실행 결과 화면 |

```
Python 3.5.2 Shell
File Edit Shell Debug Options Window Help
Python 3.5.2 (v3.5.2:4def2a2901a5, Jun 25 2016, 22:01:18) [MSC
v.1900 32 bit (Intel)] on win32
Type "copyright", "credits" or "license()" for more information
.
>>>
===================== RESTART: F:₩파이썬₩python 예제₩hanoi.py ==
===================
>>> hanoi(4)
1 번 기둥 -- 1 번 원반 -> 2 번 기둥으로 옮기기
1 번 기둥 -- 2 번 원반 -> 3 번 기둥으로 옮기기
2 번 기둥 -- 1 번 원반 -> 3 번 기둥으로 옮기기
1 번 기둥 -- 3 번 원반 -> 2 번 기둥으로 옮기기
3 번 기둥 -- 1 번 원반 -> 1 번 기둥으로 옮기기
3 번 기둥 -- 2 번 원반 -> 2 번 기둥으로 옮기기
1 번 기둥 -- 1 번 원반 -> 2 번 기둥으로 옮기기
1 번 기둥 -- 4 번 원반 -> 3 번 기둥으로 옮기기
2 번 기둥 -- 1 번 원반 -> 3 번 기둥으로 옮기기
2 번 기둥 -- 2 번 원반 -> 1 번 기둥으로 옮기기
3 번 기둥 -- 1 번 원반 -> 1 번 기둥으로 옮기기
2 번 기둥 -- 3 번 원반 -> 3 번 기둥으로 옮기기
1 번 기둥 -- 1 번 원반 -> 2 번 기둥으로 옮기기
1 번 기둥 -- 2 번 원반 -> 3 번 기둥으로 옮기기
2 번 기둥 -- 1 번 원반 -> 3 번 기둥으로 옮기기
>>>
Ln: 10 Col: 2
```

6.2 도형 그리기

거북이 그래픽(Turtle Graphic)은 파이썬의 기본 모듈로서, 파이썬을 설치하면 바로 사용할 수 있다. 거북이 그래픽을 사용하기 전에 미리 파이썬에서 거북이 그래픽을 사용하기 위한 import turtle로 알려주어야 한다. as t를 붙이지 않았을 때와 붙였을 때의 차이점을 아래의 표에 정리하였다. as t는 turtle이라는 이름을 입력해야 사용할 수 있는 기능들을 t라는 별명만으로 사용하겠다는 뜻이다.

import turtle을 사용하는 경우	import turtle as t를 사용하는 경우
import tutle	import turtle as t
turtle.forward(100)	t.forward(100)
turtle.right(100)	t.right(100)
turtle.forward(100)	t.forward(100)

실습예제 7 정육각형 그리기

육각형의 도형을 그리고 빨간 색으로 색을 채우는 프로그램을 작성해보자.

t.color("red")는 빨간색을 뜻하며 다른 색으로 바꿀 수도 있다. n=6으로 육각형을 나타내기 위한 값으로 n의 값을 변경하면 다양한 도형으로 바꿀 수 있다.

| 소스 화면 |

```
polygon.py - F:/파이썬/pyshon 예제/polygon.py (3.5.2)
File Edit Format Run Options Window Help
import turtle as t

n = 6                   #육각형을 그린다.
t.color("red")          #빨간색으로 정한다.
t.begin_fill()          #색칠한 영역을 시작한다.
for x in range(n):      #n번 반복한다.
    t.forward(50)       #거북이를 50만큼 앞으로 이동한다.
    t.left(360/n)       #거북이를 360/n 만큼 왼쪽으로 회전한다.
t.end_fill()            #색칠한 영역을 마친다.
                                                    Ln: 13 Col: 0
```

| 실행 결과 화면 |

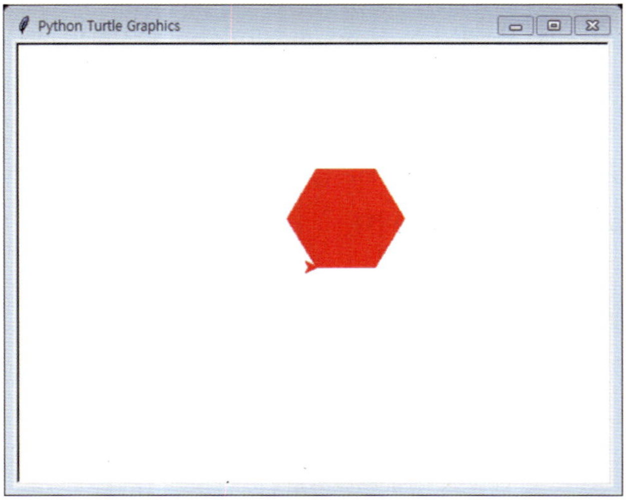

참고문헌

- 이승찬, “20일 만에 배우는 프로그래밍 기초 모두의 파이썬”, 길벗, 2016.
- 우재남, “컴퓨팅 사고력을 키우는 SW 교육”, 한빛미디어, 2016.
- 김현철, 김수환, 김성숙, “하루만에 프로그래밍 끝내기”, 생능출판사, 2016.
- 빌루바노빅, “Introducing Python(처음 시작하는 파이썬)”, 한빛미디어, 2015.
- 츠지 신고, “친절한 설명과 다양한 예제로 배우는 Python 더 쉽게, 더 깊게”, 제이펍, 2014.
- 마시모 디 피에로, “파이썬으로 배우는 실전 알고리즘”, 프리렉, 2015.
- http://python.org/download
- https://www.python.org/
- https://ko.wikipedia.org/wiki/%ED%8C%8C%EC%9D%B4%EC%8D%AC
- https://wikidocs.net/6
- https://tutorial.djangogirls.org/ko/python_introduction/
- https://fedoramagazine.org/help-port-python-packages-python-3/
- https://www.codeschool.com/learn/python
- https://www.youtube.com/watch?v=N4mEzFDjqtA

찾아보기

ㄱ

가상현실 시뮬레이션 69
개념화 152
개략 순서도 123
고급 언어(high-level language) 64
곰 플레이어(GOM Player) 85
관계 연산자 328
관계 추론 194
관찰 블록 289
교육용 콘텐츠 55
귀도 반 로섬(Guido van Rossum) 310

ㄷ

덧셈 알고리즘 249
데이터 블록 290
데이터 수집과 표현 단계 183
데이터 형식 323
도표(diagram) 122
도형 그리기 341
동작 블록 281
디지털 130
디지털 영상 회의(Digital Video Conference) 140
디지털 콘텐츠 55
디지털 혁명(Digital revolution) 129
딥 러닝(Deep learning) 143

ㄹ

러브레이스(Lovelace) 240
러플(rur-ple) 31
로더(loader) 68
로보틱스 134
로봇 저널리즘 45
리스트 다루기 331

ㅁ

마이크로프로세서(micro processor) 25
머신러닝 134
명령어(instruction) 19
모델링 221
모뎀(modem) 130
모바일 게임(mobile game) 85
모자 블록 280
목적 프로그램(object program) 66
무인자동차 52
문자열 데이터 325
문제 분석 단계 179

ㅂ

바이오인포매틱스(bio-informatics) 69
반복문 336
반복형(iteration) 126
버블 정렬(Bubble sorting) 263
버스정보 시스템(Bus Information System: BIS) 54
벤처(venture) 58
변수 322
병렬 처리 152
병렬화(parallelism) 166
보조기억 장치(Auxiliary Memory) 24
부울 데이터 324
분해 152
분해 단계 185
블록클리(Blockly) 112
비트(bit) 130
빅데이터 134

ㅅ

사물인터넷 134

산술 연산자 327
상상력 229
상세 순서도 123
생활코딩(opentutorials.org) 104
선택형(selection) 126
선형탐색(linear search) 258
소리 블록 285
소셜 네트워크 서비스(Social Network Service: SNS) 54
소수를 구하는 알고리즘 247
소스 프로그램(source program) 66
소프트웨어(Software: S/W) 18
소프트웨어 교육 29
소프트웨어야 놀자 104
소프트웨어 중심사회 40
수 교환하기 245
순서도(flowchart) 122, 242
순차형(sequence) 126
스크래치(Scratch) 19, 108, 268
스크래치 설치 269
스프라이트 278
시뮬레이션(Simulation) 166
시스템 소프트웨어(system software) 20
시스템적 문제해결 222
실수 데이터 324
쌓기 블록 280

ㅇ

아날로그 130
아두이노(www.arduino.cc) 114
알고리즘(algorithm) 94, 240
알파고(AlphaGo) 43, 143
애니메이션(animation) 84
앨빈 토플러(Alvin Toffler) 131
앱(App) 22, 26
앵그리버드 85
어플 22
어플리케이션(application) 22
업로드 277
엔트리 111
역발상 231
연산 블록 290
연산자 327
열린 사고(open-minded) 181
열린 사고 문제(open-ended problem) 233
오토마타 224
온라인 게임 141
왓슨(Watson) 43
운영체제(Operating System: OS) 21, 23
원격 교육 74
웹 브라우저(Web Browser) 79
유비쿼터스 컴퓨팅 134
유사 코드(pseudo code) 242
음성인식(voice recognition) 28
응용 소프트웨어(applications software) 20
이벤트 블록 281
이진 탐색(binary search) 261
이진탐색 알고리즘 262
인공지능(Artificial Intelligence: AI) 43, 141
인스타그램(Instagram) 44
인터넷(Internet) 138
인터넷뱅킹(internet banking) 73
인터넷 익스플로러(Internet Explorer) 79
인터페이스(interface) 23
인터프리터(interpreter) 67
입력 장치 24

ㅈ

자동화(Automation) 166
자율주행 자동차 134
재귀(recursion) 339
재귀적 사고 152
재택근무(Telecommuting) 139
저급 언어(low-level language) 64
저작권 보호 57
전이 다이어그램 225
전자상거래 73
정렬(sorting) 263

정렬하기 263
정보기술 89
정보기술(Information Technology: IT) 19
정수 데이터 323
정육각형 그리기 341
제3의 물결(The Third Wave) 131
제어 블록 283
조건문 333
주기억 장치(Main Memory) 24
주니어 소프트웨어(koreasw.org) 106
중앙처리 장치(Central Processing Unit: CPU) 24
지넷 윙(Jeannette M. Wing) 147
진짜 문제(real problem) 181

ㅊ

최단거리 경로 187
추상화(abstraction) 152, 192
출력 장치 24

ㅋ

컴파일러(compiler) 67
컴퓨터(computer) 135
컴퓨터 시스템 18
컴퓨터 프로그래머 58
컴퓨팅 사고(computational thinking) 30, 99, 147, 178
컴퓨팅 사고의 7단계 모델 164
코드(code) 88
코드닷오알지(code.org) 101
코드카데미(codecademy.com) 93, 102
코드클럽(codeclub.org.uk) 103
코딩(coding) 29, 88
코딩 교육 96
콘텐츠(contents) 55, 73
크누스(D. Knuth) 240

ㅌ

태블릿 PC 137
튜링상(Turing Award) 241
특징추출 173, 193
틱택토(Tic-Tac-Toe) 89

ㅍ

파워포인트(PowerPoint: PPT) 75
파이썬(python) 19, 115, 310
파이썬 설치 311
파퍼트(Seymour Papert) 147
패턴(pattern) 188
패턴인식(pattern recognition) 189
팩토리얼 253, 338
펜 블록 289
평가 단계 198
포토샵(Photoshop) 77
폴리아의 4단계 문제해결법 214
프레임(frame) 84
프로그래머(programmer) 19
프로그래밍(programming) 19, 120
프로그램(program) 19
프리미어(Premiere) 84
피보나치(Fibonacci) 303
피보나치 수 253

ㅎ

하노이 탑(Tower of Hanoi) 255, 339
하드웨어(Hardware: H/W) 18
함수 337
헬스케어 59
형태 블록 283
회원 가입 272

A

Abstraction 152
Adobe Air 270

B

binary digit 130

C

CAD(Computer–Aided Design) 70
CakeWalk 83
Chef Watson 46
Conceptualizing 152
CSTA 99, 152, 154

D

Decomposition 152

G

GPS 54

I

imagination 229
IP(Internet Protocol) 138
ISTE 152
IT(Information Technology) 89

M

Mac OS 21
Media Player 85

P

Parallel Processing 152
Python 115

R

Recursive Thinking 152

S

Scratch 2.0 installer 270
Small Basic 113
Sound Forge 83

U

Unix/Linux 21
USB 25

W

Windows 21
Windows 8 23
Windows 10 23

3DS MAX 79
3D 프린팅 134
4차 산업혁명 134
19단 암산 알고리즘 259